DIE WELT DER KILLIFISCHE

Klaus Breitfeld

Klaus Breitfeld

DIE WELT DER KILLIFISCHE

HALTUNG UND ZUCHT EIERLEGENDER ZAHNKARPFEN

Vorsatz: Fundort von *Aphyosemion (Diapteron) fulgens* in einem Bach
bei dem Dorf Akama, Gabun, etwa 60 km von Makouko entfernt.

Nachsatz: Fundort RL 44 von *Roloffia guineensis* bei Zorzor in Liberia.
Im Wasser sind zahlreiche Algenpolster zu sehen. Am Tag der
Fotoaufnahme betrug dort die Wassertemperatur 35°C.

Titel: *Nothobranchius jubbi*

Rücktitel: *Aphyosemion splendopleure*

Impressum

© **1994 Tetra Verlag**
  Tetra Werke, Dr. rer. nat. Ulrich Baenesch GmbH,
  Postfach 1580, D-49304 Melle, Germany

Lektorische Arbeiten:	Dr. Hans-Joachim Herrmann
Layout, Satz, Lithos	Magenta Bild/Textverarbeitung GmbH, Belm
Aufbau des Umschlages:	Flotho Reprotechnik, Osnabrück
Druck:	Paderborner Druck Centrum
ISBN:	3-89356-200-1

INHALT

Vorwort 10

Einführung 11

Ursprung des Namens 14

Historisches 15

Systematik 18

Körperform und Farbe 23

Größe 25

Geschlechtsunterschiede 27

Verbreitungsgebiete 29

Lebensräume 32

Killis, selbst gefangen 34

Erwerb und Eingewöhnung der Killis 36

Killifische im Aquarium 38

Fütterung und Ernährung 41

Krankheiten 45

Schädlinge im Aquarium 47

Lebensdauer 48

Freilandhaltung von Killis 49

Verhaltensbeobachtungen 51

Killifischfreunde 53

Natur- und Artenschutz, Arterhaltung 54

Zucht der Killifische 55

Haft- oder Pflanzenlaicher 56

Bodenlaicher (Bodentaucher, Bodenpflüger) 57

Übergangsformen 59

Sonderformen 60

Zuchtaquarium, intensive oder extensive Zucht 62

Laichentwicklung 64

Schlupf und Aufzucht der Killifische 66

Ausgewählte Gattungen und Arten (nach Verbreitungsgebieten)

Afrika und Mittelmeer

Gattung Aphanius 69
A. apodus 70
A. dispar 71
A. fasciatus 71
A. iberus 72
A. mento 72

Gattung Aphyosemion 74
A. amieti 78
A. arnoldi 79
A. australe 80
A. batesii 81
A. bitaeniatum 82
A. bivittatum 82
A. bualanum 83
A. calliurum 84
A. cameronense 85
A. christyi 86
A. cinnamomeum 86
A. coeleste 87
A. cognatum 88
A. cyanostictum 88
A. elegans 89
A. exiguum 90
A. filamentosum 91
A. gabunense 91
A. gardneri 92
A. georgiae 93
A. gulare 94
A. herzogi 94
A. marmoratum 95
A. mirabile 96
A. ogoense 96
A. puerzli 97

A. riggenbachi 98
A. sjoestedti 98
A. splendopleure 98
A. walkeri 100

Gattung Aplocheilichthys 101
A. macrophthalmus 102
A. normani 103
A. pumilus 103

Gattung Epiplatys 105
E. annulatus 106
E. bifasciatus 107
E. chaperi 108
E. chevalieri 108
E. dageti 109
E. fasciolatus 110
E. grahami 111
E. lamottei 112
E. olbrechtsi 112
E. sexfasciatus 113
E. spilargyreius 114

Gattung Nothobranchius 115
N. eggersi 117
N. foerschi 117
N. furzeri 118
N. guentheri 119
N. jubbi 119
N. korthausae 120
N. melanospilus 121
N. microlepis 122
N. palmqvisti 122
N. patrizii 123
N. rachovii 123

Gattung Roloffia 125
R. brueningi 125
R. geryi 126
R. liberiensis 126
R. occidentalis 127
R. petersi 128

Auswahl interessanter Arten aus verschiedenen Gattungen
Fundulosoma thierryi 130
Congopanchax myersi 131
Hypsopanchax platysternus 131
Lamprichthys tanganicanus 132
Pachypanchax omalonotus 133
Pachypanchax playfairii 133
Plataplochilus miltotaenia 134
Procatopus abberans 135
Valencia hispanica 135

Asien
Gattung Aplocheilus 137
A. blockii 138
A. dayi 139
A. lineatus 139
A. panchax 140

Nord- und Mittelamerika
Gattung Cyprinodon 142
C. macularius 144
C. nevadensis 145
C. variegatus 146

Gattung Fundulus 147
F. chrysotus 148
F. confluentus 149
F. cingulatus 149
F. heteroclitus 150
F. notti 150
F. zebrinus 151

Auswahl interessanter Arten aus verschiedenen Gattungen
Chriopeoides pengelleyi 152
Garmanella pulchra 153
Jordanella floridae 154
Lucania goodei 155
Profundulus punctatus 156

Südamerika
Gattung Cynolebia 158
C. adloffi 160
C. bellotti 161
C. boitonei 161
C. constanciae 162
C. elongatus 163
C. nigripinnis 163
C. whitei 164

Gattung Rivulus 166
R. agilae 168
R. birkhahni 169
R. cryptocallus 169
R. cylindraceus 170
R. derhami 170
R. frommi 171
R. geayi 172
R. hartii 172
R. ocellatus 173
R. santensis 174
R. tenuis 174
R. xiphidius 175

Auswahl interessanter Arten aus verschiedenen Gattungen
Austrofundulus limnaeus 176

Cynopoecilus melanotaenia 176
Leptolebias aureoguttatus 177
Leptolebias minimus 178
Moema piriana 178
Neofundulus paraguayensis 179
Pituna poranga 180
Plesiolebias bitteri 180
Pterolebias longipinnis 181
Pterolebias peruensis 182
Rachovia brevis 183
Terranatos dolichopterus 184
Trigonectes strigabundus 184

Reisfische und Schaufelkärpflinge
Familie Oryziatidae 186
Gattung Oryzias 187
O. latipes 188
O. melastigmus 189
O. nigrimas 189

Familie Adrianichthyidae 190
Gattung Xenopoecilus 191
X. sarasinorum 191

Spezialliteratur (Auswahl) 193

VORWORT

Dr. Walter Foersch †

Die Eierlegenden Zahnkarpfen oder Killifische sind so faszinierend, daß man sich ein ganzes Leben damit beschäftigen kann. Einer derjenigen, die das beispielhaft praktizierten, war der 1991 verstorbene Aquarianer und Killifischfreund Dr. Walter FOERSCH, dem dieses Buch postum gewidmet sein soll. FOERSCH verstand es wie kein zweiter, wissenschaftlich genaues Arbeiten mit populärwissenschaftlicher Berichterstattung zu verbinden, denn er vertrat die Meinung, daß wissenschaftliches Arbeiten im stillen Kämmerlein nur dann einen Sinn hat, wenn die Ergebnisse allen Interessierten zur Verfügung gestellt werden. Seine aquaristischen Beiträge und seine zahlreichen Fotodokumente sprechen für sich. In diesem Buch sind zahlreiche Farbaufnahmen von FOERSCH enthalten, die belegen, mit wieviel Einfühlungsvermögen und Geschick das Leben der Killifische im Aquarium beobachtet werden kann.

In dem genannten Sinn soll das Buch für diejenigen nützlich sein, die sich mit Eierlegenden Zahnkarpfen beschäftigen wollen. Mancher Hinweis wird auch dem gestandenen Killifischfreund helfen, seinen Kenntnisstand zu erweitern. Das Buch kann ein Spezialwerk über die Eierlegenden Zahnkarpfen nicht ersetzen. Dafür ist der Umfang zu gering und die dargestellten wissenschaftlichen Fakten zu knapp. Es kann aber dem Aquarianer, der sich in seiner Freizeit zum Vergnügen mit einem Stückchen Natur beschäftigt, ein Leitfaden sein.

Ein ganz besonderer Dank, und nur zum geringsten Teil für die Korrekturlesung, gebührt meiner Frau BÄRBEL, die mein Hobby „Killifische" nun schon über 30 Jahre nicht nur hingenommen, sondern auch aktiv und liebevoll unterstützt hat. Danken möchte ich auch Herrn Prof. G. STERBA, der meinem leider schon verstorbenen Freund Helmut SANDER und mir in dem Werk „Süßwasserfische der Welt" eine Publikationsmöglichkeit zum Thema „Eierlegende Zahnkarpfen" gab, die auch für dieses Buch genutzt werden konnte. Die Verwendung von ausgezeichnetem Diamaterial und wertvolle Hinweise verdanke ich Frau Ch. FOERSCH und mehreren Killifischfreunden, besonders aber Dr. V. ETZEL und W. STENGLEIN.

Nicht zuletzt danke ich dem TETRA VERLAG dafür, daß er mich als Autor akzeptierte und das Buch so großartig ausstattete.

Markkleeberg, Juli 1994

Klaus Breitfeld

EINFÜHRUNG

Die Eierlegenden Zahnkarpfen, auch Killifische oder Killis genannt, sind aus der Aquaristik nicht mehr wegzudenken. Im Vergleich zu Buntbarschen, Welsen oder Lebendgebärenden Zahnkarpfen führen sie, völlig zu Unrecht, so etwas wie ein Schattendasein.

Es gibt inzwischen über 600 bekannte Arten und Unterarten. Sie sind meistens sehr farbenprächtig, interessant und den vielen Schmetterlingen, Orchideen oder Vögeln vergleichbar eine Freude und Labsal für das Auge. In den Verbreitungsgebieten sind die Killifische nach den Mitteilungen ihrer Fänger bei der einheimischen Bevölkerung wenig bekannt, haben kaum eine wirtschaftliche Bedeutung und finden daher allseits wenig Interesse. Seit Jahrzehnten werden Jahr für Jahr von interessierten Wissenschaftlern und Hobbyfreunden neue Killifische gefunden und noch ist ein Ende nicht in Sicht. Die Schönheit dieser Fische und die Neugier auf Lebewesen aus den Tropen, gepaart mit dem Drang nach Naturbeobachtungen, waren sicher die Ursache dafür, daß mit den vielen Fischarten auch Eierlegende Zahnkarpfen nach Europa kamen und die beginnende Aquaristik in der zweiten Hälfte des 19.Jahrhunderts bereicherten. Das trifft natürlich nicht nur auf die Killifische zu, sondern auch auf Wasserpflanzen, niedere Tiere - auf alle Lebewesen, die in einem Behälter mit Wasser gepflegt und beobachtet werden können.

Prof. Emil Adolf ROSSMÄSSLER, der Vater der Aquarienkunde, schreibt im Jahre 1857 in seinem Werk „Das Süßwasseraquarium": „Männer wie SWAMMERDAM, LOEWENHOEK, RÉAUMUR, SCHÄFFER, TREMBLEY, deren Namen bereits auf verwitternden Grabsteinen, aber in unverlöschlichem Glanze auf den Tafeln der Wissenschaft stehen, sind es, die wir als die ersten, wenn auch als die absichtslosen Erfinder unserer Aquarien nennen müssen." und weiter: „Ein Aquarium ist eine freundliche Zimmerzierde und zugleich ein ewig lebendiger Quell belehrender Unterhaltung durch Zusammenbringen von Wasserpflanzen und Wassertieren in ihrem Leben zusagenden Behältern. Es ist ein nicht unbedeutend zu nennender Schritt auf der Bahn zu eingehender Beachtung der uns umgebenden Natur, ein Mittel, die Aufmerksamkeit auf solche Punkte des Naturlebens zu lenken, welche außer von den Naturforschern unbeachtet gelassen zu werden pflegen, ein Heilmittel gegen die kindische Scheu der Unwissenheit, womit Dinge gemieden werden, die nicht verabscheuungswürdig oder gar gefahrdrohend, sondern reich an ungeahnter Schönheit und an Anregung sind. Was die Natur auf dem Grunde der Teiche und Sümpfe und an deren für feuchtigkeitsscheue Füße un-

Reproduktion Roßmäßler-Aquarium (Entnahme aus Roßmäßler-Buch)

nahbaren Rändern birgt, bleibt den meisten ein ewiges Geheimnis, mit Ausnahme der Fische und Krebse, die man auf den Mittagstisch bringt." (aus ROSSMÄSSLER: Das Süßwasseraquarium, Seite 4).

Seit über zwei Jahrhunderten schwimmen Zierfische in europäischen Aquarien. Manche Arten, wie den Goldfisch, *Carassius auratus auratus*, und seine Zuchtformen gab es schon Ende des 1.Jahrtausends in China, und es gibt sie noch heute. Den Makropoden oder Paradiesfisch, *Macropodus opercularis*, kennen wir aus den Anfangsjahren der Aquaristik, und er schwimmt nach wie vor in den Aquarien der Zierfischfreunde. Ähnlich verhält es sich mit verschiedenen Salmlern, Barben, Welsen und anderen Arten, mit Wasserpflanzen und niederen Lebewesen.

Killifische waren am Anfang unserer Liebhaberei ebenfalls dabei. Die Palette der von Aquarianern gepflegten Arten ist aber seit dieser Zeit stets wechselhaft gewesen. Es gibt kein Standardangebot bei den Killis! Nur von ganz wenigen Arten, wie dem Streifenhechtling, *Aplocheilus lineatus*, dem Roten Kap Lopez, *Aphyosemion australe*, oder dem Tüpfelhechtling, *Pachypanchax playfairii*, kann man sagen: Sie gab es im zoologischen Fachhandel fast immer, wenn auch manchmal nur mit Schwierigkeiten zu beschaffen. Dieser Reiz der Seltenheit, in Verbindung mit der außergewöhnlichen Schönheit und den Besonderheiten bei der Zucht dieser Fische, ist für manchen Aquarianer eine ständige, seinen Ehrgeiz immer wieder ermunternde Herausforderung. Der „Fundulenliebhaber" von früher, der „Killifischfreund" oder „Killianer" von heute, empfand und empfindet sich als etwas „Besonderes", als „Spezialisten". Daran können auch Hobbyfreunde nichts ändern, die ihn als Killioten, Dampfzüchter, Massenzüchter, Neuheitenjäger, Sammler oder Pseudowissenschaftler bezeichnen. Und um so seltener die Art, die man gerade pflegt, auch wenn sie nicht von überragender Farbenpracht ist, um so größer ist die innere Freude am Besitz eines unverwechselbaren Stückchens lebender Natur.

Wer über längere Zeit Eierlegende Zahnkarpfen in seinen Aquarien gepflegt und gezüchtet hat, der kommt nur schwer wieder davon los. Warum? Um diese Fische gibt es manches „Geheimnis". Sie führen meistens eine versteckte Lebensweise und lieben gedämpftes Licht. Sie haben vielfach eine außergewöhnlich interessante Fortpflanzung. Bei ihrer Nachzucht hat der Aquarianer oft große Schwierigkeiten zu meistern. Der Laich entwickelt sich langsam, man braucht viel Geduld. Die einzelnen Laichkörner kann der Aquarianer anfassen, sie zwischen die Finger nehmen, ohne sie dabei zu zerquetschen. Über Wochen hinweg läßt sich die Entwicklung des Embryos im Ei beobachten. Der Killifischfreund fiebert dem Tag des Schlupfes entgegen, und ein Jungfisch, manchmal wirklich nur einer, wird mit Freude gesehen und sorgfältig gepflegt. Er ist der lebende

Aplocheilus lineatus ist eine der beliebtesten asiatischen Hechtlinge. Das Männchen dieser Art wird bis 12 cm lang.

Aplocheilus australe, der „Kap Lopez", wurde als einer der schönsten Prachtkärpflinge schon von vielen Aquarianer-Generationen gepflegt und gezüchtet.

Beweis dafür, daß die Zucht gelingen kann.

Besonders beliebt sind die Prachtkärpflinge aus Afrika, die ihren Namen zu recht tragen. Ihre Farbenpracht ist faszinierend, ja nahezu unglaublich! Je nach Lichteinfall schillert der gleiche Fisch manchmal mehr grün, im nächsten Moment nach geringfügiger Bewegung mehr türkis und dann stahlblau - wer kann sich als Aquarianer einer solchen Faszination entziehen?!

Der bekannte, international sehr geschätzte Killifischfreund Dr. Walter FOERSCH schrieb mir kurz vor seinem Tode: „Als Anfang der 50er Jahre verschiedene Eierlegende Zahnkarpfen insbesondere aus Afrika und Südamerika wieder eingeführt wurden, haben mich diese Fische so sehr begeistert, daß ich mich seither überwiegend mit dieser Fischgruppe beschäftige. Es war für mich immer wieder faszinierend, das interessante Verhalten und die Vitalität der Saisonfische zu beobachten und ihren Lebensrhythmus zu Hause im Aquarium miterleben zu können. Auch die Studien über die damals noch nicht bekannte Eientwicklung haben mich gefesselt. Es war für mich immer wieder beglückend, wenn es mir gelang, mit etwas mehr Fingerspitzengefühl die einmalig schönen westafrikanischen Prachtkärpflinge in ihrer Form und Farbe zu erhalten und zur Nachzucht zu bringen".

Aphyosemion fulgens kommt in Gabun vor und gehört zu den besonders schönen, kleinbleibenden Killifischen aus der Untergattung *Diapteron*.

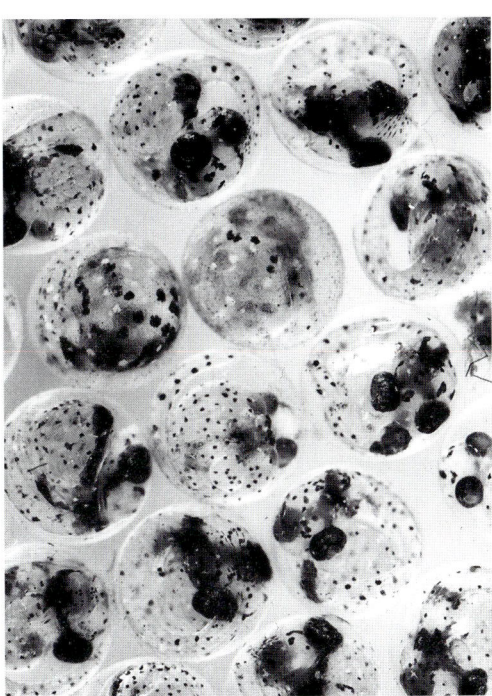

Pachypanchax playfairii lebt auf den Seychellen und Sansibar. Die abstehenden Rückenschuppen sind arttypisch.

Eier mit gut entwickelten Embryonen von *Epiplatys bifasciatus* kurz vor dem Schlüpfen der Jungfische.

URSPRUNG DES NAMENS

Jeder Aquarianer, der den deutschen Namen „Eierlegende Zahnkarpfen" zum ersten Mal hört oder liest, denkt sicher an die weitaus bekannteren „Lebendgebärenden Zahnkarpfen" aus der Familie Poeciliidae, an den Guppy, *Poecilia reticulata*, oder den Schwertträger, *Xiphophorus helleri*. Das kann stimulierend wirken, denn es gibt Guppies, die viele Aquarianer begeistern. Mancher, der aber mit dem Namen „Killifische" bekannt gemacht wird, denkt zunächst an „Killer" oder „killen" - kurzum: er bringt den Namen mit „töten" in Verbindung. Die Killifische verhalten sich in dieser Richtung aber nicht anders als viele unserer Zierfische. Die meisten von ihnen sind durchaus friedlicher Natur, selbst viele Hechtlinge. Der Name „Killifisch" oder „Killi" leitet sich aus dem Altniederländischen her. Unter „kil" werden kleine Wasseransammlungen oder Wiesengräben verstanden. In diesen Gewässern fand der Deutsche Johann David SCHOEPF 1788 in der Umgebung vom heutigen New York den *Fundulus heteroclitus* und bezeichnete ihn als „Kilfish". Die holländischen Siedler in Amerika nannten kleine Fische vielfach „Kilvis". Noch heute heißt der *Fundulus heteroclitus* landläufig „Killfish", „Mudfish" oder „Zebra killie". Wenig zutreffend ist, wenn der Name von „killern" = kitzeln abgeleitet wird.

Für die „Killifische" gibt es noch andere Sammelbezeichnungen, die durchaus auch ihre Berechtigung haben. Anfang des 20. Jahrhunderts wurden diese Zierfische insgesamt „Fundulen" genannt. Das ist eine Bezeichnung, die auch heute noch von älteren Aquarianern verwendet wird, obwohl exakt nur eine Unterfamilie bzw. Gattung der Killifische diesen Namen trägt: Fundulinae, *Fundulus* (s.S. 147). Auch wurde damals schon von „Fundulopanchax" gesprochen, eine Bezeichnung, die heute wieder Anwendung findet.

In der älteren wissenschaftlichen Literatur und im Sprachgebrauch ist die Sammelbezeichnung „Eierlegende Zahn-karpfen" ebenfalls gängig. Hier wird deutlich die Verwandtschaft zu den „Lebendgebärenden Zahnkarpfen" zum Ausdruck gebracht. In der deutschsprachigen zoologischen Systematik genießt die wissenschaftlich exakte Bezeichnung „Eierlegende Zahnkarpfen" gegenüber der mehr populärwissenschaftlichen „Killifische" stets Vorrang. William T. INNES veröffentlichte 1935 in Philadelphia (U.S.A.), das Buch „Exotic Aquarium Fishes", und darin gibt es ein Kapitel mit der Überschrift „ The Egglaying Tooth-carps (Killies or Top minnows)-belong to the order Cyprinodontes". Übrigens gibt es in diesem Buch für die lateinischen Fischnamen Betonungszeichen. Interessant ist, daß die aus dem Englischen bzw. Amerikanischen stammende Bezeichnung „Killie" bzw. „Killies" erst Anfang der Sechziger Jahre mit der Gründung der „American Killifish Association" in Deutschland stärker gebräuchlich wurde. Auch die Engländer übernahmen die Bezeichnung „Killie" von den amerikanischen Killifreunden und brachten sie zu uns. Möglich ist die deutsche Schreibweise „Killi" bzw. im Plural „Killis" in Verbindung mit der „Deutschen Killifisch Gemeinschaft", die hier allgemein Anwendung finden soll.

Die bulligen Fächerfische der südamerikanischen Killifischart *Cynolebias elongatus* laichen stürmisch und kraftvoll.

Aplocheilus panchax, **der Zinnkopf, wurde schon 1822 beschrieben und gehört zu den ersten im Aquarium gepflegten Killifischen überhaupt.**

HISTORISCHES

Der erste Killifisch, der wissenschaftlich beschrieben wurde, ist der schon erwähnte Blaubandkärpfling, amerikanisch „Zebra killie", lateinisch *Fundulus heteroclitus* LINNÉ, 1766. Er kommt an der Ostküste Nordamerikas, von Kanada bis Nordostflorida, in Süß-, Brack- und Meerwasser vor, hat noch heute Bedeutung als Labor- und Köderfisch und wurde sogar für Weltraumexperimente benutzt.

Gegenwärtig sind über 600 Arten und Unterarten Killifische bekannt, und noch immer kommen neue hinzu. Das Wachstum der Artenanzahl ist eng verbunden mit der umfassenden geographischen, wirtschaftlichen und wissenschaftlichen Erschließung der Kontinente. Zierfische wurden zu Zeiten LINNÉ'S von Forschern aus rein wissenschaftlichem Interesse gesammelt. Auch Schiffsleute sammelten im Auftrag von Hamburger und Bremer Zoogeschäften, versprachen sich damit aber einen finanziellen Nebenerwerb. Während die Forscher ihre Fänge gewöhnlich abtöteten und zum Zwecke der wissenschaft-

lichen Bearbeitung konservierten, waren die Matrosen am Import lebender Fische interessiert. Die oft wochen- und monatelange Haltung der Fische auf den Schiffen unter primitivsten Bedingungen erforderte viel Geschick. Die Namen der Fänger und Transporteure der Zierfische kennt nahezu niemand mehr. Sie gehören zu den ungenannten Pionieren der Aquaristik. Bekannt sind oft noch die Firmen, die die eine oder andere Art zuerst importierten bzw. verkauften. Das kann in alter aquaristischer Literatur, besonders in den Angebotskatalogen nachgelesen werden. Heute ist der schnelle Versand von Zierfischen in alle Länder der Erde kein Problem mehr. Die Flugzeiten zwischen den Kontinenten betragen nur Stunden.

Bereits vor 1850 waren, wenn auch nach unserem heutigen Kenntnisstand nicht immer systematisch richtig eingeordnet, etwa 30 Arten Killifische beschrieben, darunter zahlreiche *Fundulus*-Arten aus Nordamerika, mehrere *Aphanius*-Arten aus dem Mittelmeergebiet, der bekannte Streifenhecht-

15

Aphyosemion schoutedeni ist im Kongogebiet verbreitet und eng mit *Aphyosemion christyi* verwandt. Seine schlanke Gestalt entspricht dem typischen Prachtkärpfling.

Epiplatys sexfasciatus ist ein aquaristisch bekannter Vertreter der afrikanischen Hechtlinge. Von dieser Art gibt es zahlreiche Unterarten und Populationen.

ling, *Aplocheilus lineatus* und der Gemeine Hechtling, *Aplocheilus panchax*, aus Vorderasien. Bis zur Jahrhundertwende kamen weitere 100 Arten hinzu, unter ihnen aber nur vier Prachtkärpflingsarten aus Afrika: Der Gebänderte Prachtkärpfling, *Aphyosemion bivittatum*; der Elegante Prachtkärpfling, *Aphyosemion elegans*; der Blaue Prachtkärpfling, *Aphyosemion sjoestedti*; und der Gelbsaum-Prachtkärpfling, *Roloffia petersi*. Aus Südamerika wurden die ersten Fächerfische bekannt: Der Blaue Fächerfisch, *Cynolebias belottii*; und der Gestreckte Fächerfisch, *Cynolebias elongatus*. Aus Afrika importierte man einige Hechtlinge: U. a. den Sechsbandhechtling, *Epiplatys sexfasciatus*; und den

Gebänderten Hechtling, *Epiplatys fasciolatus*; daneben verschiedene Prachtgrundkärpflinge, wie Günther's Prachtgrundkärpfling, *Nothobranchius guentheri*; und den Schwarzflecken-Prachtgrundkärpfling, *Nothobranchius melanospilus*; sowie den Tüpfelhechtling, *Pachypanchax playfairii*; und den Madagaskar-Hechtling, *Pachypanchax omalonotus*.

Ein großer Teil der heute bekannten Killifischarten wurde nach 1950 gefunden. Es gibt eine ganze Reihe hervorragender Ichthyologen (Ichthyologie = Fischkunde) und Naturfreunde, die sich darum sehr verdient gemacht haben. Unter beträchtlichem finanziellen Aufwand führten sie Fischfangreisen durch und scheuten keine

Die Prachtgrundkärpflinge, zu denen *Nothobranchius orthonotus* gehört, haben eine äußerst interessante Fortpflanzungsbiologie.

R. magdalenae, der Goldschwanzbachling, ist ein südamerikanischer Killifisch, der früher auch den Namen *Rivulus milesi* trug und seit Jahrzehnten einen festen Platz in den Bestandslisten der Killifischfreunde hat.

Anstrengungen und Mühen, um bis dahin unbekannte Arten zu entdecken und lebend nach Europa zu bringen. Bedeutende Wissenschaftler bemühten sich intensiv um die wissenschaftliche Durchdringung und Sicherheit der Artbestimmung. Und den zahlreichen Killifischliebhabern ist es zu danken, daß die züchterische Arbeit organisiert, die Arten erhalten und möglichst weit verbreitet wurden.

Die Kopfzeichnung vieler Prachtkärpflinge, hier von *Aphyosemion sjoestedti*, ist arttypisch und wird zur Artabgrenzung herangezogen.

Adinia multifasciata

Das Männchen von *Aphyosemion loennbergii* (Untergattung *Chromaphyosemion*) aus Kamerun ist wesentlich farbenprächtiger als sein Weibchen.

17

SYSTEMATIK

Jeder Aquarianer, betreibt er seine Liebhaberei ernsthaft, wird an der „Systematik" nicht vorbeikommen. „Die Systematik versucht, durch vergleichende Untersuchungen der einzelnen Organismen verschiedene natürliche Gruppen zu finden, denen sich Lebewesen auf Grund gemeinsamer Merkmale zuordnen lassen, sie zu beschreiben und im natürlichen System anzuordnen. In der Systematik soll sich die Stammesgeschichte widerspiegeln". Von vielen Fischen ist nur der lateinische Name bekannt und gebräuchlich. Das trifft insbesondere auch auf die Killifische zu, bei denen die wissenschaftlich exakte Verständigung über die einzelne Art nur so sinnvoll möglich ist.

Bereits vor der Zeitenwende durch ARISTOTELES (384 bis 322 v.u.Z.) und später durch den weltweit bekannten Naturforscher LINNÉ (1707 bis 1778) gab es Bemühungen, alle bekannten Tier- und Pflanzenarten in einem System zu ordnen. In seinem Werk „Systema naturae" erfaßte LINNÉ u. a. auch die Fische, darunter den schon erwähnten *Fundulus heteroclitus*, der von LINNÉ selbst erstmals wissenschaftlich beschrieben wurde (1766). Ziel

der Ordnung ist die Einteilung der Tiere und Pflanzen in übersichtliche Gruppen. Das geschieht nach verwandtschaftlichen Beziehungen und äußeren sowie inneren Ähnlichkeiten. Bedeutsam ist LINNÉ'S Verwendung der „binären Nomenklatur", d. h. jede Art erhält eine doppelte lateinische Bezeichnung: den Artnamen und eine vorangestellte Gattungsbezeichnung (entspricht etwa unserem Vor- und Zunamen). Beide lateinischen Namen beziehen sich in der deutschen Übersetzung meistens auf besondere Merkmale der Art. Der Blaubandkärpfling hat die lateinische Bezeichnung *Fundulus heteroclitus* (LINNÉ, 1766). *Fundulus* = Gattungsname, abgeleitet von *fundus*: der Grund, Boden, die Tiefe; *heteroclitus* = Artname, Bezeichnung für ungleichförmig, unregelmäßig; LINNÉ = Name des wissenschaftlichen Erstbe-

Das Weibchen von *Aphyosemion loennbergii* ist, wie alle Prachtkärpflingsweibchen, recht einfach gefärbt und gezeichnet.

Typischer westpanamesischer *Rivulus*-Biotop, Fundort von *Rivulus uroflammeus*. Die Fische befinden sich zwischen dem Flußschotter.

schreibers der Art; 1766 = Jahr der Veröffentlichung der Erstbeschreibung; () = Hinweis darauf, daß die Art unter einem anderen Gattungsnamen erstbeschrieben wurde, hier „*Cobitis heteroclita*".

Eine „Erstbeschreibung" ist die erste wissenschaftlich anerkannte Publikation, die von einer neuen Art berichtet, diese manchmal auch nur nennt. Der Umfang einer solchen Arbeit bestand früher oft nur aus einigen wenigen Sätzen. Heute wird eine umfassende, wissenschaftlich exakte Abhandlung erwartet.

Arten mit gemeinsamen Merkmalen werden zu Gattungen zusammengefaßt. Mehrere Gattungen mit gemeinsamen Merkmalen bilden eine Unterfamilie, mehrere von ihnen wiederum eine Familie usw.

Die Eierlegenden Zahnkarpfen haben die lateinische Familienbezeichnung „Cyprinodontidae". Dieser wissenschaftliche Name wird vom griechischen „kyprinos" = Karpfenart mit hoher Fruchtbarkeit und „odon" = Zahn, bezahnter Kiefer abgeleitet. Zur Familie Cyprinodontidae gehören die folgenden Unterfamilien:

Rivulinae
Fundulinae
Cyprinodontinae
Orestiatinae
Aphaniinae
Procatopodinae
Fluviphylacinae
Pantanodontinae

Früher gehörten noch die heute als eigene Familie geführten Oryziatinae dazu.

Der Goldfasan-Prachtkärpfling, *Roloffia occidentalis,* **wird bis 10 cm lang und gehört zu den bodenlaichenden Prachtkärpflingen.**

Die Weiterentwicklung der Wissenschaften bringt ständig neue Möglichkeiten der Überprüfung und Verbesserung des Systems. Daraus ergibt sich im Sinne des wissenschaftlichen Fortschritts auch für den Killifischfreund die Notwendigkeit des Umdenkens. Er muß neue Namen für hinreichend bekannte Fische lernen - eine Schwierigkeit, die Aquarianer oft ausschließlich bei den Killis sehen und darüber lächeln. Bei anderen Zierfischfamilien ist das aber auch nicht ungewöhnlich, sondern ein ganz normaler Vorgang.

Die Eierlegenden Zahnkarpfen haben nicht immer gängige deutsche Namen, die jedermann kennt, wie z. B. den Namen „Streifenhechtling" für die Art *Aplocheilus lineatus.* Die Killis werden auch in der aquaristischen Umgangssprache meistens mit ihrem lateinischen Namen angesprochen.

Insgesamt gibt es ungefähr 50 Gattungen Killifische. Diese Zahl schwankt, da manche Gattungen nicht allgemein anerkannt werden. Darunter ist zu verstehen, daß sich die Ichthyologen in verschiedenen Fällen uneins sind, ob es sich um eine Gattung, Untergattung oder eine Gruppierung ohne Gattungsrang handelt. Das hängt auch damit zusammen, daß oft vorschnell Namensfestlegungen publiziert werden, ohne daß eine ausreichende Untersuchung der verwandtschaftlichen Beziehungen erfolgt ist. Das hat zur Folge, daß solche Namen angezweifelt werden und spätere genauere Untersuchungen zeigen, daß es sich eventuell um ein sog. „Synonym" handelt. Ein Synonym ist ein Name, der für eine Art vergeben wurde, die bereits einen anderen Namen hat.

Die Bestimmung und Abgrenzung der Arten ist ein recht schwieriges Unterfangen, da die äußerlichen Unterschiede - und die sind für den Aquarianer und Killifischliebhaber einzig und allein wichtig - oft sehr gering sind. In dieser Situation hilft manchmal nur eine reich bebilderte Spezialliteratur weiter (s. S. 193). Für den Spezialisten - und das will eigentlich jeder Killifischfreund werden - gibt es dennoch zahlreiche Merkmale, die mit mehr oder weniger großem Aufwand zur Bestimmung und Abgrenzung herangezogen werden können. Sie sind zwar teilweise sehr diffizil, so

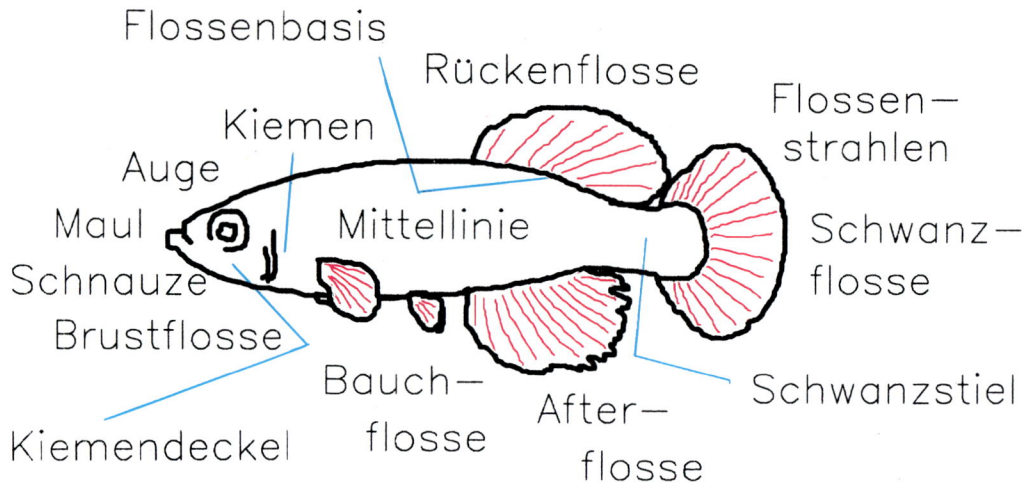

daß sie im Zweifelsfall nur ein Ichthyologe sicher erkennen kann, trotzdem sind sie interessant, hilfreich und runden die Kenntnisse ab.

Wichtige Merkmale sind: Anordnung der Schuppen auf dem Kopf, Seitenlinienorgane, Flossenstrahlenanzahl (von D = Dorsale = Rückenflosse, A = Anale = Afterflosse, C = Caudale = Schwanzflosse, P = Pectorale = Brustflosse, V = Ventrale = Bauchflosse), Flossenstellung insgesamt, Struktur und Anordnung der Zähne, mittlere Anzahl der Schuppen in Längs- und Querreihe (mLR, mQR), Beschuppungstyp, Struktur des Darmes und der Eioberfläche, Chromosomenzahl, -anordnung und -aufbau, Hämoglobinmuster, Kreuzbarkeit eng verwandter Arten bis in die dritte Generation (F1, F2, F3), ethologische Verhaltensweisen, Färbung und Zeichnung insgesamt, Geschlechtsdimorphismus. Das Farbmuster der Männchen wird häufig als Merkmal für die Artentrennung herangezogen. Von Bedeutung sind dabei die Punkt- und Strichzeichnung der Kiemendeckel; die Schuppengruppen oberhalb des Brustflossenansatzes; Längs- und Querbänder bzw. netz- und lyraförmige Zeichnung der Körperseiten; die Zeichnung der Kehlpartie; Kanten, Säume, Bänder, Punkte, Flecken und Striche der Flossen. Zusätzlich werden verschiedene biologische, ökologische und geographische Kriterien allgemeiner Art in die Betrachtungen zur Artabgrenzung einbezogen: terra typica (Ort, an dem die Art zum ersten Mal nachgewiesen wurde), Verbreitungsgebiet, Biotopbeschaffenheit unter besonderer Berücksichtigung der Konkurrenz zu Vertretern anderer Fischfamilien, Höhenlage der Fundorte über dem Meeresspiegel, Zugehörigkeit zu abgeschlossenen Flußsystemen, Fließgeschwindigkeit der Gewässer, Unterwasservegetation, Vegetationstyp der Fundortumgebung, Beschattung, geologischer Untergrund und Bodengrund der Gewässer, Klimatyp (Regen- und Trockenzeiten) u. a. Eine der neuesten Möglichkeiten zur Artabgrenzung, die von amerikanischen Wissenschaftlern entwickelt wurde, besteht darin, mit einer speziellen Methode die Spermatozoen von Fischen mit einem Silberreagenz anzufärben. Dabei färben sich einzelne Teile artspezifisch unterschiedlich gelb, braun oder schwarz. Mit der Einordnung der Arten in das System der Lebewesen nach den genannten Kriterien und anderen Merkmalen beschäftigen sich die Taxonomen. Trotz aller bewährten Methoden und Bemühungen um eine eindeutige Definition einer Art im Rahmen ihrer Erstbeschreibung kommt es vor, daß Arten im Laufe der Jahre öfter ihren Namen wechseln mußten. Das geschah zwar zum Leidwesen der Aquarianer, dem wissenschaftlichen Fortschritt wurde aber Genüge getan. Und so werden sich die Killifischfreunde auch in Zukunft an manchen neuen Namen gewöhnen müssen. Ein Beispiel dafür ist der Goldfasan-Prachtkärpfling: Bis 1966 hatte dieser Fisch den Namen *Aphyosemion sjoestedti*, dann *Aphyosemion occidentalis*, danach *Roloffia occidentalis*, nun *Aphyosemion (Callopanchax) occidentalis* oder vielleicht doch *Roloffia occidentalis?* Die endgültige Klärung dieser Dinge ist das Problem der Wissenschaftler, der Ichthyologen. Für die Aquarianer und Killifischfreunde ist wichtig, daß man sich verständigen kann und hier vielleicht besser der „Occidentalis" oder „Goldfasan" sagt.

Die Probleme der Umbenennungen sind aber in verschiedenen Fällen auch „hausbacken", weil sich zum einen Nichtwissenschaftler an die Bestimmung von Arten heranwagen und weil zum anderen aus Konkurrenzgründen (wer zuerst publiziert, der gewinnt), ohne die Untersuchungen sorgfältig zu Ende zu bringen (z.B dauern Kreuzungsversuche bis zur F 3 gewöhnlich Jahre), vorschnell neue Artnamen vergeben werden. Und oftmals sind das sog. Dedikationsnamen (Dedikation = Widmung, Zueignung, Geschenk), über deren wissenschaftlichen Sinn man in vielen Fällen geteilter Meinung sein kann.

STERBA zitiert im Vorwort seines Buches „Süßwasserfische der Welt" den Ichthyologen Denys W. TUCKER mit folgenden grundsätzlichen Hinweisen: „Es kann nicht deutlich genug betont werden, daß die Beschreibung einer als „neu" angesehenen Art eine besondere Verantwortung, ein Höchstmaß an Kenntnissen und Erfahrungen und die exakte Beherrschung der komplizierten international anerkannten Nomenklaturregeln erfordert. In den meisten Disziplinen der Wissenschaft ist es möglich, schlechte Arbeiten zu ignorieren. Im Gegensatz dazu müssen in der Taxonomie auch die schlechtesten Arbeiten berücksichtigt werden. Aus dieser Situation leitet sich die Tatsache ab, daß gute Taxonomen gezwungen sind, einen unverhältnismäßig großen Anteil ihrer Zeit und ihrer Anstrengungen an äußerst artifizielle und überflüssige, von schlechten Taxonomen geschaffene Probleme vergeuden zu müssen, der ihnen bei der Bearbeitung echter, von der Natur gestellter Fragen fehlt. Amateure sollten deshalb solange auf taxonomische Publikationstätigkeit verzichten, bis sie entsprechende Kenntnisse und Fähigkeiten erworben haben."

Die Fehlerquellen und Kuriositäten bei der Namensgebung der Killis sind recht groß. Abgesehen davon, daß Männchen und Weibchen als unterschiedliche Arten beschrieben worden sind, siehe *Cynole-*

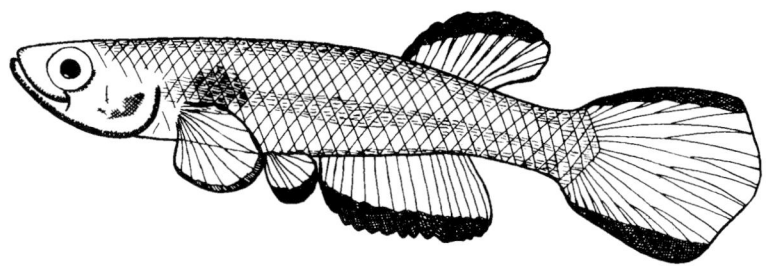

„Aphyosemion scherzi"

bias bellottii, gibt es so etwas wie *Nothobranchius furzeri, Oxyzygonectes dovii* und als besondere Überraschung den in der Literatur schon oft erwähnten *Aphyosemion scherzi*, ein Aprilscherz des Journals der Deutschen Killifisch Gemeinschaft, der aber so gut gelungen war, daß selbst DKG-Mitglieder nach Bezugsquellen für diese Neuheit fragten und die „Art" auch in die Liste der Aphyosemion-Arten in STERBA's „Süßwasserfische der Welt" aufgenommen wurde, zumal dieser Aprilscherz im Journal nie als solcher aufgeklärt worden war. Nach den Nomenklaturregeln ist die Art „*Aphyosemion scherzi*" sogar gültig, ein wenig dienlicher wissenschaftlicher Schabernack des Autors der „Erstbeschreibung". Manche Leute nennen die Eierlegenden Zahnkarpfen auch manchmal „Zahnlose Eierkarpfen" - darüber hört der Killifischfan einfach hinweg.

Inzwischen ist es bei den Eierlegenden Zahnkarpfen so, daß in vielen Fällen der eigentliche Artname nicht ausreicht. Die Folge davon ist die Vergabe von Unterartnamen, die ggf. Lokalrassen bezeichnen. Reicht das zur Abgrenzung von Populationen noch immer nicht, dann werden die Fundorte hinzugefügt. Beispiele: *Aphyosemion gardneri nigerianum* „Akampka", A. g. n. „Akure", A. g. n. „Macurdi" oder *Aphyosemion ogoense pyrophore* „CMBB 89/13 Gualikoto". Die systematische Einordnung der Eierlegenden Zahnkarpfen erfolgt zur Zeit nach zwei verschiedenen Systemen. Während die europäischen Killifischfreunde oft noch nach dem System von ROSEN, 1964 verfahren, orientieren sich die amerikanischen nach dem System von PARENTI, 1981. Bei manchen Arten bleibt danach nur der Artname identisch. Die Deutsche Killifisch Gemeinschaft nennt in ihrer „Enzyklopädie der Killifische" stets beide Systeme.

Aphyosemion louessense ist ein schlanker Prachtkärpfling, der in langsam fließenden Bächen Kongos und Gabuns vorkommt.

KÖRPERFORM UND FARBE

Killifische sind in ihrer Form und Farbe recht unterschiedlich. Sie können schlank, gedrungen, hochrückig, zylindrisch, hecht-, karpfen-, forellenähnlich, lang- oder rundflossig sein. Manchmal werden sie auch als bullig bezeichnet, das trifft aber nur auf wenige Arten zu. Killifische sind insgesamt eine sehr vielgestaltige Fischfamilie, und es ist nicht möglich, den „typischen" Killi zu beschreiben. Als typisch könnte man bestenfalls die allgemein bekannten und beliebten Prachtkärpflinge bezeichnen. Bei ihnen handelt es sich meistens um schlanke, gestreckte und seitlich wenig abgeflachte Fische mit großen Augen und einem breiten, oberständigen Maul. Rücken-, After- und Schwanzflosse sind recht groß sowie sehr interessant gezeichnet und gefärbt. Daneben gibt es Killis, die ein deutlich hechtähnliches Aussehen haben und die auch als Hechtlinge bezeichnet werden: *Aplocheilus, Epiplatys*. Sehr schlank sind viele Leuchtaugenkärpflinge, besonders aus der Gattung *Aplocheilichthys*. Auch hochrückige Formen sind bekannt, z. B. die Vertreter der Fächerfische, *Cynolebias*, oder verschiedene Leuchtaugen-fische aus der Gattung *Procatopus*. An unsere bekannten Karpfenfische im Miniformat erinnern die Wüstenfische aus der Gattung *Cyprinodon* oder auch die Mittelmeerkärpflinge, *Aphanius*. Mehr gedrungen wirken die zahlreichen Prachtgrundkärpflinge, *Nothobranchius*, zylindrisch dagegen die Bachlinge, *Rivulus*. Viele *Fundulus*-Arten ähneln im Aussehen kleinen Forellen, *Austrofundulus*-Arten wirken dagegen bullig.

Aber das ganz Typische fehlt den Killifischen. Sie haben eben keine Fettflosse wie die Salmler, keine Barteln wie viele Welse und Barben, keine geteilte Rückenflosse oder Hartstrahlen wie die Barsche und keine, zu langen Fäden ausgebildeten Bauchflossen wie Segelflosser oder Labyrinthfische. Natürlich gibt es auch bei den Killis Besonderheiten, die man zwar kennen sollte, die aber nicht sonderlich deutlich und schon gar nicht typisch für alle sind. Zum Beispiel haben viele Hechtlinge auf der Kopfoberseite einen Leuchtfleck, der vermutlich Insekten anlocken soll, die über der Wasseroberfläche fliegen und die von den Fischen dann gefressen werden.

Epiplatys fasciolatus gehört zu den afrikanischen Hechtlingen. Die Art hat ein großes Verbreitungsgebiet und zahlreiche Populationen mit unterschiedlicher Färbung und Zeichnung.

Nothobranchius ocellatus ist ein Prachtgrundkärpfling aus der Untergattung Paranothobranchius und hat ein für diese Gattung ungewöhnliches Aussehen.

Killis sind mit Zähnen auf ihren Kiefern ausgestattet - Zahnkarpfen! Die Weibchen vieler *Rivulus*-Arten zeigen im Bereich ihres Schwanzstieles den sogenannten Rivulusfleck - eine Anhäufung dunkel pigmentierter Schuppen. Die Weibchen von *Fundulus*-Arten haben an der Afterflosse besonders ausgebildete Flossenstrahlen, die als „Geschlechtstäschchen" bezeichnet werden, und manchen Killis fehlen sogar die Bauchflossen. Alle diese Merkmale können aber nicht verallgemeinert werden. Kurzum: Die Killifische bieten für jeden Geschmack den passenden Fisch, es gibt kein Schema! Nicht einmal die Fortpflanzung dieser Fischfamilie ist einheitlich, sondern es sind zahlreiche spezielle Verhaltensweisen bekannt, auf die noch detaillierter eingegangen wird (s. S. 51).

Ein gut ausgefärbtes, erwachsenes Männchen, sei es aus der Gattung der Prachtkärpflinge, der Prachtgrundkärpflinge oder der Hechtlinge, ist ein echtes Farbwunder. Das kontrastreiche, aber durchaus harmonische Spiel der Farben offenbart sich dem Betrachter aber nur unter ganz besonderen Bedingungen: Die Fische müssen gesund sein und optimal gehältert werden. Dazu gehört auch, daß mehrere Weibchen und kleinere Männchen mit im Aquarium leben, also eine „Killifischfamilie" vorhanden ist, die von dem erwachsenen Männchen beherrscht wird. Und die Fische müssen, das gehört einfach dazu, in einem günstigen Licht stehen. Das Licht ist von entscheidender Bedeutung, und dabei bringt das Sonnenlicht zweifellos die besten Farbwirkungen zustande. In Berichten von Fischfangreisen in tropische Gebiete der Erde kann man lesen: „Ich konnte ein erwachsenes Männchen erbeuten, wie ich es im Aquarium noch nie gesehen hatte, es übertraf an Farbenpracht alles bisher Dagewesene." Im Aquarium zeigen die Killifische ihre besten und intensivsten Farben dann, wenn sie sich rundherum wohlfühlen. Und wenn das seitlich und von oben einfallende Licht auch noch natürliches Sonnenlicht ist, dann kann man selbst zu Hause vor dem Aquarium begeistert sein. Aber meistens haben die Aquarien kein Sonnen-, sondern Kunstlicht unterschiedlicher Qualität. Es kommt hier darauf an, eine Lichtquelle zu wählen, die dem natürlichen Spektrum möglichst nahekommt, und die Lampe so anzubringen, daß das Licht von vorn oder seitlich von oben auf die Fische trifft. Wenn man von einem erfahrenen Killifischliebhaber und -züchter Spitzentiere vorgeführt bekommt, dann geschieht das gewöhnlich unter Einsatz einer Taschenlampe. Der Betrachter sieht dann den Fisch angeleuchtet von vorn, von der Seite, leicht von oben, eben unter dem günstigsten Lichteinfallswinkel, und ist von seiner Schönheit überzeugt.

Der Leuchtfleck auf dem Hinterkopf der Hechtlinge, hier *Epiplatys annulatus*, soll fliegende Insekten anlocken.

Roloffia toddi **ist eng mit dem Goldfasan-Prachtkärpfling *Roloffia occidentalis* verwandt.**

Dieser ungewöhnlich farbige Prachtkärpfling *Aphyosemion* sp. „Oyo" ist bisher in den Aquarien der Killifischfreunde noch sehr selten.

GRÖSSE

Die meisten Killifische sind relativ kleine Fische mit einer durchschnittlichen Gesamtlänge von 5 bis 6 cm. Ausnahmen gibt es nach oben und unten: Die größten Vertreter leben in Südamerika im Grenzgebiet zwischen Peru und Bolivien im Bereich der Altiplano-Hochebene in einer Höhe von 3700 bis 4000 m über dem Meeresspiegel. Sie sind vor allem im Titicaca-See verbreitet und werden in die Gattung *Orestias*, Titicacakärpflinge, eingeordnet. *Orestias cuvieri*, der Raubkärpfling, wird bis 30 cm groß. Dieser Fisch ist aquaristisch noch unbekannt, also vielleicht ein Fisch der Zukunft? Das bleibt zumindest zu hoffen, denn die bisher gehaltenen Tiere dieser Art (?) im Zoologischen Institut Hamburg zeigten wenig Farbe und aquaristische Eignung. In Südamerika gibt es aber noch zwei weitere Killiriesen: *Cynolebias elongatus*, Gestreckter Fächerfisch, aus zeitweiligen Wasseransammlungen in Argentinien und Uruguay, der eine Größe von fast 20 cm erreicht, und den interessanten *Oxyzygonectes dovii*, das Weißauge, aus brackigen Küstengewässern von Costa Rica und Panama mit einer noch etwas größeren Gesamtlänge. Beide Arten wurden von Killifreunden gepflegt und zur Nachzucht gebracht. In Nordamerika ist die bis 20 cm groß werdende Art *Fundulus catenatus*, der Kettenkärpfling (amerik. Northern studfish), der größte Killifisch. Er wird von Aquarianern aber selten gepflegt, da er auch farblich wenig attraktiv ist. Die beiden größten afrikanischen Eierlegenden Zahnkarpfen sind dagegen wirkliche Schönheiten, und diese Arten werden immer wieder importiert, gepflegt und auch nachgezüchtet. Die eine, *Lamprichthys tanganicanus*, das Tanganjika-Leuchtauge, wird bis 14 cm groß und kommt nur im Tanganjikasee vor. Die andere Art, *Aphyosemion sjoestedti*, der Blaue Pracht-

kärpfling, ist in Südwestnigeria und West-
kamerun in Bächen, Gräben und Resttümpeln verbreitet und kann durchaus 12 cm
lang werden. Diese Länge erreicht unter
optimalen Haltungsbedingungen auch der
größte asiatische Vertreter der Killis, der
Steifenhechtling, *Aplocheilus lineatus*, ein
Zierfisch aus Indien. Der größte „Europäer"
ist der Valenciakärpfling, *Valencia hispanica*, aus Spanien mit einer möglichen
Größe von über 8 cm. Im Aquarium erreichen die genannten Killifische ihre größte
Körperlänge nur bei bester Haltung und
Fütterung in entsprechend großen Aquarien oder bei zeitweiligem Aufenthalt in einem Gartenteich.

Die kleinsten Vertreter der Killifische
sind aus Afrika und Südamerika bekannt.
Der Leuchtaugenkärpfling, *Congopanchax myersi*, der Kolibrifisch, aus pflanzenreichen Gewässern Zaires und Kongos
wird nur 2,5 cm groß. Der Zwergkillifisch,
Fluviphylax pygmaeus, aus dem Amazonas
bei Borba südlich von Manaus erreicht eine ähnliche Größe, ist aber aquaristisch
noch weitgehend unbekannt, zumal er
auch wenig Farbe zeigt. Klein, farbenprächtig und interessant sind auch die
Diapteron-Arten (Untergattung zu Aphyosemion oder vielleicht doch eine selbständige Gattung?) aus dem Einzugsgebiet des
oberen Ivindo - Nordostgabun, Afrika. Sie
sind ausgesprochene Kleinode für das Süß-
wasser-Aquarium, nicht leicht zu züchten
und noch immer Raritäten.

Es ist wichtig zu wissen, daß die Anga-
be von Größen sehr relativ ist. Meistens
werden die Größenangaben der Fische den
Erstbeschreibungen, Berichten über spätere Funde der Art oder der aquaristischen
Spezialliteratur entnommen. Damit ist
nicht abschließend gesagt, wie groß der
Fisch tatsächlich werden kann. Die Länge,
die der Fisch im Aquarium erreichen kann,
hängt wesentlich von seinen Pflegebedin-
gungen ab. Mit der Größe des Behälters,
der hygienisch einwandfreien Haltung und
der Qualität des Ausgangsmaterials „Fisch"
steigen die Chancen, daß er seine Maxi-
malgröße auch im Aquarium erreicht und
daß diese vielleicht sogar noch überboten
wird, denn der natürliche „Feindfaktor"
scheidet aus, und die Tiere können lange
leben.

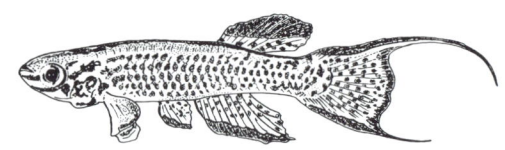

Aphyosemion gabunense

**Von *Aphyosemion exiguum* gibt es viele wun-
derschöne Populationen aus Kamerun, Äquatorial-Guinea, Gabun und Kongo.**

***Aphyosemion abli* ist eng mit *A. australe* ver-
wandt und ein interessanter Prachtkärpfling aus
den Regenwäldern der Küstenebenen Kameruns und Äquatorial-Guineas.**

GESCHLECHTSUNTERSCHIEDE

Bei den Killifischen kann man die männlichen und weiblichen Tiere unschwer auseinanderhalten. Besonders die Prachtkärpflinge (*Aphyosemion, Roloffia*), aber auch die Hechtlinge (*Epiplatys, Pachypanchax*), Bachlinge (*Rivulus*), Fächerfische (*Cynolebias*) und Prachtgrundkärpflinge (*Nothobranchius*) zeigen das deutlich: Die Männchen sind wesentlich farbiger und schöner gezeichnet als die Weibchen - ein ausgeprägter Geschlechtsdimorphismus (Dimorphismus = Zweigestaltigkeit, Auftreten einer Pflanzen- oder Tierart in zwei Formen) tritt auf. Bei den Männchen kontrastieren rote Farbmuster oft mit benachbarten, metallisch glänzenden gelben, grünen oder blauen Schuppenreihen. Besonders attraktiv ist die vielfach wimpel- oder fahnenförmig ausgezogene Rücken-, After- und Schwanzflosse, obwohl manchmal auch abgerundete Flossen arttypisch sind.

Die Weibchen dagegen können häufig auch vom Spezialisten nur schwer einer bestimmten Art zugeordnet werden. Innerhalb einzelner Artgruppen der Prachtkärpflinge oder zwischen verschiedenen Populationen der gleichen Art ist das oft unmöglich. Daher muß auf eine sorgfältige Trennung der Weibchen geachtet werden, will man die Arten und ihre verschiedenen Populationen (= Gesamtheit der Tiere oder der Pflanzen eines begrenzten Gebietes) reinerbig erhalten. Zu diesem Zweck sollte der Killifreund die Aquarien beschriften und dafür Sorge tragen, daß seine Pfleglinge nicht von einem Aquarium in das andere springen können!

Die Färbung der Weibchen ist meistens einfarbig hellgrau, braungrau, rotbraun und braun, gelegentlich mit dunklen oder blaß farbigen Punkten, Flecken oder Streifen auf den Körperseiten und Flossen. Die Schuppen können dunkle bis schwarze Ränder haben. Die unpaaren Flossen (Rücken-, After-, Schwanzflosse) sind überwiegend farblos, durchsichtig und abgerundet. Weibchen, die den Männchen sehr ähnlich sind, bilden in der Killifischfamilie die Ausnahme.

Die unterschiedlichen Farbmuster der Männchen einzelner Artgruppen und Arten sind die Folge unterschiedlicher Entwicklungsbedingungen in Biotopen, die sich im wesentlichen ähneln, im Detail aber

Rivulus chucunaque kommt auch auf der Pazifikseite Panamas vor und ist dort in flachen, langsam fließenden Bächen zu finden.

Das Männchen von *Aphyoplatys duboisi* leuchtet je nach Lichteinfall hellblau, violettblau oder blaugrün. Diese Art wird von manchen Autoren in die Gattung *Epiplatys* gestellt, andere sehen eine enge Bindung an die Gattung *Aplocheilus*.

doch eine ganze Reihe Unterschiede aufweisen. Die Prachtkärpflinge zum Beispiel sind keine Fische, die ausgedehnte Wanderungen unternehmen. Sie bleiben im Bereich eines eng begrenzten Standorts, und dadurch entstehen kleine Populationsgruppen, die sich biologisch weiterentwickeln, von Nachbargruppen der gleichen Art isolieren und sich schließlich mit ihnen nicht mehr fruchtbar kreuzen. Dieser Artbildungsprozeß ist auch heute noch im Gange und für die Wissenschaft außerordentlich interessant.

Von Bedeutung ist auch die gelegentliche Ausbildung von „roten", „blauen" und „gelben" Farbtypen innerhalb einer Art. Die zugehörigen Weibchen reagieren sexuell aktiv nur auf Männchen der eigenen Farbgruppe. Natürliche Kreuzungen der Farbtypen treten nach dem heutigen Kenntnisstand nicht auf.

Die unterschiedliche Färbung von Männchen und Weibchen führte in den Anfangsjahren der Aquaristik zu Fehlbestimmungen von Arten. Ein Beispiel dafür ist der Blaue Fächerfisch, *Cynolebias bellottii* (STEINDACHNER, 1881). Das Männchen

Das Weibchen von *Aphyoplatys dubiosi* ist deutlich farbschwächer. Seine Flossen sind abgerundet.

wurde als *C. bellottii*, das Weibchen als *C. maculatus* beschrieben, und erst später bemerkte man, daß es sich um eine Art handelt. Ursache für den Irrtum war neben der unterschiedlichen Färbung beider Tiere auch die gattungstypisch unterschiedliche Zahl der Flossenstrahlen von Rücken- und Afterflosse bei Männchen und Weibchen.

Das Pärchen *Aphyosemion schoutedeni* zeigt die Unterschiede in der Färbung und Zeichnung von Männchen und Weibchen recht deutlich. Das Weibchen ist einfarbig.

VERBREITUNGSGEBIETE

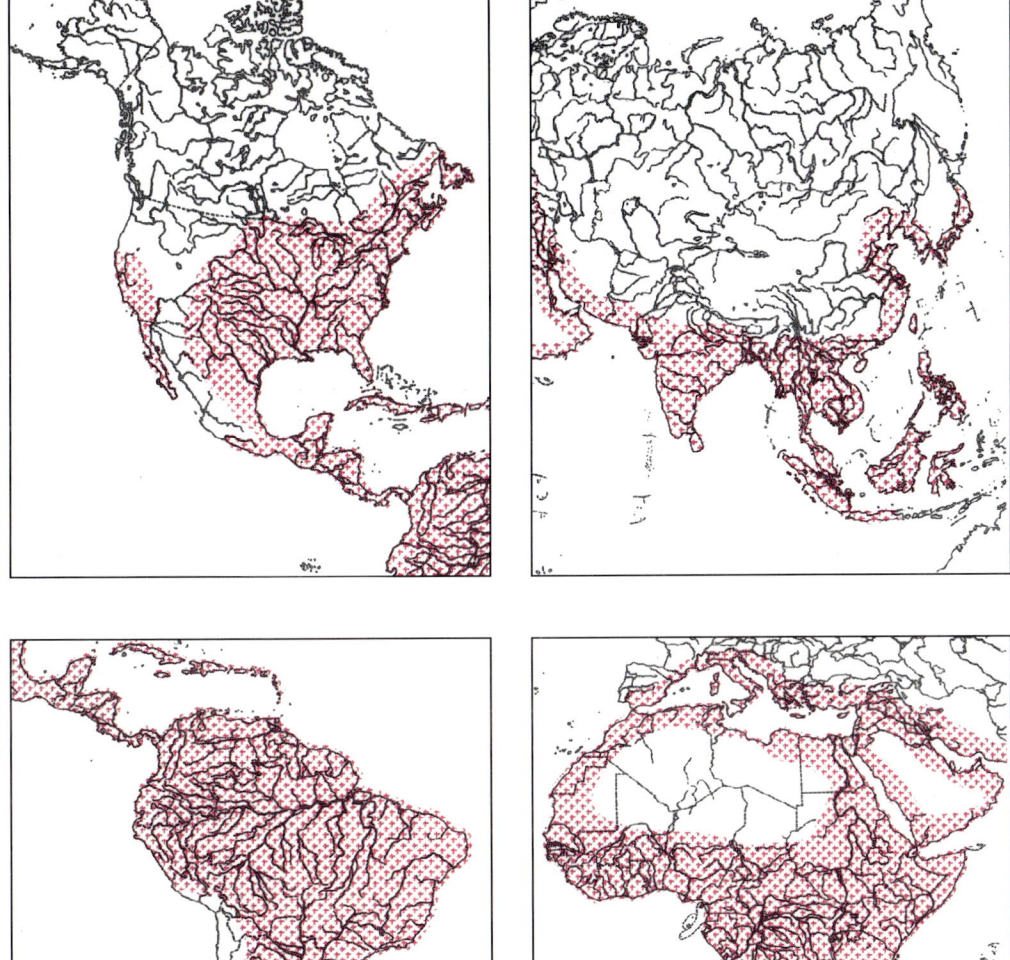

Verbreitungsgebiete der Killifische

In den Wüstengebieten des USA-Staates Nevada gibt es die Art *Crenichthys nevadae* aus der Unterfamilie Fundulinae nur noch an sehr wenigen Stellen.

Mit Ausnahme von Australien, Arktis und Antarktis gibt es Killis auf jedem Teil der Erde. Die meisten und farbenprächtigsten Arten kommen in den Tropen und Subtropen vor. Vertreter einiger Unterfamilien sind sogar bis in Gebiete mit gemäßigtem Klima vorgedrungen. Den bereits erwähnten *Fundulus heteroclitus* gibt es sogar an der kanadischen Ostküste. Bekannt sind *Cynolebias*-Arten aus der

Die Regenwälder Liberias in Westafrika sind der Lebensraum vieler Killifischarten, unter anderem auch von *Epiplatys roloffi* und *Roloffia guineensis*, die hier gemeinsam vorkommen.

argentinischen Pampa, *Nothobranchius*- und *Aplocheilichthys*-Arten aus Südafrika, und selbst in Südeuropa leben Killis aus den Gattungen Aphanius und Valencia. Die Abgrenzung der Verbreitungsgebiete der einzelnen Arten ist eine sehr verantwortungsvolle Aufgabe. Dabei spielen die tatsächlichen Fundorte und nicht Vermutungen die überragende Rolle, so sollte man meinen. Leider werden in der Literatur aber immer wieder riesige Gebiete als Verbreitungsgebiete der einen oder anderen Art angegeben, ohne daß exakte Fundbelege vorhanden sind. Wenn wenigstens noch „vermutetes Verbreitungsgebiet" angegeben würde!

Die Killifische haben kaum eine wirtschaftliche Bedeutung, daher sind die Kenntnisse von ihrer Verbreitung sehr lückenhaft. Erst in den letzten Jahrzehnten wurden von Killifisch-Enthusiasten größere Gebiete in Afrika und Südamerika systematisch abgesucht - und trotzdem: Es gibt keine Vollständigkeit und sicher noch viele Überraschungen. Nicht zufällig werden Jahr für Jahr zahlreiche neue Arten und Unterarten gefunden, müssen die Karten der Verbreitungsgebiete ergänzt werden.

Die Fundorte sind punkthaft, und je dichter das Fundortnetz ist, desto sicherer sind auch die Aussagen zur Verbreitung. Nach geographischen Gegebenheiten kann von einem Fundort auf eine Verbreitung im gleichen Flußsystem, in der gleichen Landschaft geschlossen werden, aber eben nur bedingt und nicht mit Sicherheit. Manche Arten sind sehr standorttreu und damit auf eng begrenzte Gebiete beschränkt.

Von Aquarianern, die in den Tropen nach Fischen suchten, wird immer wieder detailliert beschrieben, wo sich die einzelnen Fundorte befinden. Dabei stellt sich heraus, daß diese überwiegend an den jeweiligen Autostraßen liegen. Querfeldein gelegene Fundorte gibt es nur in wenigen Fällen. Zwischen den Straßen und Pisten liegen vielfach riesige unerschlossene Gebiete mit noch manchen Überraschungen, die auf die Killifans warten. Hinzu kommen die Gebiete, die durch Bürgerkriege und andere Konflikte nicht bereist werden können. Ein Beispiel dafür sind die seit Jahrzehnten verschlossenen riesigen Waldgebiete Nordangolas. Dort wird es mit Sicherheit noch zahlreiche neue Arten geben.

Die Wüstenfische, zum Beispiel der Nevada-Wüstenfisch *Cyprinodon nevadensis mionectes*, leben unter extremen Bedingungen in warmen Mineralquellen und deren Abflüsse.

LEBENSRÄUME

Neben der Verbreitung der Killifische aus geographischer und klimatologischer Sicht sind ihre Lebensräume = Biotope von besonderem Interesse. Killis besiedeln stehende Gewässer wie Seen, Teiche, Tümpel, Sümpfe, aber auch kleinste Wasseransammlungen in Radspuren, Fußabdrücken von großen Tieren u. ä. Fließende Gewässer, wie Ströme, Flüsse, Bäche, Quellen und in wenigen Ausnahmefällen die Küsten der Meere gehören ebenfalls zu den Lebensräumen Eierlegender Zahnkarpfen. Von diesen Gewässern führen die meisten ständig, manche aber nur zeitweilig Wasser. Letztere werden auch als temporäre Gewässer oder Saisongewässer bezeichnet. Es sind Bodenvertiefungen, die sich nach jahreszeitlich bedingten Überschwemmungen oder länger andauernden Regenfällen (Regenzeit) mit Wasser füllen und danach langsam austrocknen (Trockenzeit). Killifische aus solchen Gewässern werden als annuell (jährlich, einjährig) oder semianuell bezeichnet. Annuelle Killifische sind solche, die aus trockenen Gebieten mit einem ausgeprägten Wechsel zwischen Trocken- und Regenzeit kommen. Ihre Lebensdauer beträgt nur eine Saison, d.h. vom Beginn der Regenzeit bis zum Austrocknen des Gewässers. Bei den „Semiannuellen" muß es nicht immer bis zur völligen Austrocknung kommen, der Laich der Fische paßt sich den Gegebenheiten an, die Jungfische schlüpfen früher oder später.

Die Pflanzen- und Tierwelt am und im Wasser ist im Hinblick auf Versteckmöglichkeiten, Freßfeinde und Überlebens-

Dieses Gewässer in Mali bei Sikasso ist ein Lebensraum der Prachtkärpflingsart *Roloffia guignardi*.

chancen oft von großer Bedeutung. Wassertemperaturen und Lichtverhältnisse hängen vielfach davon ab, ob die Wasserfläche voll in der Sonne liegt oder Halb- bzw. Vollschatten hat. Die physikalischen und chemischen Wasserverhältnisse sind ebenfalls bedeutsam, gibt es doch Killis, die neutrales bis alkalisches Wasser bevorzugen, und andere, die nur in Wasser mit einem pH-Wert im sauren Bereich auf Dauer überleben. Auch hier sind Arten bekannt, die besondere Extreme lieben, z.B. Meereswasser oder Wasser mit noch viel höherem Salzgehalt, pH-Werte zwischen 4 und 5, Temperaturen von weit über 30°C oder Wintertemperaturen unter 10°C.

Die Gewässertiefe kann von wenigen Zentimetern bis zu mehreren Metern betragen. Viele Killifische halten sich im flachen bis sehr flachen Wasser auf, um den oft vorhandenen größeren Freßfeinden zu entgehen. Das ist eine der wesentlichsten Überlebensstrategien. Andere wiederum verschwinden bei Gefahr im Bodengrund, wie viele südamerikanische Bodenlaicher. Aber auch Hechtlinge können das, wie das bei der Pflege des Madagaskar-Hechtlings, *Pachypanchax omalonotus*, in einem Aquarium mit feinem Sand als Bodengrund beobachtet werden konnte.

Neben der Art des Gewässers sind die bevorzugten Standorte der Killis zu beachten. Es gibt Fische, die sich vorwiegend an der Wasseroberfläche, teils offen im freien Wasser, teils versteckt unter Pflanzen aufhalten: Vertreter der Gattungen *Epiplatys, Aplocheilichthys, Aplocheilus*. Andere dagegen bevorzugen mittlere bis obere Wasserschichten: *Aphyosemion, Aphanius, Rivulus*. Ein nicht geringer Teil hält sich vorwiegend am Boden auf: *Cynolebias, Nothobranchius, Pterolebias, Roloffia*. Dazwischen gibt es viele Übergänge, und selbst am Boden lebende Arten steigen zur Wasseroberfläche auf, um Futtertiere zu erbeuten. Nur wenige Arten, besonders die im Schwarm lebenden Fische, z. B. aus der Gattung *Aplocheilichthys*, bevorzugen den Aufenthalt im freien Wasser. Die meisten Killis lieben Versteckmöglichkeiten zwischen Pflanzen, am Boden liegenden Blättern, Steinen, Wurzeln, ins Wasser hängenden Landpflanzen. Besonders extreme

Lebensräume haben Eierlegende Zahnkarpfen, die in den Küstenzonen großer Meere zu Hause sind, z. B. *Fundulus heteroclitus, Cyprinodon variegatus, Aphanius dispar* oder *Cyprinodon*-Arten aus stark mineralhaltigen Quellen im Südwesten der USA. Sogar in der Geröllzone des Tanganjikasees gibt es einen nur dort vorkommenden Killifisch, das Tanganjika-Leuchtauge, *Lamprichthys tanganicanus*, der seine Eier in Steinspalten ablegt - ein gutes Beispiel für die Anpassung an bestehende Umweltverhältnisse.

Interessant sind die Fundortangaben zu den Lebensräumen in jedem Fall, auch wenn den Fischen im Aquarium diese Bedingungen nicht annähernd geboten werden können. Aber zumindest gibt es Tendenzen, die zu beachten sind. Man muß sich im Klaren sein, daß diese Angaben nur einen Augenblickszustand beschreiben und nicht zu jeder Tages- und Jahreszeit Gültigkeit haben. Das Studium der geographischen Gegebenheiten in den Verbreitungsgebieten der Killifische kann für eine erfolgreiche Haltung und Zucht der Fische von großer Bedeutung sein. Daraus leiten sich Rückschlüsse auf Wassertemperaturen, Temperaturschwankungen zwischen Tag und Nacht und zwischen den Jahreszeiten, auf die Wasserchemie, die Beleuchtungsdauer der Aquarien und anderes mehr ab.

Auf die speziellen Anforderungen wird bei den Artbeschreibungen besonders eingegangen.

Tümpelboden mit Laich von *Cynolebias nigripinnis* (90 km nördlich von Buenos Aires)

KILLIS, SELBST GEFANGEN

Mancher Aquarianer hat den Wunsch, die Heimatgebiete seiner Pfleglinge aufzusuchen. Das ist heute im wesentlichen kein großes Problem mehr. Reisebüros bieten Urlaubsreisen in fast alle Gebiete der Erde. Selbst spezielle Fangreisen für Aquarianer, z.B. nach Südamerika ins Amazonasgebiet oder nach Venezuela, werden organisiert angeboten. In einschlägigen Fachzeitschriften und Büchern gibt es genügend Beiträge, die von solchen Unternehmungen ausführlich berichten. Und immer wieder sind es auch Killifischfreunde, die dem Zauber der Tropen unterliegen, um dort nach bekannten und noch nicht bekannten Eierlegenden Zahnkarpfen zu suchen. Sie scheuen kein Risiko und

nehmen große Strapazen in Kauf, die oft zusätzlich mit dem Einsatz nicht unbedeutender finanzieller Mittel verbunden sind.

Wichtig ist die Reiseplanung, die oft schon ein Jahr vorher beginnt. Dazu zählt vor allem die Sammlung von Informationen, die Beschaffung von zuverlässigem Kartenmaterial, Fangutensilien, haltbaren Nahrungsmitteln, Medikamenten, geeignete Verpackungen usw.. Es ist immer gut, wenn Adressen von wichtigen Personen, Empfehlungsschreiben, Ein- oder Ausfuhrgenehmigungen, Nachweise über erhaltene Schutzimpfungen u.ä. vorliegen. Eine Watt- bzw. Anglerhose oder Gummistiefel, um der Gefahr von Infektionen, wie der Parasitenkrankheit Bilharzinose zu begeg-

V. Etzel beim Fang von *Rivulus uroflammeus* in Westpanama.

nen, sind für manche Gegenden lebensnotwendige Anschaffungen. Man muß genau wissen, wohin man fährt, welche Probleme während der Reise zu erwarten sind, wer weiterhelfen kann, wenn unvorhergesehene Dinge passieren, was man unbedingt braucht, auf welche Utensilien verzichtet werden kann. Das beste ist, einen Killifischfreund zu finden, der schon einmal dort war und dadurch zahlreiche wertvolle Tips geben kann. Nach mehreren Reisen liegen genügend Erfahrungen vor, und man kann sich auch in schwierigen Lagen selbst helfen. Es ist außerdem immer angebracht, mindestens zu zweit, besser aber zu dritt zu reisen.

Zum Fischfang gehören haltbare Netze (Stellnetze, Senken, stabile Kescher), Fischbeutel, Plastikflaschen, Styroporkisten, ggf. ein Fotobecken zum Fotografieren der Wildfänge. Mit dem unerläßlichen Fotoapparat werden die Fundorte dokumentiert. Geräte zur Bestimmung des Wasserchemismus und Thermometer ermöglichen die Ermittlung nützlicher und wichtiger Fundortdaten. Der Killifischfreund muß genau wissen, wie lange die Reise dauert und wieviel Transportraum zur Verfügung steht, um nur jene Fische mitzunehmen, die auch eine Chance haben, das heimatliche Aquarium zu erreichen. Gerade die Pflege der Fische unterwegs ist von größter Bedeutung. Es gibt Killifischfreunde, die auf ihren Reisen, in Styroporbehältern verpackt, 500 kleine Plastikflaschen mitgeführt haben und in jeder war ein Fisch, und jeder Fisch brauchte jeden Tag frisches und für ihn geeignetes Wasser!

Ein besonderes Problem stellen oft die „Straßen" dar. Die Fundorte sind in der Regel nur mit einem geländegängigen Fahrzeug und ortskundigen Fahrern zu erreichen. Die Wege dorthin haben in vielen Fällen mit den üblichen Vorstellungen von einer Straße oder einem Weg nicht viel gemeinsam. Es sind Pisten in teilweise sehr schlechtem Zustand, und die „Reisenden in Sachen Killis" stellen diesen Teil ihrer Unternehmung meistens als besonders strapazenreich dar. Das trifft verstärkt dann zu, wenn die Fahrzeuge den Anforderungen nicht gewachsen sind.

Vor der Rückreise sind die einschlägigen Zollbestimmungen sorgfältig zu prüfen. Lebende Fische können ggf. auch im Handgepäck eingeflogen werden.

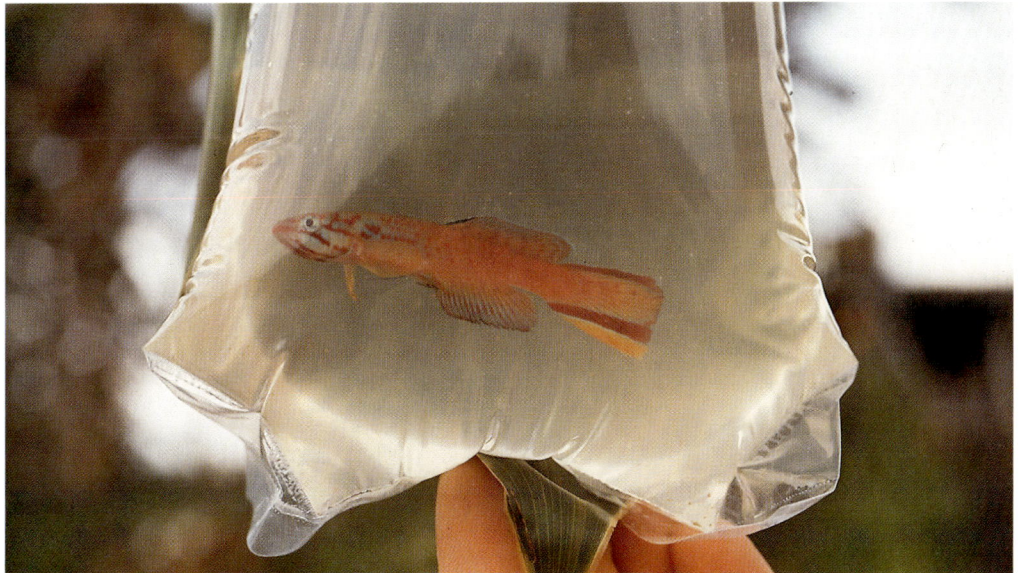

Die rotorange Farbform von *Roloffia monrovia*, aufgenommen am Fundort bei Harbel im westafrikanischen Staat Liberia.

ERWERB UND EINGEWÖHNUNG DER KILLIS

Das Angebot an Killifischen im zoologischen Fachhandel ist meistens wenig reichhaltig, und man muß sehr suchen, um einen nach der Literatur ausgewählten Killi zu finden. Schon eher bekommt man ihn auf den Börsen regionaler Aquarienvereine oder bei Spezialistentreffen der Deutschen Killifisch Gemeinschaft. Vor dem Kauf sollten zwei Bedingungen beachtet werden: Das vorgesehene Aquarium muß bereits eingerichtet sein und erste Kenntnisse über die anzuschaffende Art dürfen nicht fehlen. Artkenntnisse bestimmen wesentlich die Einrichtung des Aquariums und verhindern - besonders bei Gesellschaftsaquarien - unliebsame Überraschungen. So passen Streifenhechtlinge, *Aplocheilus lineatus*, nicht mit kleinen Salmlern oder Barben zusammen. Beim Kauf sind die Fische vielleicht erst halbwüchsig, wachsen dann aber rasch und können die kleineren Mitbewohner gefährden. Umgekehrt ist eine Vergesellschaftung von kleinen Killis, wie z. B. *Aphyosemion cyanostictum*, mit großen Cichliden wenig erfolgsprechend, weil die Barsche die Kleinen als Futtertiere ansehen. Wichtig ist ferner, soll Freude an den neuen Bewohnern des Aquariums aufkommen, mindestens zwei Pärchen, besser zwei Männchen und vier Weibchen zu kaufen. Das bringt zwei Vorteile: Zum einen ist die Freude nicht gleich vorbei, sollte doch ein Tier aus unvorhergesehenen Gründen verlorengehen, und zum anderen sieht man dadurch die etwas versteckt lebenden Killis öfter. Gerade die Männchen wollen sich gegenseitig ihre Stärke beweisen. Sie tun das mit Flossenspreizen und anderem individuellen Imponiergehabe. Das bietet einer intensiven Beobachtung breiten Raum und verschafft dem Killifischliebhaber manches interessante Erlebnis.

Bevor die neuen Pfleglinge ins Gesellschaftsaquarium eingesetzt werden, ist eine Quarantänehaltung in einem separaten Aquarium zu empfehlen, um die Übertragung von Krankheiten auf bereits vorhandene Aquarienbewohner zu vermeiden. Das ist in den meisten Fällen nur eine Vorsichtsmaßnahme, aber besser ist besser. Besonders nach einem Transportstreß, der mit dem Erwerb der Fische unweigerlich verbunden ist, können sich am Fisch latent vorkommende Parasiten (sog. Schwächeparasiten wie *Oodinium*) plötzlich stark vermehren und den Ausbruch dieser Krankeit verursachen. Es sind aber auch verschiedene andere Krankheiten

Zwei Männchen von *Lamprichthys tanganicanus* beim Imponieren.

Zwei Männchen von *Aphyosemion filamentosum*.

möglich, die sich bisher nicht gezeigt hatten. Der genannte Transportstreß wird vermindert, wenn dem Wasser eine Prise jodfreien Kochsalzes zugegeben wird (1 Teelöffel auf 10 Liter Wasser). Manche Fische, z.B. das Tanganjika-Leuchtauge, *Lamprichthys tanganicanus*, kann man nur einzeln im Beutel transportieren und das mit äußerster Vorsicht. Durch Schreck während des Transports sind Verluste möglich. Das trifft auch auf andere Arten zu. Es ist stets besser, die Fische entweder einzeln, als Pärchen oder gleichgeschlechtlich zu transportieren. Oft kommt es vor, daß sich Männchen untereinander im Behältnis selbst bei Dunkelheit durch Bisse tödlich verletzen. Eine weitere Möglichkeit zur Verminderung von Transportverlusten besteht darin, daß man dem Wasser eine geringe Dosis Trypaflavin oder Methylenblau zusetzt. Das Wasser färbt sich schwach gelbgrün oder schwach blau. Einzelne Arten sind so empfindlich gegen bakterielle Verunreinigungen (z.B. *Leptolebias*-Arten), daß vorbeugend Antibiotika zugesetzt werden müssen. Die Art *Cynolebias aureoguttatus* kann sich bei Schreck sogar tot stellen. Im allgemeinen vertragen die Fische den Transport aber gut, und vom Verkäufer werden, wenn notwendig, Vorsichtsmaßregeln gegeben. Es versteht sich von selbst, daß darauf zu achten ist, daß die Wassertemperatur während des Transports nicht wesentlich mehr als etwa 3°C steigt oder fällt.

Empfindliche Fische, wie z.B. das Tanganjika-Leuchtauge, *Lamprichthys tanganicanus*, sollten nicht mit einem Netz, sondern einer Fangglocke aus Glas gekeschert werden, um Verletzungen der Schleimhäute und Schuppen zu vermeiden.

Eine Quarantäne kann entfallen, wenn die neuen Eierlegenden Zahnkarpfen für ein Artaquarium vorgesehen sind. Das Gesellschafts- und das Quarantäneaquarium sollen etwa gleiche Wasser- und Temperaturverhältnisse haben. Wichtig ist auch das Vorhandensein von zahlreichen Versteckmöglichkeiten, denn am Anfang sind die neuen Fische oft schreckhaft und scheu. Ein Trick, die „Neuen" gut zu integrieren besteht darin, mit den Fischen eine größere Portion Lebendfutter in das Aquarium zu geben. Das lenkt die „Alteinwohner" ab, und die Neulinge können ihre anfängliche Scheu etwas überwinden. Gut ist es auch, wenn man die Killis in den ersten Tagen wenig stört.

Aphyosemion schoutedeni **mit zerrisener Schwanzflosse (Transportschaden).**

KILLIFISCHE IM AQUARIUM

Den Killifischen wird seit Generationen nachgesagt, daß sie mit kleinsten Aquarien vorliebnehmen, und damit wird der Eindruck erweckt: je kleiner das Aquarium, desto besser. Dem ist aber nicht so, und auch Killis fühlen sich in einem großen Behälter bedeutend wohler als in einem zu kleinen, selbst wenn sie ihr Dasein dort durchaus fristen könnten. Richtig ist vielleicht, daß ein Aquarianer, der sehr wenig Platz hat, in einem kleinen Aquarium besser ein paar ruhige Killis unterbringen kann als vielleicht schnellschwimmende und ständig aktive Salmler oder Barben. Nach eigenen langjährigen Erfahrungen sollte man einem Pärchen Killis von mittlerer Größe (5 bis 6 cm lang) mindestens 5 bis 10 Liter Wasser zubilligen, und das nur zum Zuchtansatz oder vorübergehend. Es zeigt sich immer wieder, daß Fische, die in einem großen Aquarium aufgewachsen sind, auch entsprechend größer werden und von besserer Kondition sind.

Die Einrichtung des Aquariums hängt zuerst von dem Zweck ab, dem es dienen soll. Zu unterscheiden wäre zwischen einem Gesellschafts- und einem Art- bzw. Zuchtaquarium. Im Gesellschaftsaquarium kann man Killis mit Fischen aus anderen Familien zusammenbringen, möglich ist auch ein Besatz nur mit Killifischen. Das Artaquarium hat zwei Ziele: Es dient zum einen der ständigen Pflege, Beobachtung und ggf. der Zucht einer ganz bestimmten Art, zum anderen nur den meist kurzzeitigen Zuchtansätzen (s. Zucht).

Grundsätzlich brauchen Killifische je nach Art und Herkunftsgebiet sauberes, d.h. biologisch und chemisch geeignetes Wasser, das mit Abfallstoffen wenig belastet ist. Es sollte in der Regel weich bis mittelhart und leicht sauer sein. Nur wenige Arten benötigen hartes, alkalisches und salzreiches Wasser (s. Artbeschreibungen). Belüftung und Filter sind in der Regel angebracht, aber auch entbehrlich. Die Temperatur des Wassers kann je nach Art von 18°C bis über 30°C betragen, Temperaturschwankungen zwischen Tag und Nacht sind oft recht günstig. Gedämpftes Licht

Ein eigener Hobbyraum ist für viele Killifischfreunde ein erstrebenswertes Ziel.

von oben bzw. von der Seite, am besten Tageslicht (Farbwirkung!) erzeugt bei den meisten Killifischen Wohlbefinden. Dazu gehören auch ein sandiger bis torfiger Bodengrund, eine dichte Bepflanzung mit geeigneten Versteckmöglichkeiten (Moorkienwurzeln, Schwimmpflanzendecke, bepflanzte Steine) und feinfiedrige Pflanzenbüsche bzw. Fasertorfbündel als Laichsubstrat. Bei der Intensivzucht gehören Ablaichmops aus Wollfäden (Bodengrund besser weglassen) oder eine dicke Schicht abgekochten Torfs zum Spezialinventar. Unbedingt notwendig ist aber eine absolut dicht schließende Abdeckscheibe, denn Killis springen hervorragend aus dem Aquarium! Die meisten erfahrenen Killifischfreunde haben trotz guter Aquarienabdeckung schon fassungslos auf vertrocknete Killifischspezialitäten geschaut.

Killis im Gesellschafts- oder Artaquarium stellen im Vergleich mit anderen Zierfischen ähnliche artspezifisch niedrige oder hohe Ansprüche an den Aquarianer. Ist das Aquarium nicht übervölkert, artgerecht eingerichtet, mit reichlichen Versteckmöglichkeiten ausgestattet, stimmen die chemischen und phsikalischen Eigenschaften des Wassers und ist die Beleuchtung nicht zu grell, dann gibt es wenig Probleme. Die Pflegemaßnahmen beschränken sich auf einen regelmäßigen Wasser-

Für die Haltung und Zucht der Killifische braucht man unterschiedlich große Aquarien und Platz für Zubehör und Futterzuchten.

wechsel von etwa 1/3 des Beckeninhalts pro Woche, Reinigung des Filters, Korrigieren des vielleicht zu üppig wachsenden Pflanzenbestandes, Herausfangen des zu reichlich werdenden Nachwuchses, Reinigen der Sichtscheiben von Algenbewuchs und Füttern der Killis. Es ist nach meinen Erfahrungen oft sinnvoller, etwas mehr abgestorbene Pflanzenteile oder durch Schnecken aufbereiteten Mulm im Aquarium zu belassen. Gerade die Killifische lieben es sehr, sich in diesen Substraten aufzuhalten, zumindest die Arten, die einen leicht sauren pH-Wert benötigen, z.B. nahezu alle Prachtkärpflinge.

Zur Einstellung günstiger Wasserwerte ist es in jedem Fall wichtig, daß der Killifischfreund weiß, welche Qualität das Wasser aus seiner Wasserleitung hat, wie die Beschaffenheit des Regenwassers ist, das er im Garten auffängt, wie man die Wasserwerte kontrolliert und wie das vorhandene Wasser verbessert werden kann. Zum Problem „Aquarienwasser" gibt es genügend Spezialliteratur. Grundsätzlich sollte ein Killifischfreund mit folgenden Begriffen etwas anzufangen wissen: Wasserprüfung, Wasseraufbereitung, Kationen- und Anionenaustauscher, Schwarzwasseraufbereitung mittels Erlenzäpfchen und Hochmoortorf oder ToruMin, Kohlefilter, Osmoseanlage, Regenwassersammelanlage, Wasserqualität im Gartenteich.

Zum Besatz eine Aquariums mit Killifischen liegen zahlreiche, recht unterschiedliche Erfahrungswerte vor. Diese können nur Anregung und Modell sein und ersetzen nicht die persönlichen Erfahrungen. In ein Gesellschaftsbecken für Killifische paßt beispielsweise ein attraktiver Schwarmfisch wie *Procatopus similis* und dazu *Aphyosemion gardneri* und *Aphyosemion amieti*. Man kann an ihrer Stelle auch *Chromaphyosemion*-Arten oder *Aphyosemion australe*, *A. striatum* und *Epiplatys lamottei* zusetzen. Zu den lebhaften Schwarmfischen paßt aber kein *Aphyosemion sjoestedti*. Das hängt weniger mit der zu erwartenden Größe des Fisches als vielmehr mit seiner langsamen Futteraufnahme zusammen.

Manche Killifischfreunde haben beobachtet, daß *Aphyosemion splendopleure* nicht mit *A. ahli* zusammengebracht wer-

Die Leuchtaugenfische aus der Gattung Procatopus, hier *Procatopus abberans*, eignen sich auch für eine Haltung im großen Gesellschaftsaquarium.

den können (*A. ahli* wird unterdrückt). Beide verhalten sich aber gegenüber Leuchtaugenfischen aggressiv usw.. Generell gilt: Eine Vergesellschaftung von Killifischen ist möglich und entspricht auch den natürlichen Verhältnissen. Problematisch wird es beispielsweise dann, wenn die einzelnen Arten mit mehreren Tagen Zwischenraum in das Aquarium gegeben werden. Das Territorium des Aquariums wird von vornherein unter den Bewohnern aufgeteilt und jeder neue Fisch als unerwünschter Eindringling betrachtet. Werden alle geplanten Beckeninsassen zu gleicher Zeit in das gut eingerichtete Aquarium gesetzt, dann pendeln sich die Ansprüche von vornherein besser ein. Im großen Gesellschaftsaquarium fressen (Futterneid!) und wachsen die Fische besser, sie zeigen mehr Verhaltensinventar als bei Einzelhaltung. Sogar Flockfutter wird dann mit „Begeisterung" gefressen. Das Geschick liegt darin, Arten auszuwählen, die unterschiedliche Räume im Aquarium bewohnen (Oberfläche. mittlere Bereiche, Boden), die unterschiedlich im Verhalten sind (Schwarmfische, Einzelgänger). Das Aquarium ist, den unterschiedlichen Ansprüchen Rechnung tragend, mit Versteckplätzen und freiem Schwimmraum auszustatten. Gute Erfahrungen konnten mit folgendem 400-Liter Aquarium gemacht werden: Bodengrund mittlerer Kies, als Pflanzen *Cryptocoryne wendtii*, *Bolbitis heudelottii*, 5 Antennenwelse *Ancistrus*, 3 Paar

Aphyosemion cognatum, mehrere Paare *Aphyosemion striatum*, 5 Paar *Epiplatys fasciolatus tototaensis*. Die Farben und das Verhalten der Fische waren begeisternd. Das Aquarium ist relativ groß, entspricht aber dadurch weitestgehend natürlichen Verhältnissen. Es gibt Killifischfreunde, die auf dem Standpunkt stehen, daß sich alle Killifische miteinander vergesellschaften lassen, das Aquarium muß nur entsprechend groß sein, ab 100 Liter aufwärts. So gibt es bei 3 Paar *Epiplatys chevalieri* und 3 Paar *Aphyosemion christyi* in 260 Liter Wasser keine Probleme. Gute Erfahrungen wurden auch mit Killifischen und Zwergbuntbarschen gemacht. Sie vertragen sich allgemein recht zufriedenstellend. Der Besatz und die Einrichtung eines Gesellschaftsaquariums für Killifische ist in jedem Fall sorgfältig zu planen, wenn das Risiko von auftretenden Unverträglichkeiten zwischen den Fischen vermindert werden soll. Selbst bei der Zucht der Killifische hat sich das Vergesellschaften von Zuchtpaaren bewährt. Folgende Kombinationen vertrugen sich problemlos: *Plataplochilus ngaensis* + *Roloffia occidentalis*, *Aplocheilichthys pumilus* + *Epiplatys fasciolatus*, *Aplocheilichithys* sp. + *Aphyosemion gardneri*, *Procatopus abberans* + *Cyprinodon macularius*, *Lamprichthys tanganicanus* + *Epiplatys azureus*, *Aplocheilichthys schioetzi* + *Epiplatys dageti monroviae*, *Procatopus similis* + *Rivulus punctatus*. Die einzelnen Paare wurden zur Zucht separiert und dann zur Erholung wieder in das Gesellschaftsaquarium gebracht. Ein Aquarium mit nur einer Art in mehreren Exemplaren ist, will man keine Unsicherheiten eingehen, aber in vielen Fällen vorzuziehen. Für geplante Ausstellungszwecke ist eine Einzelhaltung von Männchen zu empfehlen, um besonders bei den Prachtkärpflingen die Ausbildung großer und schöner Flossen zu erzielen.

Zur Haltung von Killifischen gilt das Gleiche wie bei allen Fischen. Oberstes Gebot ist die Beachtung von Grundregeln der Hygiene im Aquarium. Man kann bei Wasserwechsel jede Woche einen Beutel Kamillentee mit in den Filter geben, wie das in der Literatur nachgelesen werden kann. Das dürfte aber wohl nicht der „Stein des Weisen" sein.

FÜTTERUNG UND ERNÄHRUNG

Die Fütterung der Fische ist eines der wichtigsten Probleme der Killifischhaltung überhaupt und beschäftigt die Hobbyfreunde eigentlich ständig. Auf diesem Gebiet werden sehr viele Fehler gemacht, die letztendlich das Wohlbefinden der Killis wesentlich beeinflussen. Es gibt keinen Aquarianer, der sich nicht freut, wenn seine Fische gierig und offensichtlich auch mit Appetit an das gereichte Futter gehen. Den Eierlegenden Zahnkarpfen geht der Ruf voraus, sie würden ausschließlich Lebendfutter fressen. Das bedeutet für viele Aquarianer die Ablehnung der Killifische, denn nicht jeder Aquarianer hat die Möglichkeit, das Futter für seine Pfleglinge aus den Teichen und Tümpeln der näheren Umgebung selbst zu keschern. Lebendfutter aus der Natur ist zwar in mancher Hinsicht ideal, aber nicht die einzige Möglichkeit, die Killifische gesund am Leben zu erhalten. Es gibt in den zoologischen Fachgeschäften eine ganze Palette wertvoller Futtermittel verschiedener Art, z.T. auch lebende Futtertiere. Außerdem bestehen zahlreiche Möglichkeiten zur Zucht von Fut-

Die Jungfische brauchen in den ersten Tagen lebendes Futter, das von passender Größe sein muß.

tertieren, denn ohne Lebendfutter kommt ein „Killianer", der von seinen Fischen etwas haben und aktiv züchten will, nicht aus.

Eines der lebenswichtigsten Prinzipien bei der Fütterung der Killifische ist, die Fische nicht zu überfüttern. Es ist besser, den Fischen über den Tag verteilt 5 kleine Portionen Futter anzubieten, als die gesamte Menge mit einem Mal. Natürlich gibt es bei Hobbyfreunden, die im Beruf stehen, an dieser Stelle Probleme, aber eine Fütterung morgens und abends ist meistens möglich. Eine weitere Grundregel ist, daß man nur soviel Futter geben soll, wie innerhalb weniger Minuten restlos von den Fischen gefressen wird. Dazu gehört einiges Fingerspitzengefühl. Nichts ist im Aquarium schlimmer als übriggebliebene Futterreste und tote Futtertiere, die nicht einmal von den Schnecken bewältigt werden können. Es kommt noch hinzu, daß Killifische leicht zu viel fressen und dadurch bei der Verdauung Probleme auftreten. Für erwachsene Killis ist es von Vorteil, ab und zu einen futterfreien Tag einzuschieben. Das kann soweit gehen, daß man die Killifische über einen kürzeren Urlaub hinweg ohne Futter lassen kann. In der Natur erleben die Fische auch größere Hungerperioden, die problemlos überstanden werden, und bessere Futterverhältnisse fördern dann die Laichbereitschaft erheblich. Für den Killifischfreund sind ausreichende Kenntnisse über die Futtermöglichkeiten und ihren sinnvollen Einsatz wichtig.

Naturfutter: In der Natur besteht das Futter der Killis aus Insekten, Insektenlarven, Süßwassergarnelen, Kaulquappen, jungen Fischen, Würmern, Schmetterlingen, Heuschrecken (für große Killis) und Detritus (= zerfallendes organisches Material). Die Insekten, wie kleine Käfer, Ameisen, Motten, kleine Nachtfalter, Fliegen, fallen auf das Wasser und werden, besonders solange sie sich bewegen, von allen Killifischen, besonders aber von den an der Oberfläche der Gewässer lebenden Arten (z.B. *Epiplatys, Aplocheilus, Aplocheilichthys*) aufgenommen. Der Aquarianer kann als Naturfutter verschiedene Arten Mückenlarven (schwarze = *Culex*, rote = *Chironomus*, weiße = *Chaoborus*), Was-

serflöhe (*Daphnia*), Rüsselkrebschen (*Bosmina*), Tümpelflöhe (*Moina*), Hüpferlinge (*Cyclops*), Bachröhrenwürmer (*Tubifex*), Eintagsfliegenlarven (Ephemeroptera), kleine Wasserkäfer sowie deren Larven und Bachflohkrebse (*Rivulogammarus*) selbst fangen oder z.T. im Fachhandel kaufen. Für die Jungfische eignen sich Tümpelinfusorien, die Vorstufen der Hüpferlinge = Nauplien, Rädertierchen verschiedener Arten, Blattläuse und Springschwänze als Erst- und Anschlußfutter. Für größere Fische sind auch kleine, ggf. zerschnittene Regenwürmer, gekeschertes Wiesenplankton, Springschwänze und Ameisen einschließlich Ameisenpuppen ein sehr gutes Futter. Allerdings ist auch hier das notwendige Maß und eine sinnvolle Abwechslung der Schlüssel zum Erfolg. Bei einseitiger Fütterung z.B nur mit Ameiseneiern oder -puppen können bei den Fischen erhebliche Verdauungsprobleme auftreten.

Futterzuchten: Dieses Problem beschäftigt die Aquarianer seit altersher. Zur Zucht lebenden Futters gibt es viele Möglichkeiten. Und es gibt noch viel mehr Rezepte und Methoden, um gute Ergebnisse zu erzielen. Hier ist auch heute noch ein breites Gebiet für experimentierfreudige Zierfischliebhaber. Die vorhandenen Naturschutzgesetze und die laufende Verringerung des Bestandes an kleinen Teichen und Tümpeln, sowie der Bedarf von Lebendfutter im Winter, machen diesen Teil des aquaristischen Hobbys zu einer wichtigen Angelegenheit, selbst wenn es kommerziell gefangenes oder importiertes Lebendfutter im zoologischen Fachhandel zu kaufen gibt. Futterzuchten sind als Futterquelle für gerade geschlüpfte Jungfische bis hin zu ausgewachsenen Killifischen möglich. Ansätze mit zugehörigen Zuchtanleitungen liefern der Fachhandel oder gleichgesinnte Hobbyfreunde.

Was kann alles gezüchtet werden?:
Pantoffeltierchen (*Paramecien*)
Salinenkrebse (*Artemia*)
Rädertierchen (Rotatorien)
Springschwänze (Collembolen)
Wasserflöhe (*Moina*)
stummelflüglige Taufliegen (*Drosophila*)

Essigälchen = Mikro (Nematoden)
Enchyträen (Würmer)
Grindal (Würmer)
Grillen (*Gryllus*)
Wachsmotten (*Galleria melonella*)
Laubwürmer (kleine Regenwürmer)

Tips und Hinweise rund um die Futterzuchten:
• Die Nahrung der Pantoffeltierchen kann ungesüßte Kondensmilch oder Eierkuchenmehl sein.
• Essigälchen können in Kaffeefiltertüten ausgesiebt werden.
• Springschwänze entwickeln sich nebenbei oft in Enchyträenkisten oder Blumentöpfen mit Zimmerpflanzen.
• Nicht nur Jungfische, sondern auch größere Killifische, selbst ausgewachsene Hechtlinge fressen Salinenkrebschen.
• frischgeschlüpfte *Artemien* kann man gleich verfüttern. Es lohnt sich aber auch, sie ein oder mehrere Stunden lang in einem separaten Gefäß z.B. mit Algensuspensionen (u.a. *Spirulina*) anzufüttern und dann den Fischen zu geben. Die sich im Darm der Artemien entwickelnden Verdauungsenzyme nach Futteraufnahme und die pflanzlichen Stoffe sind für die Fische sehr wertvoll.
• Mit handelsüblichem *Artemia*-Aufzuchtfutter wachsen *Artemia*-Nauplien bis zu einer Größe von 8 bis 10 mm heran und können an erwachsene Killis verfüttert werden.

• Auch Bäckerhefe, in Wasser gelöst, eignet sich als *Artemia*-Futter.
• Meersalz ist besser als Kochsalz für die *Artemia*-Zucht geeignet.
• Vom Wasserfloh *Moina* gibt es eine „japanische" Zuchtform für Heimkulturen, die Ausbeute ist meistens nicht sehr groß. Geruchsbelästigungen bei Futtertierzuchten können vermieden werden, wenn die Futterzuchten in einem separaten Behälter stattfinden und die Abluft über Aktivkohle gefiltert wird. 50 ml Aktivkohle reichen für 3 Monate. Die Zuluft kommt über eine kleine Membranpumpe.
• Günstig ist, wenn mehrere Futterkulturen gleichzeitig laufen, weil mit Sicherheit nach einer bestimmten Laufzeit die einzelnen Kulturen schlagartig erschöpft sind und es dann zu Schwierigkeiten kommen kann.
• Zerschnittenes Wurmfutter (*Tubifex, Enchyträen*, Regenwürmer) ist vor dem Verfüttern gründlich unter fließendem Wasser zu spülen.
• Futter mit hohem Fettanteil, wie Enchyträen und Grindal, ist sehr sparsam zu füttern.
• Auch überzählige Wasserschnecken, vom Gehäuse befreit, werden von den Fischen gern gefressen.
• *Drosophila*-Fliegen können, bevor sie als Futter dienen, mit einem handelsüblichen Kalk-Vitamin-Präparat zum Beispiel Reptical eingepudert werden. Das macht die Fliegen für die Fische wertvoller und schränkt außerdem ihre Beweglichkeit stark ein, so daß sie sich nicht so schnell von der Oberfläche des Wasser entfernen können (ein zusätzlicher Kälteschock ist auch möglich).
• Stummelflüglige Fruchtfliegen (*Drosophila*) können vor dem Verfüttern an die Fische mit einem speziellen Futtergemisch u.a. aus Honig und Weizenkeimen gefüttert werden, um sie dadurch inhaltlich anzureichern.
• Auch die Fliegenmaden von *Drosophila* sind ein brauchbares Futter.
• Bei der Grillenzucht geht es besonders um die Gewinnung von kleinsten Grillenlarven, die ähnlich den Fruchtfliegen ein recht gutes Futter darstellen.
• Wachsmotten und deren Larven sind nur für sehr große Killis geeignet.
• Flugfähige Obstfliegen und gezüchtete

Stubenfliegen können, um ihr Wegfliegen zu verhindern, nur nach Kälteschock verfüttert werden.

Handelsübliches Fertigfutter: Die genannten Futterarten gehören in jedem Fall zu den möglichen Futtermitteln für Killis und sollten auch ständig mit verfüttert werden. Alle Fische benötigen dazu eine bestimmte Zeit der Angewöhnung und des Trainings. Hier muß der Killifischfreund bei manchen Arten viel Geduld aufbringen. Es ist aber ein nicht zu unterschätzender Vorteil, wenn es bei der Beschaffung von Lebendfutter Probleme gibt, dann anderes Futter gereicht wird, und die Fische positiv darauf reagieren.

Die Qualität von handelsüblichem Flockenfutter ist recht unterschiedlich. Nach Erfahrungen vieler Hobbyfreunde wird besonders Tetra-Futter in allen Varianten sehr gern gefressen.

Pflanzliche Nahrung:

Manche Killis, besonders die Wüstenfische der Gattung *Cyprinodon*, fressen ausnehmend gern pflanzliche Nahrung in Form von Algen, gebrühtem Salat oder Spinat und zerfallenden Wasserpflanzen. Gleiches trifft auch für Arten aus der Gattung *Aphanius* und den Floridakärpfling, *Jordanella floridae*, zu. Nach Beobachtungen kann ein Pärchen *J. floridae* ein stark veraltes 100-Liter-Becken innerhalb einer Woche algenfrei fressen, vorausgesetzt, daß es sich um schmackhafte Grünalgen und nicht um Blaualgen handelt!

Nothobranchius korthausae

KRANKHEITEN

Trotz bester Bedingungen im Aquarium, ausreichender Wasserhygiene, d. h. regelmäßigem Wasserwechsel, sorgfältiger und nicht übermäßiger Fütterung kann es vorkommen, daß Killis erkranken. Viele der bekannten Zierfischkrankheiten befallen auch die Eierlegenden Zahnkarpfen und erfordern vom Killifreund entsprechende Maßnahmen. Als erstes ist das Separieren erkrankter Tiere, eine möglichst sichere Diagnose und die Einleitung von Maßnahmen zur Bekämpfung der Krankheiten notwendig. Dazu gehört auch die Desinfektion der Aquarien, in denen die erkrankten Fische gehalten wurden und die Säuberung der benutzten Geräte. Es besteht die Gefahr der Ansteckung bisher gesunder Fische. Eine Desinfektion des Aquariums mit Kaliumpermanganat o. ä. ist angebracht. Es gibt im zoologischen Fachhandel zur Krankheitsbekämpfung und Desinfektion der Aquarien ein großes Angebot an verschiedensten Präparaten, deren Anwendung streng nach Vorschrift erfolgen sollte.

Hier werden nur die Krankheiten erwähnt, die bei Killis besonders häufig auftreten. An erster Stelle ist die Fischtuberkulose zu nennen. Diese Krankheit ist nicht heilbar, und die befallen Tiere müssen entfernt werden. Krankheitssymptome sind: Freßunlust, Futterverweigerung, Apathie mit Schwimmstörungen, Verblassen der Farben, starke Abmagerung, Hohlbäuchigkeit oder ein erheblich angeschwollener Bauch, Schuppensträube, Schuppendefekte, Glotzaugen mit Verlust eines oder beider Augen, rote und geschwürige Stellen auf der Haut, Beulen auf dem Körper, Verkrümmungen der Kiefer und der Wirbelsäule, Flossenzerfaserung und -zersetzung. Diese Symptome können einzeln oder mehrere gemeinsam auftreten.

Oodinium ist eine parasitäre Erkrankung, die besonders Killis aus der Gattung *Nothobranchius* befällt. Die Fische haben auf dem Körper, besonders auf dem Rücken, feinpunktierte Beläge von weißer bis rötlichbrauner Färbung, die vom Killifreund oft spät bemerkt werden. Die Fische zeigen anfangs kein auffälliges Verhalten, sie fressen und laichen auch. Ein geringer Befall kann manchmal von selbst wieder verschwinden. Die Bekämpfung der Krankheit mit einem handelsüblichen Mittel gegen Hautparasiten ist in jedem Fall

Nothobranchius rachovii **mit** *Oodinium.*

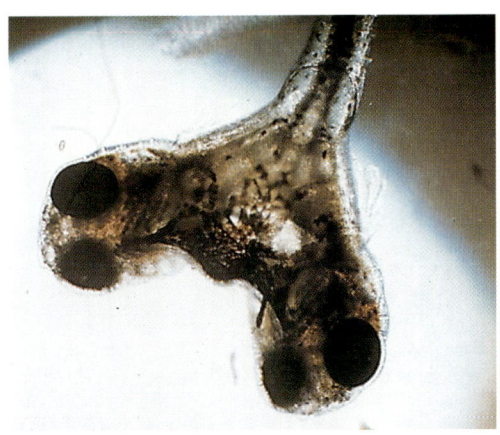

Siamesische Zwillinge

Unbefruchtete oder beschädigte Eier verpilzen sehr schnell und sind regelmäßig auszusondern.

angebracht. Empfohlen wird auch die Verwendung von 5 Teelöffeln unjodierten Kochsalzes auf 10 Liter Wasser. Bei stärkerer Ausbreitung der ansteckenden Krankheit werden die Fische sehr geschwächt und sterben ab. Torf, der zum Ablaichen eingebracht wurde, darf ohne vorheriges Abkochen nicht wieder verwendet werden. Erfahrene Killifischfreunde begegnen dem *Oodinium* prophylaktisch durch regelmäßige Zugaben von See- oder unjodiertem Kochsalz, etwa 1 gehäufter Kaffeelöffel pro 5 l Wasser, nach jedem Wasserwechsel.

Bestehen die Beläge auf Körper und Flossen aus größeren, deutlich sichtbaren weißen Punkten, einzeln oder in Gruppen, zeigen die Fische allgemeine Schwimmunlust und scheuern sich an Steinen und Pflanzen, dann kann es sich um *Ichthyophthirius* handeln. Diese Krankheit ist ebenfalls parasitischer Natur und kann mit entsprechenden Heilmitteln erfolgreich bekämpft werden.

Häufige Krankheiten bei Killifischen sind auch Flossenreduzierungen durch Flossenfäule, Verpilzungen an Körperteilen und Schilddrüsenveränderungen. In vielen Fällen sind diese Krankheiten mit Medikamenten aus dem zoologischen Fachhandel gut zu heilen. Fischschimmel, *Saprolegnia*, ist oft die Folge mangelnder Hygiene im Aquarium. Dabei spielen übersehene Futterreste eine große Rolle. Hier kann eine Erhöhung der Wassertemperatur bei gleichzeitigem Kaliumpermanganatbad hilfreich sein. Für ein separates Bad nimmt man 0,1 Gramm Kaliumpermanganat für 10 Liter Wasser. Die befallenen Fische werden etwa 30 Minuten lang gebadet und dann in das Aquarium zurückgesetzt, in das nach Reinigung ebenfalls etwa die Hälfte jener Dosis Kaliumpermanganat gegeben wird. Die leicht rote bis violette Färbung verschwindet nach wenigen Tagen vollständig. Auch empfindlichere Wasserpflanzen nehmen gewöhnlich keinen Schaden. Ein Pilzbefall von Fischlaich wird vorbeugend mit Trypaflavin behandelt.

Überfütterung: Das ist eigentlich der schlimmste und häufigste Fehler bei der Zierfischhaltung. Überfütterte Fische zeigen weniger Farbe, sind träge und für die Zucht nicht mehr geeignet. In ihrem Inneren haben sich Fettgewebe an den lebenswichtigen Organen breitgemacht. Manche Killifische fressen bei reichlich vorhandenem Futter viel mehr, als ihrer Gesundheit zuträglich ist.

SCHÄDLINGE IM AQUARIUM

Schädlinge im Aquarium gibt es immer wieder. Das können mit dem Futter eingeschleppte unerwünschte Wassertiere sein, z.B. Gelbrandkäfer- oder Libellenlarven, die, wenn sie unerkannt herangewachsen sind, den kleinen Fischen gefährlich werden. Sie sind mit einem Kescher schnell herauszufangen. Bei den Scheibenwürmern (Planarien), Süßwasserpolypen (Hydren) und Schnecken, die für manchen Aquarianer komplett zu den unerwünschten Aquarienbewohnern zählen, ist die Vernichtung nicht so einfach. Die Bekämpfung der Planarien ist sehr schwierig und in den seltensten Fällen erfolgreich. Diese Würmer lassen sich ködern und dezimieren, aber vollständig sind sie in einem gut eingerichteten Aquarium nicht zu beseitigen. Hier kommt der Aquarianer in den meisten Fällen mit einer Neueinrichtung des Aquariums besser zurecht. Der Sand wird mit kochendem Wasser übergossen, die Pflanzen und Geräte in einer Kochsalzlösung abgespült und das Wasser erneuert. Zur Bekämpfung der Hydra wird im Handel das Präparat Limnacid angeboten, das sich gut bewährt hat. Eine natürliche Bekämpfung der Hydren besteht im Einsetzen von halbwüchsigen Fadenfischen aus der Gattung *Trichogaster*, die ständig auf der Suche nach Futter sind und dabei die Hydren fressen oder so stark beschädigen, daß sie nicht überleben. Geeignet sind auch einige andere Labyrinthfische. Allerdings müssen die Fische etwas hungrig sein, dann werden die Hydren sehr stark dezimiert, aber meistens bekommt man sie nicht vollständig weg. Manchmal verschwinden sie ohne erkennbaren Grund auch von selbst. Nach allen chemischen Bekämpfungsmethoden ist ein Wasserwechsel angebracht.

Gegen Schnecken lohnt sich kein Vorgehen mit chemischen Mitteln. Das Absammeln dieser Tiere ist immer besser und einfacher. Man kann sie verfüttern, z.B.

auch an Kugelfische. Die Schnecken können bei der Vernichtung von Futterresten eine große Bedeutung haben. Nicht jeder Aquarianer ist ein „Schneckengegner". Wertvoll sind sie aus hygienischen Gründen auch im Jungfischaquarium. Manche, z.B. die Turmdeckelschnecken, leben im Boden des Gesellschaftsaquarium und ernähren sich dort von Abfall- und Reststoffen. Sie fressen außerdem Algen und machen sich dadurch nützlich. Das gilt speziell für Apfelschnecken, die sogar lästige Blaualgenpolster vertilgen. Nur dann, wenn sie massenhaft auftreten und aus Nahrungsmangel die Blätter schöner Wasserpflanzen zerfressen, können sie zur Plage werden.

Der **Zickzack-Prachtkärpfling,** *Roloffia geryi***, aus Westafrika, kann im Aquarium ein Lebensalter von über 5 Jahren erreichen.**

LEBENSDAUER

Bei optimaler Haltung können einzelne *Aphysemion-*, *Epiplatys-* und *Roloffia*-Arten über 5 Jahre alt werden. Gewöhnlich erreichen die Haft- oder Pflanzenlaicher (nichtannuelle Arten) durchschnittlich ein Alter von 1,5 bis 2,5 Jahren. Die Lebensdauer der annuellen Bodenlaicher aus den Gattungen *Cynolebias*, *Pterolebias* oder *Nothobranchius* beträgt dagegen kaum ein Jahr. In der Natur leben die Fische nur so lange, wie in ihren Heimatgewässern Wasser vorhanden ist. Das sind oft Zeiträume unter einem halben Jahr. Die Gewässer trocknen aus und damit verenden die Fische. Sie vertrocknen, ersticken oder werden von anderen Tieren gefressen. Davon gibt es zahlreiche Bilddokumente, die jenes natürliche Ereignis wiedergeben.

Nur ab und zu werden von Killifischfreunden Angaben zur Lebensdauer ihrer Pfleglinge gemacht. Das hängt vielfach damit zusammen, daß kaum schriftliche Dokumentationen angefertigt werden, so sinnvoll das auch sein kann. Interssante Angaben: Ein Männnchen der Art *Nothobranchius guentheri* erreichte das für Prachtgrundkärpflinge erstaunliche Alter von drei Jahren. *Roloffia geryi* wurde bei einem Hobbyfreund über 5 Jahre alt. *Valencia letourneuxi*, eine europäische Killifischart, lebte 4 Jahre, *Cynolebias whitei* 1,5 Jahre.

In diesem Zusammenhang erhebt sich auch die Frage, wie lange eine Killifischpopulation unter aquaristischen Bedingungen gehalten werden kann, ohne daß neue Importe zur Blutauffrischung eingekreuzt worden sind. Dazu gibt es wenige verläßliche Angaben. Ein Aquarienstamm vom Goldschwanzbachling, *Rivulus magdalenae* (früher *R. milesi*), ist seit über 20 Jahren in Sachsen in Menschenobhut. Der Kubabachling, *Rivulus cylindraceus*, befindet sich nun schon etwa 40 Jahre in den Händen der Killifischfreunde, ohne daß sich Degenerationserscheinungen zeigen. Sicher gibt es noch mehr solche Beispiele, die aber bisher nicht publiziert worden sind. Dagegen verschwanden sehr häufig Killifische, die mühevoll importiert wurden, nach zwei oder drei Generationen.

Das liegt oft an geringer Attraktivität der Art, an Problemen bei der Nachzucht durch bisher fehlende spezielle Informationen aus den Heimatgebieten der Killis oder einfach an der Unachtsamkeit ihrer Pfleger.

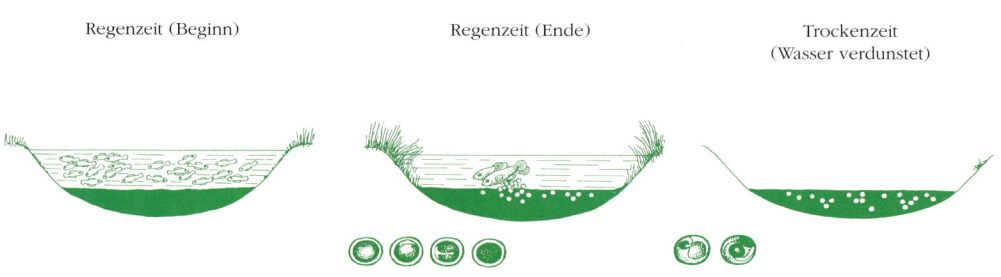

Regenzeit (Beginn)   Regenzeit (Ende)   Trockenzeit (Wasser verdunstet)

Die Saisonfische leben nur vom Beginn der Regenzeit bis zur Trockenzeit.

FREILANDHALTUNG VON KILLIS

Wer einen Gartenteich besitzt, kann über die Sommermonate eine ganze Reihe Eierlegender Zahnkarpfen zur „Sommerfrische" darin halten. Dafür kommen ausschließlich Arten aus Vorkommensgebieten infrage, die sich durch schwankende Temperaturen des Wassers sowohl im Tages- als auch im Jahresgang auszeichnen. Das sind vor allem Fische aus subtropischen und gemäßigten Breiten. Gute Erfahrungen gibt es mit Killis aus den Gattungen *Aphanius, Fundulus, Cyprinodon, Cynolebias*. Geeignet ist auch der Floridakärpfling, *Jordanella floridae*, und andere Arten aus diesem Vorkommensgebiet wie *Lucania goodei, Chriopeoides pengelleyi, Lucania parva*. Erst recht gelingt das natürlich mit *Valencia hispanica* und *V. letourneuxi* aus Südeuropa. Durch die relativ großen Wassermengen im Gartenteich, das natürliche, sehr vielseitige Futterangebot, die direkte Sonneneinstrahlung auf das Wasser (UV-Strahlung) und die schwankenden Temperaturen entwickeln sich die eingesetzten Fische im Hinblick auf Vitalität und Färbung zu Prachtexemplaren. Eine Nachzucht der Arten ist auch möglich. Das führt jedoch nur dann zum Erfolg, wenn die Wassertemperaturen über längere Zeit relativ hoch, d.h. über 20°C, sind. Außerdem hängt eine erfolgreiche Nachzucht auch davon ab, ob sich die eingesetzten Fische untereinander vertragen und sich nicht zu viele Fischräuber im Gartenteich befinden. Damit sind neben Larven des Gelbrandkäfers und der verschiedenen Libellen auch größere Wasserkäfer und Ruderwanzen gemeint.

Wenn der Killifischfreund seinen „Gartennachwuchs" verlustlos ernten will, dann sollten die Gartenteiche so beschaffen sein, daß sie im Herbst abgepumpt und die Fische geborgen werden können. Bewährt haben sich alle Arten von Folienteichen. Es gibt aber auch Fertigteiche von sehr guter Qualität. Ein Teichersatz kann unter Umständen ein aus verschränkten Brettern angefertigtes Kompostsilo sein, das mit Teichfolie ausgelegt wird. Geeignet ist auch ein großes Aquarium, das im Freien oder auf dem Balkon aufgestellt, viele Vorteile bringen kann. Möglich sind auch Unterteile von Wasserzählergruben aus Beton oder große Plastikwannen. In die Teiche darf kein Bodengrund eingebracht werden, damit es wenig Schwierigkeiten beim Herauskeschern der Fische gibt. Alle Wasserpflanzen gehören in Kübel, die bei Bedarf her-

Gartenteiche aus Folie bieten zahlreichen Killifischen aus subtropischen und gemäßigten Klimagebieten über die Sommermonate hinweg ausgezeichnete Lebensbedingungen.

Auch in Betonringen mit Boden lassen sich manche Killifische im Freien gut halten.

ausgenommen werden können.

Der Teich ist im Frühjahr und Herbst zu reinigen und mit Frischwasser zu füllen. Im Winter gibt es mit dem Eis keine Probleme, denn die Ränder des Teiches sind , um natürlichen Verhältnissen nahezukommen, sehr flach angelegt. Die Fische können in Abhängigkeit vom Wetter bereits Anfang Mai, besser aber nach den „Eisheiligen" eingesetzt werden. Eine größere Portion lebender Wasserflöhe wird außerdem in den Teich gebracht. Die Wasserflöhe verhindern das Entstehen der lästigen „Wasserblüte" (Grünfärbung des Teichwassers) und bilden die Basis für eine lang lebende Futterpopulation. Die Wasserblüte und unliebsame Algenentwicklungen können auch mit handelsüblichen Präparaten (Stroh-Torf-Extrakt) eingedämmt werden. Der Killifreund muß sich entscheiden, was er mit dem Teich vor hat. Will er seinen Pfleglingen eine Sommerfrische gönnen, dann kann er mehrere Arten in größeren Stückzahlen vergesellschaften. Bei diesem Besatz gibt es wenig Nachwuchs. Soll aber gezielt gezüchtet werden, dann dürfen nur wenige Paare von ein oder zwei Arten in den Teich gesetzt werden. Von drei Pärchen Wüstenfischen, *Cyprinodon macularius*, konnte der Verfasser aus einem sonnenbeschienenen Gartenteich von etwa 3 Kubikmeter Wasserinhalt Anfang Oktober über 500 Jungfische aller Größen abfischen. Die Wassertemperatur betrug zu diesem Zeitpunkt etwas unter 10°C, während im Sommer an der Wasseroberfläche Tempereaturen von über 35°C gemessen wurden.

Fadenalgenpolster, die sich im Teich bilden, sind aus mehreren Gründen von Bedeutung. Sie dienen als Laichsubstrat, geben den Jungfischen Schutz und verbessern die Wasserqualität. Nur dann, wenn sie sich übermäßig entwickeln, muß eine Verringerung des Bestandes erfolgen. Übrigens findet man in den Algenpolstern auch Laichkörner. Mit etwas Geduld kann beobachtet werden, wo die Fische laichen. Das ist manchmal eine ganz bestimmte Stelle im Teich, z.B. dort, wo am längsten die Sonne hinscheint oder dort, wo die Morgensonne besonders intensiv die Wasseroberfläche trifft. Beim Abfischen sind zwei Dinge wichtig. Die Absaugpumpe gehört in einen größeren Absaugkorb, z.B. einen mit Fliegengaze ausgekleideten Bierkasten aus Plastikmaterial, damit die kleinen Fische durch den Sog der Pumpe nicht verletzt werden. Der meist sehr schlammige Rest des Teichwassers mit allen Fischen, Larven, Algenteilen, Blättern muß sorgfältig durch einen feinmaschigen Kescher geschüttet und die kleinen Fische herausgelöffelt werden - eine etwas mühsame und verantwortungsvolle Tätigkeit. Die Fische kommen in sauberes Teichwasser, das man am Anfang schon entnommen hat, und die Libellenlarven wieder in Freiheit. Die Temperatur des Teichwassers, das mit temperiertem Leitungswasser gemischt wird, darf nur langsam steigen, damit sich die Fische ohne zusätzlichen Streß an die neuen Bedingungen gewöhnen. Einige wenige Arten können im Teich überwintern, wenn dieser genügend tief und sauber ist. Bisher gelang das mit Erfolg beim Orientkärpfling *Aphanius mento*, möglich scheint es bei den südeuropäischen Arten und den Fundulen aus den mittleren und nördlichen Gebieten der USA.

Die Fische aus dem Gartenteich sind von hervorragender Qualität. Hauptsächlich liegt das an dem großen Wasserraum, der Vielfalt des Nahrungsangebotes, der Abhärtung durch die schwankenden Wassertemperaturen und der nicht zu unterschätzenden UV-Wirkung des Sonnenlichtes.

Es ist zu beachten, daß in der Nähe eines Gartenteiches Bäume, Sträucher, Stauden und andere Pflanzen nicht mit Pflanzenschutzmitteln behandelt werden dürfen. Wasserlösliche Insektizide wirken auf Fische tödlich!

VERHALTENSBEOBACHTUNGEN

Das Hobby „Killifische" beschränkt sich vernünftigerweise nicht nur auf die tägliche Fütterung, Pflege und Nachzucht der Fische. Interessant und erholsam wird es dann, wenn man sich für die Beobachtung der Fische Zeit nimmt und viel Geduld aufbringt. Die Aquarianer „von früher" hatten uns dabei Einiges voraus. Die Aquarienzeitschriften aus der ersten Hälfte unseres Jahrhunderts belegen das deutlich. Die heutige schnellebige Zeit braucht aber auch ihre Ruhepunkte, und daher hat die aquaristische Fischbeobachtung eine nicht zu unterschätzende Bedeutung. Die Verhaltenslehre wird als Ethologie bezeichnet. Sie umfaßt sämtliche Verhaltensweisen der Tiere, in unserem Fall der Fische. Sie beschäftigt sich auch mit dem arttypischen Verhalten von Fischen. Bei den Killifischen ist folgendes Verhalten von besonderem Interesse: Balz-, Paarungs-, Revier- und Kampfverhalten. Balzverhalten und Paarungsverhalten gehen ineinander über. Bei pflanzenlaichenden Killifischen beginnt das laichwillige Männchen vor dem Weibchen zu imponieren. Das wird mit Flossenspreizen, Körperkrümmungen, flatternden Flossenbewegungen zum Ausdruck gebracht. Das Männchen umkreist das Weibchen, überschwimmt es und versucht, seine Partnerin in das Laichsubstrat zu treiben. Das stimulierte Weibchen sucht einen Laichplatz im Substrat aus, das Männchen schwimmt an seine Seite und unter heftigem Krümmen der Körper, bei dem das Männchen seine Rücken- und Afterflosse um das Weibchen legt, werden ruckartig Ei und Sperma abgegeben. Dabei schnellen Männchen und Weibchen auseinander. Das Ei wird in die Pflanzen geschleudert und klebt dort mittels kaum sichtbarer Haftfäden fest. Gelingt es dem Männchen nicht, das in der Nähe befindliche Weibchen zu stimulieren, wird die

Treffen mehrere Killifischmännchen aufeinander, wie hier von *Cyprinodon nevadensis*, sind Auseinandersetzungen um die Rangfolge unausbleiblich. Jedes Männchen will sein eigenes Revier besetzen.

brochen und das Weibchen ergreift die Flucht in ein sicheres Versteck.

Zum gleichfalls sehr interessanten Balz- und Paarungsverhalten von Bodentauchern und Bodenpflügern siehe Gattungen *Cynolebias* und *Nothobranchius*. Das Verhaltensinventar ist dort ähnlich dem der Pflanzenlaicher, nur spielt sich das Ganze im oder am Bodengrund ab.

Ein Revierverhalten kann nur bei den Arten beobachtet werden, die auch deutliche Reviere bilden. Charakteristisch sind dann zwei Varianten, die sich danach richten, ob sich ein laichbereites Weibchen nähert oder ein anderes Männchen das Revier streitig machen will. Im ersten Fall kommt es zum Balzen und Ablaichen, im zweiten zum Kampfverhalten. Ein sehr schönes Revier- und Balzverhalten zeigt der Floridakärpfling, *Jordanella floridae*. Das Kampfverhalten kann besonders gut bei zwei gleichgroßen und gleichkräftigen Männchen beobachtet werden. Die einzelnen Phasen bestehen aus dem Spreizen der Kiemendeckel, Breitseitimponieren mit gespreizten Flossen, Schwanzschlägen, Umkreisungen, Beißen in die Flossen, Abdrängungsversuchen, Maulzerren, Flucht des Unterlegenen mit angelegten Flossen in Demutshaltung, Aufsuchen eines Verstecks. Schwarmfische, z.B aus der Gattung *Aplocheilichthys*, zeigen auch im Aquarium gelegentlich ein ausgesprochenes Schwarmverhalten, bei dem sich die Fische in kleinen Schulen durch das freie Wasser bewegen. Dieses Verhalten zeigen auch Fische von Arten, die sonst keine Schwarmfische sind, bei extremen Streßbedingungen. Z. B. kann man das beobachten, wenn das Wasser aus dem Gartenteich gepumpt wird und sich der Lebensraum immer mehr verringert. Die Fische finden sich in Schwärmen zusammen und umkreisen die Gefahrenstelle.

Das Verhalten der Fische zu studieren und auf diesem Gebiet Erkenntnisse zu sammeln kann eine der interessantesten Beschäftigungen der Aquaristik sein. Besonders die Killifischfreunde, die ihre Pfleglinge auch bei allen Verhaltensphasen fotografieren wollen, wissen recht gut und sehr schnell Bescheid. Von diesen Kenntnissen hängt die Einrichtung des Fotobeckens und die Platzierung des Blitzlichtes ab.

Die Rivalitätskämpfe zwischen Männchen von *Nothobranchius foerschi* werden meistens ohne Verletzungen beendet, auch wenn das Maulzerren ziemlich gefährlich aussieht.

KILLIFISCHFREUNDE

International gibt es zahlreiche Vereinigungen der Killifischfreunde. Sie haben es sich zur Aufgabe gemacht, Killis zu pflegen, zu beobachten, durch Nachzucht zu erhalten und interessierten Aquarianern zur Verfügung zu stellen. Die älteste, 1961 gegründete Vereinigung ist die American Killifish Association (AKA) mit über 1000 Mitgliedern. Andere ähnliche Organisationen sind die British Killifish Association (BKA) und die Deutsche Killifisch Gemeinschaft (DKG) mit etwa 850 Mitgliedern. Sie wurde 1969 aus der Taufe gehoben, nachdem sich im Ostteil Deutschlands bereits sechs Jahre früher die Zentrale Arbeitsgemeinschaft Eierlegende Zahnkarpfen (ZAG) gebildet hatte, die sich 1990 der DKG anschloß. Die Hobbyfreunde aus Österreich und der Schweiz sind eingeschriebene Mitglieder der DKG. Der DKG gehören Killifischspezialisten aus 20 Staaten an. Vereinigungen der Killifischfreunde gibt es auch in Frankreich, den Niederlanden, Belgien, Spanien, Italien, Skandinavien, Japan und anderen Ländern. Alle diese Spezialklubs geben regelmäßig Informationsmaterial von teilweise erstklassiger Qualität heraus und pflegen untereinander freundschaftliche Kontakte. In ihren Publikationen beschäftigen sie sich mit den Verbreitungsgebieten der Killis, ihrer artgerechten Pflege und Zucht sowie mit Fragen der Einordnung der Killis in das zoologische System. Wichtig sind auch die relativ zahlreichen Reise- und Sammelberichte aus den Verbreitungsgebieten der Eierlegenden Zahnkarpfen und wissenschaftliche Erstbeschreibungen. Zwischen den Hobbyfreunden und professionellen Ichthyologen bzw. ichthyologischen Instituten bestehen zahlreiche fruchtbare Kontakte, die auf Gegenseitigkeit beruhen und beiden Partnern Nutzen bringen. Der große Vorzug solcher Gemeinschaften und Kontakte besteht im Tausch von mehr oder weniger seltenen Killifischen, die meistens im zoologischen Fachhandel nicht vorrätig sind. Außerdem haben die Killifischfreunde, bedingt durch die relativ lange Entwicklungsdauer des Laiches, die einmalig günstige Möglichkeit, auf dem Postweg Laich in der ganzen Welt zu verschicken und zu tauschen. Auf nationalen und internationalen Tagungen werden freundschaftliche Kontakte gepflegt und Erfahrungen vermittelt. Innerhalb der Killifischklubs gibt es auch regionale Gruppen, die sich mehrmals im Jahr treffen und Erfahrungen sowie Fische austauschen. Und nicht zuletzt sei auch an die Killifischfreunde erinnert, die keiner Vereinigung angehören und einfach nur gleichgesinnte Freunde sind, die sich im Urlaub gegenseitig die Fische füttern und nach dem Rechten sehen.

Natur- und Artenschutz, Arterhaltung

Mit den weltweiten Problemen der Vernichtung tropischer und subtropischer Wälder und Gewässer geht die Vernichtung ihrer Bewohner, der einheimischen Tier- und Pflanzenwelt einher. Der Hunger in der sog." Dritten Welt" beschleunigt das Abbrennen des Holzes und die Anlage neuer Felder. Die Erschließung der Länder schafft ein immer dichter werdendes Straßennetz und zerstört Landschaften und Biotope. Bodenschätze werden oft im Tagebau gewonnen, Städte wachsen auf Kosten von Naturflächen. Diese und andere Eingriffe in die Natur verändern das Klima und zerstören die Landschaften großer Gebiete. Tag für Tag verschwinden Tierarten für immer von unserer Erde. Das trifft durchaus auch für Arten Eierlegender Zahnkarpfen zu, die trotz intensiver Suche an ihrem angestammten Fundort nicht mehr nachgewiesen werden können. Manchmal haben Menschen Fremdfische in die Gewässer eingesetzt, um bessere Nahrungsquellen zu haben. Diese stets größeren Fische fressen die kleineren einfach auf. Solche Vorgänge bedürfen sicher einer sehr komplexen Betrachtungsweise und sind mit Sicherheit nicht so einfach zu sehen, wie das oben dargestellt wird. Das Hauptziel der Killifischfreunde muß es sein, den vorhandenen Bestand an Fischen, so gut es nur geht, zu erhalten und möglichst keine Art im Aquarium aussterben zu lassen. Die Basis dafür ist ihre artgerechte Haltung als ein Beitrag zum Artenschutz und ihre erfolgreiche Zucht über viele Generationen hinweg. Es kann einfach nicht sein, daß nach etwa vier Jahren nur noch weniger als die Hälfte der Arten vorhanden sind. Die Lücken werden im Moment noch durch Importe geschlossen. Das ist auf die Dauer nicht vertretbar und sicher nicht mehr möglich. Die weltweit arbeitenden Naturschutzverbände sehen auch dort ein Arbeitsgebiet. Schönste Killifische, wie z.B. *Aphyosemion filamentosum*, die unter großen Schwierigkeiten in Benin gefunden und in die Bundesrepublik importiert wurden, sind nahezu verschwunden. Hier werden die Killifischfreunde, die sich als Naturfreunde verstehen, gefordert und die genannten Killifischorganisationen haben sich diese Seite des Hobbys auf die Fahnen geschrieben. Das ist eine Aufgabe, die ein sehr hohes Maß an Einsicht in die Notwendigkeit, Können und Ausdauer erfordert. An den organisierten Hobbyfreunden liegt es, Motivationen zu geben und mit gutem Beispiel voran zu gehen. Preisverleihungen für Arterhaltung könnten ein erster Schritt sein.

Wichtig ist die artgerechte Haltung der Fische in der eigenen Zuchtanlage. Immer wieder wird gefordert, einem Fisch mindestens 5 Liter Wasser zu gönnen. Diese einfache Rechnung geht bei einer Selbstkontrolle in vielen Fällen nicht auf. Das muß den Hobbyfreunden doch zu denken geben! Die bekannten Killifisch-Plastikbecken von 10 bis 12 Liter Inhalt sind der Killifischzucht vorbehalten.

In der Literatur stehen sehr viele Haltungs-und Zuchterfolge, aber kaum Mißerfolge. Und trotzdem sterben die Arten immer wieder aus. Auch die Publizierung von Mißerfolgen und die daraus zu ziehenden Schlußfolgerungen können insgesamt für die Arterhaltung sehr nützlich sein.

Fundort von *Roloffia jeanpolli* in Liberia, 6 km östlich von Voinjama.

ZUCHT DER KILLIFISCHE

Schon H. STALLKNECHT bekräftigte oft die Meinung, daß man gesunde Fische an der Nachzucht nicht hindern kann. Das trifft natürlich auch für die Killis zu. Die gelungene Zucht als Krönung einer erfolgreichen Pflege - das ist das erklärte Ziel aller Killifischfreunde. Allgemein kann die Laichfähigkeit der Killifischweibchen an der sichtbaren Vergrößerung ihres Bauchumfanges erkannt werden. Im Gegenlicht betrachtet, sind die einzelnen Eier im Eileiter des Weibchens deutlich durch die Bauchwand zu sehen. Die Laichbereitschaft der Fische kommt bei artgerechter Haltung eigentlich von selbst. Sie kann stimuliert werden durch Wasserwechsel, Veränderung von pH-Wert und Wasserhärte, Hungerperioden und nachfolgender sehr guter Fütterung, Anreicherung des Wassers mit Stoffwechselprodukten (Notvariante), Futterwechsel mit Qualitäts- und Quantitätsänderungen (z.B. Wechsel von Daphnien zu schwarzen Mückenlarven), sehr gute Haltung nach überstandenen Krankheiten. Es gibt auch bei den Killifischen kein züchterisches Patentrezept.

Allen Angaben wohnt ein bestimmtes Maß an Subjektivität inne. Ein Mißerfolg ist es beispielsweise, wenn die Nachzucht nur aus einem Geschlecht besteht. Hier muß nach den Gründen geforscht und ein neuer Zuchtversuch gestartet werden. Die Fehlerquellen können ungeeignete Wasserwerte, zu kurze Ansatzdauer, zu großer Altersunterschied zwischen Männchen und Weibchen oder eine falsche Wassertemperatur sein. Man soll sich von Mißerfolgen nicht entmutigen lassen und nach neuen Wegen suchen. Dazu gehört in jedem Fall das Lesen von einschlägiger Fachliteratur. Die wichtigste und vornehmste Eigenschaft, die sich ein Killifischfreund aneignen muß, wenn er vorwärts kommen will, ist Geduld, Geduld und nochmals Geduld. Ohne diese gibt es kaum Erfolge.

Die Einteilung der Arten in Gruppen erfolgt nach ihrem Ablaichverhalten. Unterschieden wird hier zwischen Haft- oder Pflanzenlaichern (nichtannuell), Bodenlaichern (annuell), Übergangsformen (semiannuell) und Sonderformen.

Bei den laichreifen Weibchen von *Aphyosemion filamentosum* sieht man im Gegenlicht die Eier deutlich durch die Bauchwand schimmern.

HAFT- ODER PFLANZENLAICHER

Im Aquarium laichen diese Fische an natürlichen oder künstlichen Substraten ab. Das können feinfiedrige Wasserpflanzen (Javamoos, Wasserschlauch, Hornkraut, Tausendblatt, Algenfäden, Schwimmpflanzenwurzeln), Torffasern oder farbechte Kunstfaserwolle, sog. „Ablaichmops", sein. Je nach bevorzugtem Standort laichen die Killis an der Wasseroberfläche oder in Bodennähe. Ihre Laichkörner besitzen Haftfäden, mit denen sie am Ablaichsubstrat festkleben.

„Nichtannuell" heißt, daß die Fische mit ihrer Fortpflanzung nicht an einen bestimmten jahreszeitlichen Rhythmus durch Regen- und Trockenzeiten gebunden sind. Sie können jederzeit laichen, auch wenn sie in der Natur bestimmte Laichzeiten in Abhängigkeit von den Umweltbedingungen bevorzugen müssen. Beweis dafür ist die Tatsache, daß Killifischfänger berichten, daß sie manchmal trotz intensiver Suche im gleichen Fanggebiet nur Jungfische, manchmal nur erwachsene, manchmal keine Tiere finden konnten. In ihren Biotopen (tropischer Regenwald) gibt es aber auch in trockenen Zeiten stets ausreichend Wasser. Als Fisch überleben sie mehrere Jahreszyklen, ihre Embryonalentwicklung ist dem Jahresgang nicht oder nur wenig angepaßt.

Die Laichkörner = Eier der nichtannuellen Killis sind hartschalig, haben durchschnittlich 1 bis 1,5 mm Durchmesser und können zur Aufbewahrung und Entwicklung problemlos abgesammelt werden. Es gibt Meinungen, daß die Eier beim Absammeln mit schädlichen Bakterien geimpft werden, die sich in kleinsten Beschädigungen der Eioberfläche festsetzen. Zur ständigen Kontrolle gibt man die Eier in eine kleine Glas- oder Plastikschale. Die Zugabe von chemischen Präparaten zur Verhinderung von einer Bakterien- und Pilzentwicklung wird empfohlen (Trypaflavin, Acriflavin, Cilex u. ä.). Unbefruchtete und verpilzte Eier müssen regelmäßig entfernt werden, um gesunde Eier nicht anzustecken. Man kann die Eier auch in ein Sieb geben und von unten her ständig leicht durchlüften. Dieses Verfahren wird in der professionellen Fischzucht angewandt und hat sich auch bei Killifischfreunden bewährt. Bei einer anderen Methode zur Aufbewahrung und Entwicklung pipettiert man die einzelnen Laichkörner auf feuchtes Substrat (Torf, Javamoos, Kunstfasern), das sich in einer abgedeckten Schale befindet. Kontrolle ist hier ebenfalls erforderlich und dabei werden die verpilzten oder trüben Eier entfernt.

Die Haft- oder Pflanzenlaicher bilden die größte Gruppe der Eierlegenden Zahnkarpfen. Zu ihnen gehören die *Aphanius-*, fast alle *Aphyosemion-*, *Aplocheilichthys-*, *Aplocheilus-*, *Epiplatys-*, *Rivulus-* und *Roloffia-*Arten.

Das Pärchen von *Rivulus chryptocallus* zeigt die für nichtannuelle Pflanzenlaicher typische s-förmige Krümmung der Körper kurz vor dem Austritt von Ei und Sperma.

BODENLAICHER (BODENTAUCHER / BODENPFLÜGER)

Die Bodenlaicher sind mit Ausnahme der im nächsten Abschnitt beschriebenen Übergangsformen echte „Saisonfische". Sie kommen in Gewässern vor, die in Abhängigkeit vom klimatischen Jahreszyklus nur zeitweilig (saisonal) Wasser führen. Die Fische können daher nur eine bestimmte Zeit als lebende Tiere überdauern. Während der Trockenzeit versiegt das Wasser, und im Bodengrund liegen dann die sich entwickelnden Eier. Nach Beginn der Regenzeit und dem damit verbundenen Wasserangebot schlüpfen die Jungfische. Man nennt diese jahreszeitliche Abhängigkeit „annuell". Zu den Bodenlaichern gehören u. a. die Vertreter der Gattungen *Cynolebias*, *Nothobranchius* und *Pterolebias*.

Die *Nothobranchius*-Arten laichen am Boden und wirbeln mit kräftigen Flossenschlägen die nichtklebenden Eier in den Bodengrund. Sie werden als „Bodenpflüger" bezeichnet. *Cynolebias*- und *Pterolebias*-Arten sind „Bodentaucher". Diese beiden Begriffe sind sehr anschaulich. Beim Laichen dringt das Pärchen eines Bodentauchers meist vollständig in den Boden ein, laicht „unter Ausschluß der Öffentlichkeit" und taucht dann wieder auf. Die

Ein Pärchen *Nothobranchius rachovii* beim Ablaichen

Eier der Bodentaucher haben auf ihrer Oberfläche kleinste Fortsätze, an denen Bodenpartikel festkleben, die die Feuchtigkeit halten.

Alle Arten der genannten Gattungen sind Dauerlaicher. Ihre Laichperiode beginnt mit der Laichreife im Alter von 6 bis 8 Wochen und endet mit dem Tod der Fische. Im Aquarium laichen die Fische auf oder in einer Schicht von abgekochtem Hochmoortorf. Die Höhe der Torfschicht sollte bei Bodentauchern etwa der Länge

Austrofundulus limnaeus gehört zu den im Boden laichenden südamerikanischen Killifischen. Die Fische verschwinden beim Laichen manchmal vollständig im Bodengrund.

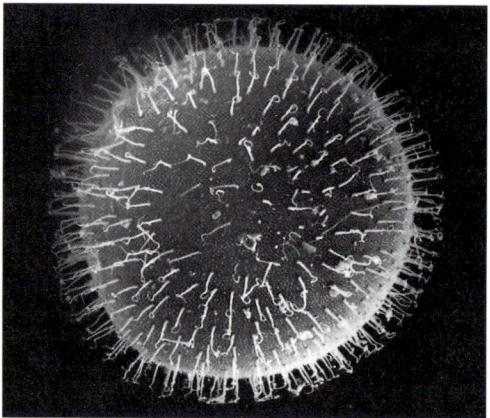

Ein *Cynolebias*-Ei in 70-facher Vergrößerung. Die Fortsätze auf der Oberfläche können Torfpartikel festhalten.

der Fische entsprechen. Bei Bodenpflügern genügen 1 bis 2 cm. Der Austausch des Laichsubstrats erfolgt aller ein bis zwei Wochen. Das Torf-Laich-Wasser-Gemisch wird durch einen engmaschigen Kescher geschüttet, das Substrat anschließend leicht ausgedrückt oder zum Wasserentzug in saugfähiges Papier (Zeitungspapier hat sich bewährt) gewickelt. Der etwa erdfeuchte Torf kommt zur Aufbewahrung in einen verschlossenen Kunststoffbeutel oder in ein Glas. Wichtig ist eine genaue Beschriftung (Fischart, Datum des Beginns der Trockenperiode, Termin des Aufgusses). Die Beutel oder Gläser können bei Temperaturen von etwa 17 bis 35°C dunkel aufbewahrt werden und sind ab und an zu „lüften", d.h. Beutel öffnen, Torf aufschütteln, Beutel verschließen. Höhere Tag-, niedrigere Nachttemperaturen wirken sich günstig auf die embryonale Entwicklung aus und verkürzen ihre Zeitdauer erheblich. So vermindert sich eine Lagerzeit von 3 bis 5 Monaten (bei einer relativ gleichbleibenden Temperatur von 23 bis 25°C) auf 5 bis 6 Wochen, wenn die Temperatur wie o.g. deutlich schwankt. In regelmäßigen Abständen ist eine Sichtkontrolle des Laichs erforderlich, um den Entwicklungsstand der Embryonen zu überprüfen und um den notwendigen Schlupfzeitpunkt= Zeitpunkt der Imitation einer kleinen „Regenzeit" durch Wasser-

aufguß nicht zu verpassen. Ein idealer Aufbewahrungsort für „Torf-Laich-Gemische" ist der Raum unmittelbar unter der Decke eines „Fischkellers", weil dort die höchsten Temperaturen erreicht werden. In den Torfbeuteln ist der Feuchtigkeitsgehalt gut, wenn sich nur wenig Schwitzwasser bildet.

Für Bodenlaicher hat sich auch die „Starenkasten-Methode bewährt. Dabei wird in ein Artbecken mit oben beschriebener Einrichtung eine Plastikdose mit seitlichen Einschlupfloch und Deckel gestellt. Der Deckel ist notwendig, denn er verhindert, daß bei dem heftigen Ablaichen der Torf so nach und nach aus der Dose verschwindet. In der Dose befindet sich eine mehrere Zentimeter hohe Torfschicht. Nach einer Eingewöhnungszeit von zwei bis drei Tagen schwimmt das Pärchen in den Kasten und laicht dort ab, wenn sich an keiner anderen Stelle Laichsubstrat in Form von Torf befindet. Bei dieser Methode kann man auch mehrere Paare im Becken halten. Das stärkste Männchen wird sich dann in Nähe des „Starenkastens" aufhalten und sich mit den laichbereiten Weibchen paaren.

Das Weibchen von *Aphyosemion fallax* faltet beim Laichen die Afterflosse zu einem Trichter, durch den das befruchtete Ei in den Bodengrund versenkt wird.

ÜBERGANGSFORMEN

Übergangsformen sind Killis, die sowohl Pflanzen- als auch Bodenlaicher sein können. Man bezeichnet sie als „semiannuell" oder „halbannuell". Aus den Gattungen *Aphyosemion*, *Roloffia* und *Rivulus* sind mehrere Arten bekannt. Ihre Biotope befinden sich in Gewässern der Savannengebiete, die während der Trockenzeit kurzzeitig austrocknen können, aber nicht müssen. So gibt es Arten, die ihre Eier beim Laichen in den Bodengrund hineinwirbeln, andere laichen an organischen Substraten in unmittelbarer Bodennähe ab. Die Laichkörner kleben kaum oder nicht und fallen so immer in das Bodensubstrat. Bei der Zucht werden diese Arten wie Bodenpflüger behandelt. Als Laichsubstrat eignet sich neben Torf auch feinster Sand, aus dem man die Eier aussieben kann.

2 Männchen von *Fundulosoma thierryi*

Fundort von *Fundulosoma thierryi* bei Siby in Mali

SONDERFORMEN

Unter den Killifischen gibt es auch einzelne Arten, deren Ablaichverhalten außergewöhnlich und dadurch sehr interessant ist. Ein Beispiel dafür ist der Floridakärpfling, *Jordanella floridae*. Diese Art wird zu den Pflanzenlaichern gezählt und übt eine einfache Form der Brutpflege aus. Solche Beobachtungen sind sogar im Gesellschaftsaquarium möglich. Das laichreife Männchen bildet ein kleines Revier, das gegen Artgenossen und andere Fische heftig nach Sicht verteidigt wird. Der Laichvorgang wird vom Weibchen ausgelöst. Es färbt sich fast weiß und zeigt eine deutlich angeschwollene Genitalpartie. Das Männchen wird vom Weibchen rückwärts im rechten Winkel zur Längsachse des Partners angeschwommen. Nach Berühren mit der Schwanzflosse wird das Männchen aktiv, und es kommt unmittelbar danach im Zentrum des Reviers zum Ablaichen an Pflanzen in Bodennähe. Bei vorher getrennten Geschlechtern können innerhalb kurzer Zeit mehrere Dutzend Eier auf kleinstem Raum abgelegt werden. Nach dem Ablaichen wird das Weibchen vom Männchen vertrieben. Das Männchen betreut den Laich, befächelt und verteidigt ihn gegen andere Fische. Diese Brutpflege kann aber nur am Tag des Laichens beobachtet werden. Die Jungfische schlüpfen nach 5 bis 10 Tagen. Die Aufzucht bereitet keine Probleme.

Andere Beispiele sind die zu den Leuchtaugenkärpflingen gehörenden *Procatopus*-Arten und *Lamprichthys tanganicanus*. Diese Killis laichen vorzugsweise in Steinspalten o. ä. ab. Dabei werden die Eier oft deformiert, ohne daß die sich entwickelnden Embryonen Schaden nehmen. Als Laichsubstrat eignen sich Korken mit Rillen, Rindenstücke, poröser Tuffstein, handelsübliche gerippte Schaumstoffilter. Die genannten Arten werden auch als „Spaltenlaicher" bezeichnet.

In der großen Gattung der Bachlinge,

In Anpassung an die Umweltverhältnisse laicht das Tanganjika-Leuchtauge *Lamprichthys tanganicanus* in Steinspalten ab. Vor dem Kopf des Männchen ist das Weibchen knapp zu sehen.

Auch im Gesellschaftsaquarium kann das interessante Ablaichverhalten des Floridakärpflings *Jordanella floridae* problemlos beobachtet werden. Das Männchen bewacht den Laich und verteidigt ihn gegen Freßfeinde.

Rivulus, zu der viele farbenprächtige Arten gehören, fällt eine Art besonders auf: Der Marmorierte Bachling, *Rivulus ocellatus marmoratus*. Er zeichnet sich durch das Vorkommen sogenannter „Hermaphroditen" aus. So werden Fische genannt, die sowohl Weibchen als auch Männchen sind und wie Weibchen aussehen. Um Nachzucht zu erhalten, genügt, und das glaubt man kaum, nur ein Fisch! Die Eier werden innerlich befruchtet und in unterschiedlichen Entwicklungsstadien abgesetzt. Der Schlupf der Jungfische geschieht in einem Zeitraum von etwa 1 bis 4 Wochen. Diese Art der Fortpflanzung ist eine Anpassung an das Leben unter schwierigen Bedingungen in kleinsten Wasseransammlungen.

Unter Sonderformen in weitestem Sinn können auch alle bei der Zucht gelegentlich auftretenden Mutanten bezeichnet werden. Mutanten sind Lebenwesen, die infolge einer erblichen Veränderung eines Merkmals vom Ausgangstypus abweichen. Beispiele dafür sind die Goldformen der Prachtkärpflinge *Aphyosemion australe, A. gardneri, A. mirabile* oder die albinotische Form des Fächerfisches *Cynolebias whitei.*

Die albinotische Form von *Cynolebias whitei.*

Für gezielte Nachzuchten mehrerer Arten braucht der Killifischfreund Platz. Ein „Fischkeller" ist dafür ideal.

ZUCHTAQUARIUM, INTENSIVE ODER EXTENSIVE ZUCHT

Die Einrichtung des Zuchtaquariums leitet sich aus dem Ablaichverhalten der zur Zucht vorgesehenen Fische (Pflanzen-, Boden-, Spaltenlaicher) ab. Sie ist meistens sehr spartanisch und enthält nur das wichtigste Inventar: Aufbereitetes Wasser (wenn nötig), Filter, Thermometer und dazu speziell auf die Art zugeschnittene Einrichtungsgegenstände wie Pflanzenbüsche oder einen Laichmop, Bodengrund, aufgeschichtete Steine. Dabei wird vorausgesetzt, daß sich die Killifische nur wenige Tage zu einem „Ansatz" in einem solchen Aquarium befinden.Zur intensiven Zucht sind eine Reihe von Voraussetzungen notwendig, damit der Erfolg die Bemühungen rechtfertigt:

• Die zur Zucht vorgesehenen Killis sollten laichreif und von erstklassiger Qualität sein: Einwandfreier Körperbau, sehr gut ausgebildete Zeichnung und Färbung, bester Gesundheitszustand.

• Trennung der Geschlechter mindestens eine Woche vor Zuchtansatz, Fütterung mit Kraftfutter, d.h. Mückenlarven oder Enchyträen, deutlich sichtbarer Laichansatz beim Weibchen.

• Sauberes, hygienisch einwandfreies Aquarium (pro Pärchen mindestens 5 l Wasser).

• Vorbereitetes Wasser, das den Verhältnissen in der Natur möglichst nahekommt. Aufstellung des Zuchtaquariums an einem ruhigen Platz bei gedämpftem Licht.

• Pflanzenbüsche, Laichsubstrat (Laichmop oder Torfschicht).

• Erhöhte oder abgesenkte Wassertemperatur.

• Versteckmöglichkeiten für die Weibchen. Tägliches Ablesen der Eier bei Pflanzenlaichern und Überführung des Laichs in eine Kontrollschale.

• Kräftige Fütterung der Zuchttiere ausschließlich mit Lebendfutter. Einige Arten müssen „im Futter stehen", damit sie ihren eigenen Laich nicht fressen.

• Regelmäßiger Wasserwechsel bei Daueransatz (Artaquarium=Zuchtaquarium), Auswechseln des Torfes bei den Bodenlaichern nach 8 bis 14 Tagen.

• Dicht schließende Deckscheibe auf dem Aquarium, da beim Treiben die Weibchen nicht selten herausspringen wollen.

Man kann auch in einem etwas komfortableren Artaquarium Killifischzucht betreiben. Einige Pflanzenbüsche, z.B. Javamoos, an der Oberfläche schwimmender Zwergwasserschlauch, ein Antennenwels, *Ancistrus dolichopterus*, ein paar Schnecken, ein Schaumstoffilter mit Wasserauslauf in Höhe des Wasserspiegels, alle 3 Wochen 50 % Wasserwechsel und dazu Moorkienwurzeln und schwarze Schieferstückchen zur Bodendekoration vervollkommnen das Artbecken. Der Laich wird hier nicht abgelesen und separat behandelt, sondern alles entspricht einer natürlichen Vermehrung. Das geht aber nur bei nichtannuellen Pflanzenlaichern. Die Ausbeute an Jungfischen ist hier meistens geringer, die Zucht wird als extensiv angesehen und ist von vielen Zufällen abhängig. Für manche Arten, wie den Ringelhechtling, *Epiplatys annulats*, oder den *Rivulus xiphidius* ist eine extensive Zucht oft erfolgreicher. Letztere Art fühlt sich wohler, wenn das Wasser nicht so oft gewechselt wird - Altwasserfanatiker! Wenn auf diese Art und Weise mehr Jungfische erzielt werden sollen, ist es sinnvoll, den Zuchtpaaren ein neues Aquarium einzurichten, wenn die ersten Jungfische zu sehen sind.

Eine alternative Zuchtmethode besteht darin, 3 Paar Killis, nach Geschlechtern getrennt, in einem Artbecken gut zu füttern, bis sich an dem stärkeren Umfang der Weibchen ein deutlich sichtbarer Laichansatz zeigt. Zum Ablaichen setzt man dann ein Paar etwa 2 Stunden vor Verlöschen des Lichtes in eine flache Schale (Kühlschrankdose, 2 bis 3 Liter Inhalt), die dicht mit Wollmops und Filterwatte gefüllt ist.

Die Fische beginnen sofort zu Laichen, im Finstern härtet der Laich aus und am frühen Morgen kann dann der Züchter den Laich absammeln. Die Fische werden wieder in das alte Becken zurückgesetzt und ein neues Paar bezieht nach Wasserwechsel den „Brutkasten". Aller fünf bis sieben Tage kann das gleiche Paar zur Zucht angesetzt werden.

Es gibt zahlreiche Killifischfreunde, die einen eigenen Hobbyraum für ihre Killifische haben und dort, oft zum Leidwesen der Familie, den größten Teil ihrer Freizeit verbringen. In solchen Anlagen stehen in Regalen Mengen kleiner Zuchtaquarien, daneben größere Aquarien zur Aufzucht der Jungfische und Haltung der Zuchtpaare. Die Futterkulturen und Wasseraufbereitungsanlagen müssen dort ebenso Platz finden wie die Aufbewahrungsgefäße für das Fischfutter und die zahlreich benötigten Gerätschaften. Gerd MUCKENHUBER schreibt ironisch über Zuchtanlagen, die er als chemische Labore empfindet: „Luftbetriebene Filter blubbern, und zwischen Mutters Wollresten verstecken sich doch tatsächlich Killis. Allerdings sieht man diese erst, wenn bei eingeschalteter Handlampe die Fische aus der Wolle gescheucht werden".

Das Beobachten der Paarung des Kleinschuppen-Prachtkärpflings *Northobranchius microlepis* ist für jeden Killifischfreund ein Erlebnis.

LAICHENTWICKLUNG

Ausgangspunkt sind die in einer Kontrollschale befindlichen Eier der Pflanzenlaicher und die im feuchten Torf lagernden Eier der Bodenlaicher. Bei beiden ist eine Kontrolle der Laichentwicklung unerläßlich um die Verluste zu minimieren.

In den Kontrollschalen liegen die Eier der nichtannuellen Killis am Boden bzw. auf Kunstfaserstoff oder -gespinsten. Letztere Variante ist sehr günstig, da die Eier ringsherum von Wasser umgeben sind. Unter den Eiern, die am Boden liegen, bilden sich häufig Bakterienherde, die trotz bakterienhemmender Zusatzstoffe zum Absterben der Eier führen können. Den Zustand der Eier und den Entwicklungsstand der Embryonen kann man täglich überprüfen, da die Eihüllen durchsichtig sind. Verpilzte und unbefruchtete Eier werden entfernt. In den ersten drei Tagen nach dem Laichen ist besonders sorgfältig zu prüfen, denn in diesem Zeitraum zeigen sich alle unbefruchteten und verpilzten Eier. Wasserwechsel in den Kontrollschalen ist täglich oder nach Bedarf vorzunehmen, besonders aber dann, wenn viele Eier unbefruchtet waren und verpilzen. Zum Wasseraustausch verwendet der erfahrene Züchter Wasser gleichen Ursprungs und gleicher Temperatur! Nach Abschluß der artspezifischen Entwicklungsdauer der Embryonen sieht man sie vollentwickelt in den Eiern liegen. Markant sind die großen Augen, mit Geduld und evtl. einer Lupe können Bewegungen der Embryonen beobachtet werden. Der Zeitpunkt des Schlüpfens der Jungfische ist nach durchschnittlich 2 bis 4 Wochen (art- und temperaturabhängig) greifbar nahegerückt.

Schwieriger ist die Beobachtung der Eientwicklung in den Torfbeuteln mit dem Laich der Bodenlaicher. Die Entwick-

Eier, Eihüllen und frisch geschlüpfte Jungfische von *Epiplatys grahami* („Frühgeburten").

lungsvorgänge laufen über Wochen und Monate hinweg. Sie gehen nicht gleichmäßig vonstatten, sondern sind von Perioden des Entwicklungsstillstandes, sog. „Diapausen", unterbrochen. Außerdem haften an den Eiern Torfpartikel, die das Finden der Eier im Torf-Laich-Gemisch erschweren. Mit etwas Mühe gelingt es doch, einige Eier aufzuspüren und zu prüfen. Auch hier ist der Zeitpunkt des Schlüpfens der Jungen gekommen, wenn die Augen der Embryonen groß und deutlich sichtbar sind.

Immer wieder wird bei verschiedenen Killifischarten aus den Gattungen *Aphyo-* *semion*, *Rivulus*, *Cynolebias* und *Pterolebias* von sog. „Dauereiern" gesprochen. Darunter werden Laichkörner verstanden, die sich erst nach vielen Monaten oder auch gar nicht entwickeln. Das kann mit dem Biorythmus der Fische zusammenhängen. Besonders bei den Saisonfischen ist es möglich, daß eine oder mehrere Regenzeiten ausfallen. Die Art wäre dort ausgestorben, wenn es nicht „Dauereier" gäbe, die erst dann zur Entwicklung kommen, wenn wieder Wasser vorhanden ist. Hier sind noch nicht alle Varianten wissenschaftlich geprüft.

Das Männchen von *Jordanella floridae* bewacht sein Gelege

SCHLUPF UND AUFZUCHT DER JUNGFISCHE

Nach Abschluß der Embryonalentwicklung schlüpfen aus den Eiern der Pflanzenlaicher nach und nach die Jungfische. Dieser Vorgang erstreckt sich, dem Zeitraum des Absammelns der Eier entsprechend, über Tage und Wochen. Hat man die Eier auf feuchtem Substrat gebettet, vollzieht sich der Schlupfvorgang in wesentlich kürzeren Zeiten. Gibt es dabei Probleme, so daß die ersten Embryonen im Ei absterben, muß Schlupfhilfe gegeben werden. Dabei werden sehr verschiedene Methoden angewandt, die sich anscheinend sogar widersprechen, aber dennoch praktisch erprobt zum Ziel führen können. Das geschieht entweder durch Aufgießen von mindestens 5°C kühlerem, sauerstoffreichen Wasser (Schocktherapie) oder durch Reduzierung des Sauerstoffgehaltes im Wasser. Zum Sauerstoffentzug werden Rotatorien oder Infusorien (Pantoffeltierchen) in die Schale gegeben. Man kann auch Trockenfutter aufstreuen und so Mikroorganismen in Massen erzeugen, zur Sauerstoffverdrängung mit der Atemluft durch ein dünnes Röhrchen CO_2 ins Wasser blasen, die Temperatur des Wassers erhöhen und dazu den Laich kräftig bewegen. Die geschlüpften Jungfische müssen dann sofort in sauberes Wasser überführt werden. Eine andere Methode, die mehrere der genannten Faktoren miteinander kombiniert, besteht darin, die schlupfreifen Eier in ein Glas- oder Plastikröhrchen zu geben und einige Stunden in der Hosentasche herumzutragen. Hier wirken zwei Faktoren gemeinsam: Bewegen des Laichs und Sauerstoffentzug durch Temperaturerhöhung. Die Eihüllen zerfallen schnell und bieten dadurch Bakterien Nahrung, die sich schnell vermehren, das Wasser sehr belasten und ihm übermäßig viel Sauerstoff entziehen. Sobald die Jungfische geschlüpft sind, sind sie also auch hier sofort in frisches, temperiertes Wasser zu bringen.

Bei den bodenlaichenden Killis vollzieht sich der Schlupf der Jungfische nach Abschluß der Embryonalentwicklung genau wie bei den Pflanzenlaichern. Ein großer

Zur Stimulierung des Schlupfvorganges kann etwa 5°C kühleres Wasser aus einer Höhe von 20 bis 30 cm auf den Laich gegossen werden.

Das Aufstreuen von etwas Flockenfutter erzeugt im Wasser nach kurzer Zeit eine starke Infusorienbildung. Die Infusorien entziehen dem Wasser Sauerstoff und ermuntern dadurch die fertig entwickelten Embryonen zum Schlüpfen.

Unterschied besteht nur darin, daß der Beutel mit dem Torf-Laich-Gemisch „aufgegossen" wird. Dabei wird Wasser, das mindestens 5° bis 10°C kühler ist, auf das in einem flachen Aquarium befindliche Torfsubstrat geschüttet. Der Wasserstand soll etwa 1 bis 2 cm über dem Torf liegen, erst einen oder zwei Tage später wird er langsam erhöht. Gleichzeitig gibt man feinstes Lebendfutter (Rotatorien, Nauplien) oder etwas feinzerriebenes Trockenfutter hinzu (notwendiger Sauerstoffentzug). Bereits nach wenigen Stunden schlüpfen die ersten Jungfische, füllen ihre Schwimmblase, schwimmen frei und beginnen sofort zu fressen. In der Natur verlaufen diese Vorgänge ähnlich. Beim ersten Starkregen füllen sich nach langer Trockenzeit die Senken mit Wasser. Im Bodengrund beginnen Fäulnisprozesse, der Sauerstoffgehalt reduziert sich, die Jungfische schlüpfen.

Sollten keine oder ganz wenige Jungfische erscheinen, ist der Torf nochmals trockenzulegen und nach weiteren 3 Wochen erneut aufzugießen. Schwimmen die Jungfische nach 2 bis 3 Tagen nicht frei, sondern hüpfen am Boden herum, sog. „Bauchrutscher", dann erfolgte der Aufguß nicht zum optimalen Termin. Diese Jungfische konnten ihre Schwimmblase nicht füllen und sterben später ab. Bei den meisten Arten ist es günstig, wenn die Jungfische nach dem Freischwimmen mittels Pipette (Saugröhrchen, Stechheber) in ein anderes Aquarium mit etwa gleichem Wasser gebracht werden. Manchmal, z.B. bei *Nothobranchius rachovii*, ist es besser, die Jungfische mehrere Tage im Torf zu belassen, weil es beim Umsetzen zu größeren Verlusten kommen kann. Die Aufzucht der Jungfische von annuellen Killis ist kein Problem. Sie fressen von Anfang an gut, viel und ständig. Wichtig ist ein häufiger Wasserwechsel, um ein rasches Wachstum zu erreichen und ihnen gute Lebensbedingungen zu bieten. Bei Fütterung mit *Artemia* sollte jeden Tag das Wasser gewechselt werden, denn diese Futtertiere sterben schnell ab und verunreinigen das Wasser.

Die Zucht bodenlaichender Killis ist für viele Hobbyfreunde das Erlebnis. Wenn bedacht wird, daß es manchmal 6 bis 9 Monate und mehr dauert, ehe sich in dem Ei ein vollständig ausgebildeter Embryo entwickelt hat, mit großen Augen durch die Eihülle schaut, „geduldig" auf Wasser wartet und nach der „Regenzeit" in wenigen Stunden die Jungfische oft zu Hunderten herumschwimmen, dann schlägt das Herz höher und Freude und Befriedigung über die gelungene Zucht machen den Killifischfreund glücklich.

Tips zur Zucht:
• Die Männchen von Nachzuchtfischen haben oft eine etwas unterschiedliche Fär-

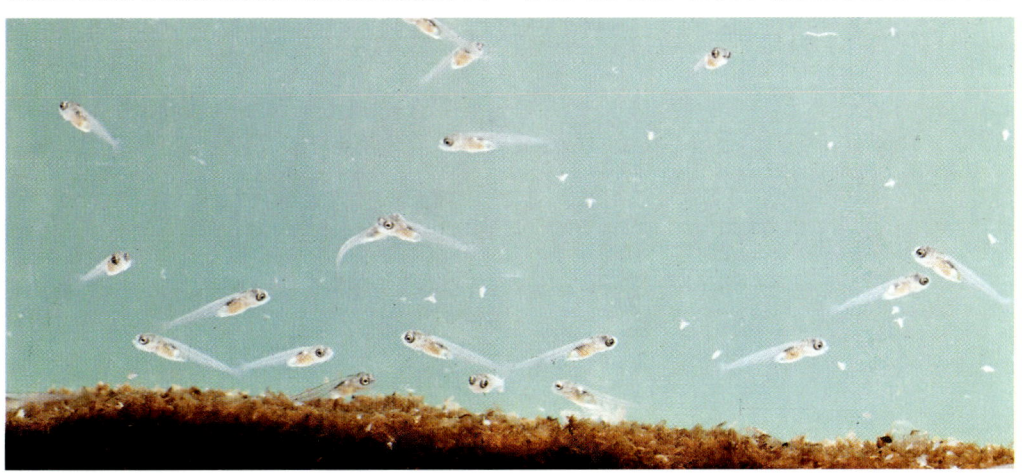

Jungfische, gleich welcher Art, sind für den Killifischfreund das freudig erwartete Ergebnis seiner Haltungs- und Zuchtbemühen.

bung und Zeichnung; Auslese ist für die Weiterzucht angebracht.

• Bodenlaicher, besonders die sog. Bodenpflüger, kann man auch auf einem grobmaschigen Netz oder Sieb laichen lassen, um die Eier besser kontrollieren zu können.

• Ein Ablaichen von Bodenlaichern auf oder in Wofatit ist angebracht, wenn die Eier zwecks Fotografieren von Eioberflächen besonders sauber sein sollen oder wenn ein kontrollierter Zuchtversuch gemacht werden soll, bei dem alle abgelaichten Eier zu sammeln sind.

• Kleine Posthornschnecken haben sich auch im Zuchtaquarium oft als sehr nützlich erwiesen, in dem sie eventuell auftretende Futterreste wegfressen. Sie vergreifen sich an dem Laich nicht.

• Bei ersten Zuchtversuchen mit einem jungen Paar sind die Eier oft nicht befruchtet und werden weiß, die Fische müssen das Laichen üben.

• Eier lassen sich gut auf Torf in Filmdosen aus Plastik aufbewahren.

• Manche Arten, wie *Aphyosemion herzogi, A. bochtleri, A. maculatum, A. ocellatum* laichen erst, wenn die Wassertemperaturen auf 16 bis 18°C fallen. Auch die Jungfische müssen in den ersten Lebenswochen bei diesen Temperaturen gehalten werden.

• Interessant ist die neueste Erkenntnis, daß bei einem Kurzansatz von 2 bis 3 Tagen die Entwicklungsdauer von *Nothobranchius*-Laich wesentlich geringer ist als bei Ansätzen über eine längere Zeit. Das soll damit zusammenhängen, daß die Weibchen beim Laichen ein Enzym ins Wasser abgeben, daß seiner Menge entsprechend die Entwicklungszeit verlängert.

• Jungfische von *Nothobranchius*-Arten fressen sich gegenseitig die Flossen ab, wenn sie nicht ausreichend gefüttert werden.

• Vor der Auswahl der Zuchtpaare aus einer größeren Gruppe Fische sollte diese beobachtet und die Pärchen separiert werden, die miteinander harmonieren, d.h. ablaichen.

• Auch bei Killifischen soll es ähnlich wie bei den Salmlern oder Barben sogenannte Links- oder Rechtslaicher geben. Klappt es mit dem Laichen eines Pärchens nicht, kann der Wechsel des Männchens oder Weibchens Abhilfe schaffen.

• 1 bis 2 alte Erlenzäpfchen auf 20 Liter Wasser, alle 4 Wochen ausgewechselt, verbessern das Haltungs-und Zuchtwasser für viele Killifische erheblich.

• *Nothobranchius*-Arten und am Boden laichende *Aphyosemion* nehmen als Laichsubstrat auch feinen Sand an. Die Eier können dann ausgesiebt und auf oder in Torf gegeben werden.

• Weiße Plastiklöffel eignen sich durch ihre Kontrastwirkung zum Abschöpfen der Jungfische besonders gut.

• Sichtkontakte bei getrennten Paaren in nebeneinander stehenden Aquarien können zu Maulverletzungen führen, weil die Fische oft an der Scheibe hin und her schwimmen und gegen diese stoßen.

• Die meisten *Epiplatys*-Arten laichen nach Frischwasserzugabe besonders aktiv.

• Der Killifischfreund ist gut beraten und spart Zeit, wenn er sich mit Fischen beschäftigt, die sein Leitungswasser einigermaßen akzeptieren können und in ihm auch laichen.

• Auch Killifische sind „wetterfühlig". Bei und nach tiefem Luftdruck wird oft ausgiebig gelaicht.

• „Faulen" Jungfischen muß das Futter mittels Durchlüftung vor das Maul gebracht werden.

• Ein Ablaichen im Schwarm ist nicht zu empfehlen, weil die gerade nicht laichenden Fische den Laich der anderen fressen.

An einem Aquarium mit vielleicht 10 oder 20 - Männchen dieser farbenprächtigen Population von *Aphyosemion exiguum* geht kein Naturfreund vorbei.

AUSGEWÄHLTE GATTUNGEN UND ARTEN (NACH VERBREITUNGSGEBIETEN)

AFRIKA UND MITTELMEER

DIE GATTUNG *APHANIUS*
NARDO, 1827
Mittelmeerkärpflinge

Lebensraum: Die *Aphanius*-Arten haben ein sehr großes Verbreitungsgebiet. Die Vertreter der Gattung kommen in den europäischen und afrikanischen Küstenflachländern rings um das Mittelmeer, Rote Meer, den Persischen Golf bis Pakistan sowie in Binnengewässern Nordafrikas, der arabischen Halbinsel, der Türkei und des Irans vor. Die anatolische Hochebene im asiatischen Teil der Türkei ist eines der Hauptverbreitungsgebiete. Sie leben in Quellen, Sümpfen, Tümpeln, Gräben, Kanälen, Seen und Lagunen, die teilweise direkt mit dem Meer in Verbindung stehen. Sie meiden fließende Gewässer mit Strömung und halten sich in ruhigeren Buchten auf. Die Arten sind in Süß-, Brack- und Seewasser zu finden, oft enthalten die Gewässer einen hohen Bestandteil an Sulfaten und Magnesiumverbindungen, selbst innerhalb des gleichen Biotops kann der Wasserchemismus erheblich schwanken. Die Wassertemperaturen wechseln zwischen 5° und 32°C im Nacht-Tag-Rhythmus als auch in der Jahreszeitenabfolge.

Systematik: Die Leitart der Gattung ist *Aphanius fasciatus* (VALENCIENNES, 1821).
Zur Gattung *Aphanius* aus der Unterfamilie Aphaniinae gehören etwa 17 Arten und Unterarten, von denen nicht alle allgemein anerkannt werden. Einzelne Arten haben große Verbreitungsgebiete und entsprechend zahlreiche Populationen.

Morphologische Gattungsmerkmale:
Das Weibchen ist oft größer als das Männchen. Der Körper ist mäßig gestreckt und seitlich wenig abgeflacht. Die Fische haben eine kurze Schnauze mit teilweise extrem aufwärts gerichtetem Maul und vorspringendem, nahezu vertikalem Unterkiefer. Die Flossen sind abgerundet, die Schuppen gelegentlich stark reduziert. Die Rücken- und Afterflosse weisen große Ähnlichkeit auf. Sie stehen sich direkt gegenüber. Zwischen den oft weitentfernten Populationen einer Art gibt es deutliche Unterschiede in Form und Färbung des Körpers. Das war in der Vergangenheit Anlaß für die Neubeschreibung einer Vielzahl von Gattungen, Untergattungen, Arten und Unterarten. Umfangreiche wissenschaftliche Untersuchungen, u. a. auch Kreuzungsexperimente von KOSSWIG, SÖZER und VILLWOCK führten zur Reduzierung der Artenanzahl und zur Bildung von Artengruppen: *Dispar*-Artengruppe mit *A. dispar* (RÜPPEL, 1828) und Unterarten, *A. fasciatus* (VALENCIENNES, 1821), *A. ginaonis* (HOLLY, 1929), *A. iberus* (CUVIER & VALENCIENNES, 1846), *A. apodus* (GERVAIS, 1853), *A. sirhani* VILLWOCK,

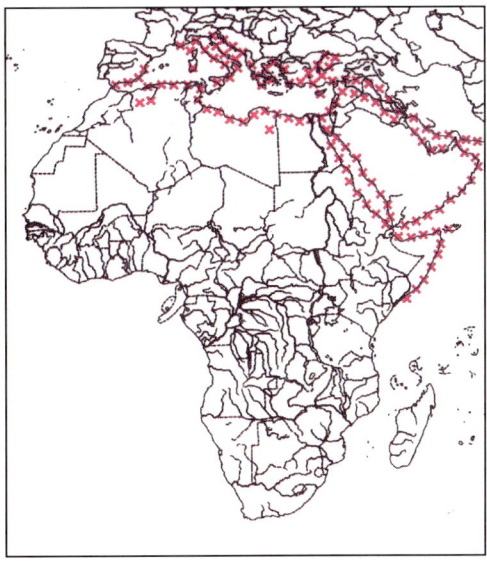

Verbreitungskarte Gattung *Aphanius*

SCHOLL & KRUPP, 1983, *A. danfordii* (BOULENGER, 1890) und *Chantrei*-Artengruppe mit *A. chantrei* (GAILLARD, 1895), *A. sophiae* (HECKEL, 1846), *A. anatoliae* (LEIDENFROST, 1912) und Unterarten, *A. vladykovi* COAD, 1988. Die interessanten Arten *A. mento* (HECKEL, 1843) und *A. asquamatus* (SÖZER, 1942), nehmen eine Sonderstellung ein.

Größe und Färbung: Alle Arten sind kleine Fische von 4 bis 8 cm Länge. Die Farbunterschiede zwischen Männchen und Weibchen sind sehr deutlich. Das Männchen ist auf dem Körper und den Flossen meistens hell und dunkel quergestreift. Das Weibchen hat auf einfarbigem Grund Flecken und Punkte in unterschiedlicher Anordnung.

Pflege und Zucht: Die *Aphanius*-Arten sind bei Beachtung der artspezifischen Besonderheiten nicht schwer zu pflegen und zu züchten. Gute Voraussetzungen bieten große Aquarien, Gruppenhaltung, schwankende Temperaturen von 5 bis 35°C, hartes Wasser von 10 bis 30°dH, neutrale bis alkalische pH-Werte (nicht unter 7!), evtl. Salzzusatz von 5 bis 10 Gramm pro Liter, kräftige Durchlüftung und Filterung, regelmäßiger Wasserwechsel, feinkörniger Bodengrund, Büsche feinfiedriger Pflanzen, möglichst Sonnenlicht, abwechslungsreiche Fütterung mit Lebend- und Trockenfutter, pflanzliche Nahrung in Form von Algen u.ä.

Die nichtannuellen Fische sind Haftlaicher, die meistens große Laichfresser, dafür aber auch sehr produktiv sind. Die Männchen bilden in größeren Aquarien Reviere, die heftig verteidigt werden. Dabei sind bei den unterlegenen Männchen Flossenverletzungen unvermeidbar. Auch die Weibchen werden sehr getrieben und benötigen ausreichend Verstecksplätze. Die Jungfische schlüpfen nach 10 bis 20 Tagen. Als Erstfutter eignen sich *Cyclops*- oder *Artemia*-Nauplien. Die Aufzucht bereitet allgemein wenig Probleme. Die Fische fressen zusätzlich gern Flockenfutter aller Art, besonders solches mit pflanzlichen Bestandteilen. Man sollte aber sparsam damit füttern, da sie beim Fressen keine Grenzen kennen, leicht zu viel Nahrung aufnehmen

und daran zu Grunde gehen können.

Nach spätestens 6 Monaten tritt die Geschlechtsreife ein.

Alle *Aphanius*-Arten lassen sich über die Sommermonate sehr gut im Freien hältern. Im sauberen Gartenteich mit einer Tiefe von mehr als 50 cm ist auch die Überwinterung einzelner Arten möglich, z.B. *A. mento*.

Besonderheiten: Die *Aphanius*-Arten sind empfehlenswerte Aquarienfische, auch wenn sie farblich nicht so attraktiv wie die Eierlegenden Zahnkarpfen aus den tropischen Gebieten der Erde sind.

Verwandtschaftliche Beziehungen, die entwicklungsgeschichtlich bedingt sind, bestehen zu den Wüstenfischen der nordamerikanischen Gattung *Cyprinodon*.

APHANIUS APODUS
(Gervais, 1853)
Atlaskärpfling

Lebensraum: Algerien, im Oberlauf des Rhumel (früher Tell), südlich Constantine in einem eng begrenzten Gebiet des algerischen Hochlandes in reinem Süßwasser.

Größe und Färbung: Die Grundfarbe des 5 bis 6 cm langen Männchens ist olivgrün mit dunklen Querbinden. Die unpaaren Flossen sind blauschwarz. Sie haben gelegentlich einen hellen Randsaum, besonders die Schwanzflosse. Die Bauchflossen fehlen.

Das Weibchen ist bräunlich und hat dunkle Flecke und Striche.

Pflege und Zucht: siehe Gattungsbeschreibung.

Besonderheiten: Die Art wurde als *Tellia apoda* beschrieben und hat große Ähnlichkeit mit *A. iberus*. Die fehlenden Bauchflossen sind ein typisches Kennzeichen für die zum Synonym erklärte Untergattung *Tellia* GERVAIS, 1853.

APHANIUS DISPAR
(RÜPPEL, 1828)
Perlmutterkärpfling

Lebensraum: Küstengebiete des Mittelmeeres, des Roten Meeres, des Persischen Golfes bis Pakistan und der arabischen Halbinsel, vereinzelt in Binnengewässern Ägyptens und des Irak. Die Art kommt vorwiegend in Brack- und Meerwasser vor. Gelegentlich gibt es gemeinsame Vorkommen mit *A. sophiae, A. mento, A. fasciatus.* Der Erstfundort befindet sich an der äthiopischen Küste des Roten Meeres.

Größe und Färbung: Das bis 8 cm lange Männchen hat eine gelbgraue bis olivbraune Grundfarbe mit blauem Schimmer und eine bläuliche Kehle. Kleine, ovale oder längliche, hellblau irrisierende bis silbrige Flecke befinden sich in Längsreihen auf den Körperseiten oder sind unregelmäßig verteilt. Gelegentlich bilden sie Querbinden auf dem Schwanzstiel. Die Rücken- und Afterflosse sind gelblich bis goldgelb. Sie haben braune Flecke oder Punkte, die besonders auf der Afterflosse basal und im hinteren Teil der Flosse angeordnet sind. Die Schwanzflosse zeigt meistens drei dunkle Querbinden.

Das etwa 1 cm kleinere Weibchen macht einen silbrigen Farbeindruck und hat dünne braune Querstreifen. Alle Flossen sind farblos.

Pflege und Zucht: siehe Gattungsbeschreibung.

Besonderheiten: Die Art wurde als *Lebias dispar* beschrieben und hat zahlreiche Synonyme. Weitere drei Unterarten sind bekannt: *A. d. darrorensis* (GIANFERRARI, 1932) aus Somalia, *A. d. richardsoni* (BOULENGER, 1907) vom Toten Meer und *A. d. stoliczkanus* (DAY, 1872) aus Pakistan. Von *A. dispar* gibt es eine Vielzahl von Populationen mit deutlichen Färbungs- und Zeichnungsunterschieden.

APHANIUS FASCIATUS
(VALENCIENNES, 1821)
Mittelmeerkärpfling
Salinenkärpfling
Zebrakärpfling

Lebensraum: Die Küstengebiete des Mittelmeeres mit Ausnahme von Spanien, Marokko, Balearen und Kreta werden von *A. fasciatus* bewohnt. Die Fische leben in sehr unterschiedlichen Biotopen wie Salinen, Lagunen, Bachläufen und im unmittelbaren Küstenbereich, sehr selten im Süßwasser. Die Exemplare der Erstbeschreibung kommen von Lagi di Verano an der Ostküste Mittelitaliens.

Größe und Färbung: Das bis 6 cm lange Männchen hat eine graue Grundfarbe, die gelegentlich mehr oliv bis blaugrün schimmert. Auf den Körperseiten befinden sich 9 bis 15 dunkle Querbinden. Der Rücken ist dunkeloliv, der Bauch silbrigweiß. Die unpaaren Flossen sind gelb bis orangefarben. Die Rückenflosse und gelegentlich auch die Afterflosse zeigen einen dunklen Rand. Die Schwanzflosse hat 1 bis 2 hinterrandparallele Streifen.

Die Grundfarbe des wenig kleineren Weibchens ist grau bis graugrün. Kurze, schmale, dunkelbraune Querbinden oder Flecke befinden sich entlang der Mittellinie. In der oberen Körperhälfte zeigen sich kleine Punkte, die sich sich im Bereich des Schwanzstieles verdichten. Die Flossen sind farblos bis schwach grau. Ein dunkler

Pflege und Zucht: siehe Gattungsbeschreibung. Reines Süßwasser eignet sich

für diese Art nicht, ein Salzzusatz ist unbedingt notwendig. Die Art kann als Schwarmfisch sogar in einem Mittelmeeraquarium gehalten werden.

Besonderheiten: *A. fasciatus* wurde teilweise zum Vertilgen von Mückenlarven in andere Gewässer ausgesetzt und konnte sich dort behaupten.

und schwankender chemischer Wasserzusammensetzung. Gelegentlich wird die Art gemeinsam mit *Valencia hispanica* gefunden. Die ersten Exemplare kamen aus Spanien.

Größe und Färbung: Die Grundfarbe des Männchens, das bis 5 cm lang werden kann, ist silbriggrau, gelblich oder hellblau bis dunkelgrau mit hellblauen Punkten und zahlreichen dunklen Querbinden. Der Bauch hat eine weißliche, nach der Kehle zu gelbliche bis goldgelbe Färbung. Die unpaaren Flossen haben ebenfalls dunkle Querbinden oder Punktreihen parallel zum Flossenrand. Die Bauchflossen sind gelblich bis schwach bräunlich. Bei verschiedenen algerischen Populationen sind die Querstreifen auf dem Körper in unregelmäßige, verschieden große Flecke und Punkte aufgelöst.

Die Grundfarbe des ebenfalls 5 cm lang werdenden Weibchens ist silbrig bis bräunlich, oliv oder blaugrün mit dunklen Flecken und Strichen. Die Flossen sind farblos.

Biotop von *Aphanius fasciatus* bei Butrint in Albanien

APHANIUS IBERUS
(CUVIER & VALENCIENNES, 1846)
Spanienkärpfling
Spanischer Kärpfling

Lebensraum: Die Art kommt in Spanien (Osten), Marokko und Algerien vor. *A. iberus* lebt in verschiedenartigen flachen Gewässern mit vegetationsreichen Uferzonen

Pflege und Zucht: siehe Gattungsbeschreibung. In kleine Aquarien unter 50 Liter Wasserinhalt sollte zur Vermeidung von tödlich ausgehenden Rivalitätskämpfen nur 1 Männchen zum Ansatz kommen. Die Fische fühlen sich besonders wohl, wenn sie bei Temperaturen von 5 bis 10°C überwintert werden, die Sommertemperaturen bis 35°C hochgehen und wenn die Salzkonzentrationen des Wassers gelegentlich etwas wechseln. Die Männchen beginnen sich schon nach 2 Monaten auszufärben. Eine gute Nahrung sind neben Flockenfutter auch Spinat und Salat.

Besonderheiten: Die Art wurde als *Cyprinodon iberus* beschrieben.

APHANIUS MENTO
(HECKEL, 1843)
Orientkärpfling
Schwarzkärpfling

Lebensraum: Die Fische leben in Syrien, Jordanien, Israel, Irak, Südtürkei, vorrangig in Süßwasser, seltener in Brackwasser (israelische Küstenflüsse). *A. mento* wird gelegentlich gemeinsam mit *A. sophiae*, *A. dispar*, *A. fasciatus*, *A. dispar richardsoni* gefunden. Der Erstfundort liegt bei Mosul im Irak.

Größe und Färbung: Die Grundfarbe des 4 bis 5 cm lang werdenden Männchens ist gleichermaßen auf Körper und Flossen ein Dunkelbraun bis Blauschwarz mit unregelmäßig verteilten, gelegentlich auch Querreihen bildenden, blausilbrig irrisierenden Punkten, die auf den Flossen randparallele Punktreihen bilden.

Das nur wenig kleinere Weibchen ist hellbraun und hat auf den Körperseiten dunkle Flecke in unregelmäßigen Reihen. Rücken und Schwanzstiel sind gelegentlich marmoriert. Der Rücken zeigt sich mehr olivfarben, der Bauch silbrigweiß. Teilweise befinden sich unregelmäßig verteilte silbrige Einzelpunkte auf dem Körper.

Pflege und Zucht: siehe Gattungsbeschreibung. Die Haltung in großen Aquarien ist vorteilhaft, weil die Männchen in der Nähe von Pflanzenbüschen Reviere bil-den und die Weibchen dorthin zum Ablaichen locken. Das Wasser kann sehr hart sein, ein geringer Zusatz von Bittersalz und eine Spur Jodjodkalium wirken sich auf das Wohlbefinden der Tiere positiv aus. Dadurch werden auch mögliche Schilddrüsenerkrankungen vermieden. *A. mento* kann mit Erfolg im Gartenteich gepflegt, gezüchtet und überwintert werden. Dort finden diese Killifische ausreichend pflanzliche Nahrung in Form von Algen.

Besonderheiten: Die Art nimmt innerhalb der Gattung eine Sonderstellung ein. Sie hat keine deutliche Querstreifung am Körper, ist kein Schwarmfisch und die Männchen neigen zu ausgeprägter Revierbildung und zu Agressionen gegenüber anderen Männchen der gleichen Art.

Von *A. mento* gibt es verschiedene Populationen. Besonders attraktiv ist *A. mento* „Israel".

DIE GATTUNG *APHYOSEMION*
MYERS, 1924
Prachtkärpflinge

Lebensraum: Afrika: Tropische Primärregenwälder, Sekundärwälder und Feuchtsavannen in West-und Zentralafrika, von der Atlantikküste Gambias und Guineas bis Zaire, nördlich und südlich des Äquators, in verschiedenen Höhenlagen. Die Grenze nach Osten bildet der ostafrikanische Grabenbruch. Die Prachtkärpflinge leben vorwiegend in Tümpeln, kleinen Bächen, flachen Buchten kleinerer Flüsse, sumpfigen Gebieten. Einzelne Arten veränderten in Anpassung an Biotopveränderungen im Laufe der Entwicklungsgeschichte (Übergang vom tropischen Regenwald in Savannne durch Klimaverschiebung) ihre Lebensweise und wurden zu Bewohnern zeitweilig austrocknender Gewässer. Ihre Laichentwicklung paßte sich dem auftretenden Wechsel zwischen Regen- und Trockenzeiten an (semiannuelle und annuelle Arten), z. T. blieben Reliktformen erhalten, die sich eigenständig weiterentwickelten. In den Savannengebieten wurden die zurückgedrängten Aphyosemion-Arten teilweise durch Arten der Gattungen *Fundulosoma*, *Pronothobranchius* und *Nothobranchius* ersetzt. Zu unterscheiden ist zwischen Artengruppen der Küstenebenen und der höher gelegenen Inlandplateaus. Es zeigen sich Unterschiede in der Intensität und Variationsbreite der Farben und der Zeichnung. Die Arten der Inlandplateaus sind gewöhnlich farbintensiver und durch die wesentlich geringere Populationsbreite weniger variabel. Im Verbreitungsgebiet der *Aphyosemion*-Arten, kommen, z. T. gemeinsam mit ihnen, Arten folgender anderer Gattungen Eierlegender Zahnkarpfen vor: *Adamas*, *Aphyoplatys*, *Aplocheilichthys*, *Congopanchax*, *Epiplatys*, *Foerschichthys*, *Plataplochilus* und *Procatopus*. Das Vorkommen von nur einer Art am Fundort ist selten. Es gibt aber ökologische Nischen, in denen sich nur diese eine Art gegen die Konkurrenz anderer Fische behaupten kann. Meistens sind es zwei bis fünf Arten, die in einem Gewässer miteinander vergesellschaftet sind. Trotzdem kommt es durch die jeweils anderen Verhaltensmuster (ethologische Barrieren) zu keiner Kreuzung.

Im Regenwald bevorzugen die Fische beschattete, stagnierende oder langsam fließende Gewässer von 1 bis 2 m Breite und 0,2 bis 0,4 m Tiefe. Sie leben dort zwischen ins Wasser hängenden Pflanzen der Uferregion oder halten sich am Boden zwischen Ästen und Laub auf. Das Wasser ist meistens sehr weich (0,2 bis 3° dH), leicht sauer (pH 6,3 bis 6.7), hat eine geringe Leitfähigkeit und wenig schwankende Temperaturen zwischen Tag und Nacht (24 bis 22°C). Auch im Jahresverlauf gibt es nur geringe Schwankungen der Temperatur und Qualität des Wassers durch das Fehlen ausgeprägter Regen- und Trockenzeiten in den rein tropischen Gebieten. Je größer die Fließgeschwindigkeit des Wassers und die Körnigkeit des Bodengrundes sind, um so klarer und transparenter ist das Wasser. Auffällig sind die sehr oft vorkommenden rotbraunen bis roten Ablagerungen tropischer Verwitterungsböden

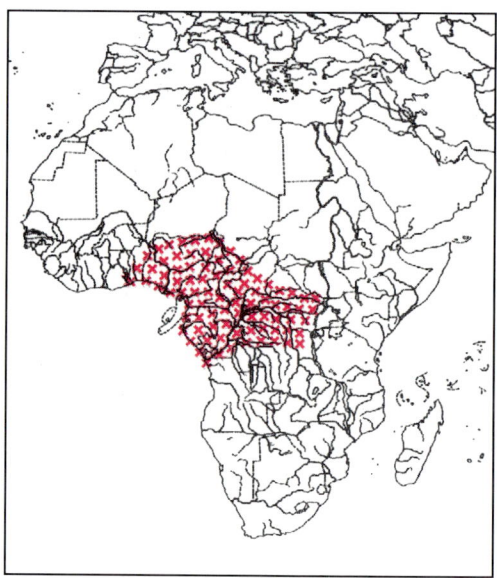

Verbreitungskarte Gattung *Aphyosemion* ohne *Roloffia*

(Laterit) auf dem Boden der Gewässer und allen Pflanzenteilen.

In den Savannengebieten sind die Bedingungen weniger gleichmäßig, Temperatur und Qualität des Wassers schwanken in allen Parametern stärker. Die Laichgewässer trocknen teilweise aus, es gibt deutliche Regen- und Trockenzeiten.

Systematik: Die Gattung *Aphyosemion* ist die artenreichste Gattung der Familie Cyprinodontidae. Sie enthält ausschließlich afrikanische Arten (altweltliche Rivulinae). Zu ihr gehören etwa 150 Arten und Unterarten. Dabei sind die vermuteten Verbreitungsgebiete noch nicht umfassend erforscht. Die *Aphyosemion*-Arten sind neben den *Nothobranchius*-Arten die farblich schönsten Eierlegenden Zahnkarpfen überhaupt. Sie erfreuen sich seit Beginn der Aquaristik einer besonderen Beliebtheit bei den Aquarianern. Es gibt zahlreiche Bemühungen, die Gattung *Aphyosemion* in weitere Gattungen und Untergattungen zu gliedern: MYERS bildete 1924 die Gattung *Aphyosemion* aus afrikanischen Vertretern der Gattung *Fundulus* LACEPED, 1802 und Arten der Gattung Haplochilus GÜNTHER, 1866. Größere Un-

terschiede zwischen den einzelnen Arten veranlaßten MYERS, CLAUSEN, RADDA, KOTTELAT, HUBER und SEEGERS zur Bildung weiterer Gattungen und Untergattungen, die aber nicht alle breite Anerkennung gefunden haben. Gegenwärtig gibt es Meinungsunterschiede zwischen den europäischen und amerikanischen Ichthyologen, die von dem Killifischliebhaber informativ zu beachten, für ihn aber letztlich von untergeordneter Bedeutung sind. Bei den Spezialisten ist es üblich geworden, die Gattung *Aphyosemion* in die folgenden, umgangssprachlich z.T. wenig gebräuchlichen Untergattungen aufzuteilen:

Aphyosemion i. e. S.

Archiaphyosemion (s. Roloffia)

Callopanchax (s. Roloffia)

Chromaphyosemion

Diapteron

Fundulopanchax

Gularopanchax

Kathetys

Mesoaphyosemion

Zwei Männchen von *Aphyosemion amoenum*

Paraphyosemion

Paludopanchax

Raddaella

Scriptaphyosemion (s.Roloffia)

In diesen Untergattungen (*Archiaphyo-semion, Callopanchax, Scriptaphyosemion*) sind auch die Arten der von der internationalen Nomenklaturkommission noch nicht anerkannten Gattung *Roloffia* enthalten. Da diese Gattung bei den Freunden Eierlegender Zahnkarpfen aber allgemein gängig ist, erfolgt hier eine eigenständige Behandlung der Arten unter dem Gattungsnamen *Roloffia*. Neben den Untergattungen gibt es Artgruppen. Die Arten einer Artgruppe sind enger verwandt und stellen an den Killifischfreund etwa gleiche Anforderungen im Hinblick auf Pflege und Zucht. Hinweise dazu können den Artbeschreibungen entnommen werden.

Größe und Färbung: Die Größe der *Aphyosemion*-Arten schwankt zwischen 3 und 10 cm, liegt aber gewöhnlich bei 5 bis 6 cm. Ihr Körperbau ist nahezu einheitlich, die schlanke Körperform typisch. Es sind kleine, meist gestreckte und seitlich wenig abgeflachte Fische mit relativ großen Augen und einem breiten, oberständigen Maul.

Die *Aphyosemion*-Arten zeigen sehr deutliche Farbunterschiede zwischen den Geschlechtern. Die Männchen sind wesentlich farbiger und kräftiger gezeichnet als die Weibchen. Das Farbmuster der Männchen kann als ein Merkmal für die Artentrennung herangezogen werden. Die folgenden Körperregionen sind dabei von Bedeutung: Kiemendeckel (rote Punkt- und Strichzeichnung), Region oberhalb des Brustflossen-Ansatzes (Schild, Wundmal), Körperseiten (Längs- und Querbänder, netz- und lyraförmige Zeichnung), Kehlpartie (Zeichnung), Flossen (Kanten, Randsäume, Bänder, Flecken, Striche, Punkte). Die Farbmuster stehen meistens auf einem kontrastreichen und oft metallisch glänzenden gelben, grünen oder blauen Grund. Die Rücken-, After-, Schwanz- und Bauchflossen sind rund bis oval, vielfach wimpel- oder fahnenförmig ausgezogen. Die Weibchen zeigen eine einfarbig hellgraubraune bis hellrotbraune Färbung. Teilweise sind dunkle oder blaßfarbige Punkte, Flecken oder Streifen auf den Körperseiten und Flossen vorhanden. Die Weibchen einzelner Artengruppen können auch vom Spezialisten nur schwer oder nicht auseinandergehalten werden. Noch schwieriger wird es bei ver-

Zwei Männchen von *Aphyosemion gardneri*

schiedenen Fundortgruppen (Populationen) der gleichen Art. Auf eine sorgfältige Trennung der einzelnen Stämme ist im Interesse ihrer Reinhaltung zu achten. Die Variabilität des Farbmusters der Artengruppen und Arten ist als eine Folge unterschiedlicher Entwicklungsbedingungen zu betrachten. Die Fische der Gattung *Aphyosemion* sind schlechte Schwimmer. Sie verändern ihren Standort unter normalen Bedingungen kaum. Es entstehen Mikropopulationen, die sich weiterentwickeln, immer mehr isolieren und sich schließlich mit Nachbarpopulationen nicht mehr fruchtbar kreuzen. Dieser Artbildungsprozeß dauert bei diesen Fischen auch heute noch an und begründet das anhaltende Interesse der Ichthyologen. Interessant ist auch die Ausbildung von roten, blauen und gelben Farbtypen oder -phasen, die innerhalb einer Art und zwischen verwandten Arten auftreten können. Die Weibchen reagieren sexuell nur in der eigenen Farbgruppe aktiv.

Pflege und Zucht: Die Ernährung der Fische in ihren Heimatgebieten besteht vorwiegend aus Insekten, die auf die Wasseroberfläche fallen und deren Larven, die sich manchmal auch im Wasser entwickeln (z.B. Mücken). Außerdem werden kleinere Fische anderer oder der gleichen Art und im Bodengrund lebende Würmer gefressen. Daneben nehmen die Fische auch Reste abgestorbener Pflanzenteile auf.

Die Aquarienhaltung ist bis auf Ausnahmen unproblematisch. Kleine (5 Liter) bis mittelgroße (30 Liter) Aquarien sind ausreichend für ein bis mehrere Pärchen. Das Artaquarium ist sehr zu empfehlen, obwohl sich auch eine ganze Reihe von Arten für die Pflege im Gesellschaftsaquarium bestens eignen. Im Artaquarium kann man das Verhalten der Fische oft besser beobachten. Weiches bis mittelhartes Wasser, leicht saurer pH-Wert, Temperaturen von 20 bis 25°C, dichte, feinfiedrige Pflanzenbüsche (auch Schwimmpflanzen), Versteckmöglichkeiten (Moorkienwurzeln, Steine), ein nicht zu heller Standort, als Bodengrund dunkler Sand oder Torffasern, stets kräftiges Lebendfutter und regelmäßiger, etwa wöchentlicher Wasserwechsel bis zu 50 %, sind die Grundbe-

dingungen für eine erfolgreiche Pflege und Zucht. Fast alle Arten, die bisher lebend importiert wurden, konnten, wenn auch z. T. mit größeren Schwierigkeiten, zur Nachzucht gebracht werden. Trotzdem sind verschiedene Arten nach einigen Jahren wieder aus den Aquarien der Killifischfreunde verschwunden. Günstig ist der Ansatz eines Pärchens oder Trios (1 Männchen, 2 Weibchen). Bei mehreren Männchen im gleichen Territorium (Aquarium) kommt es gewöhnlich zu Rivalitätskämpfen, die zur Ausbildung einer Rangordnung ((-Männchen, (-Männchen) oder zum Tode des oder der Rivalen führen. Zu unterscheiden ist zwischen Haft- (Pflanzenlaicher, nichtannuell) und Bodenlaichern (semiannuell bis annuell). Erstere laichen an feinfiedrige Pflanzen oder Ablaichmops (Wollfäden) in allen Wasserschichten. Die Eier kleben mit ihren, für das bloße Auge kaum sichtbaren, Haftfäden gut fest. Diese nichtannuellen Arten leben in ständig wasserführenden Gewässern (tropischer Regenwald). Ihre Eier sind in der Regel hartschalig, etwa 1 bis 1,5 mm groß und können nach einer kurzen Aushärtungszeit der Eihülle ohne Schwierigkeiten aus den Ablaichpflanzen herausgelesen und zur besseren Kontrolle in ein getrenntes Gefäß mit gleichem Wasser gegeben werden (Pipettieren auf feine Kunstfaserwolle, Zugabe von chemischen Mitteln zur Verhinderung von übermäßiger Bakterien- und Pilzentwicklung). Unbefruchtete und verpilzte Eier sind täglich zu entfernen. Die nichtannuellen Arten haben theoretisch keine Diapausen (vorübergehender Entwicklungsstillstand). Sie können aber zu Diapausen gezwungen werden, wenn man die Eier zu ihrer Entwicklung in ein feuchtes Substrat legt. Bei einzelnen Arten mit empfindlichen Eiern ist diese Methode angebracht. Die isolierte Lage jedes einzelnen Laichkorns vermindert das Übergreifen von Pilzen und Bakterien. Außerdem wird damit ein gleichmäßiger Schlupf der Jungfische erreicht.

Fische, die aus Savannengebieten stammen und in temporären (zeitweilig austrocknenden) Gewässern vorkommen, sind vorzugsweise Bodenlaicher. Sie tauchen in den Bodengrund nicht ein, wie das bei Arten der Gattung *Cynolebias* oder

Pterolebias der Fall ist, sondern laichen am Boden und wirbeln die Laichkörner mit kräftigen Flossenschlägen in ihn hinein.

Die Eier fallen stets zu Boden und kleben nicht oder nur wenig (keine bzw. fast keine Haftfäden). Als Ablaichsubstrat eignen sich Torffasern in einer mehrere Zentimeter hohen Schicht. Feinster Sand ist ebenfalls geeignet. Die Eier können ausgesiebt und in feuchtem Torf aufbewahrt werden. In Abhängigkeit vom Herkunftsgebiet der Fische und der Temperatur bei der Aufbewahrung des Laichs dauert die Entwicklungszeit 12 Tage bis etwa 6 Monate. Bei allen Arten, die in Torf ablaichen, wird nach etwa 8 Tagen der Bodengrund durch einen feinen Kescher gegeben, ausgedrückt und angetrocknet. Das Torf-Laich-Gemisch sollte in Plastebeuteln oder Glasgefäßen an einem dunklen Ort aufbewahrt werden. Eine Restfeuchte ist zur Laichentwicklung aber unbedingt notwendig. Nach allgemeinen Erfahrungen entwickelt sich der Laich bei größerer Feuchte des Substrats und höherer Temperatur schneller. Hier sind Erfahrung und Fingerspitzengefühl notwendig, weil es kein allgemein gültiges Rezept gibt.. Nach einer anfänglichen Ruheperiode von etwa 2 bis 3 Wochen ist das Substrat ab und an zu lockern und kurz zu lüften (Zufuhr von Luftsauerstoff). Die Eier entwickeln sich unter Einschub von Diapausen bis zur Ausbildung der fertigen Embryonen. In Abständen wird der Entwicklungsstand des Laichs mittels Lupe geprüft und die in den Eiern sichtbar vollentwickelten Embryonen durch Aufgießen von merklich kühlerem Wasser zum Schlüpfen gebracht. Sind nach einigen Stunden keine Jungfische zu sehen, dann kann entweder die Entwicklung noch nicht abgeschlossen sein (erneutes Trockenlegen des Substrats notwendig) oder die schlupfauslösenden Reize waren zu gering. Verminderung des Sauerstoffs im Wasser (Plankton zugeben, Trockenfutter zur Infusorienentwicklung aufstreuen, mit der Atemluft CO_2 einblasen u. ä.) oder ein stärkerer Kälteschock in Verbindung mit mechanischen Reizen (Laich kurz unter den kalten Wasserleitungsstrahl halten) können den Schlupf der Jungfische auslösen. Ausgesprochene Laichperioden der Fische gibt es unter aquaristischen Bedingungen nur selten. Sie werden vom Züchter durch Zusammenbringen der vorher getrennten Geschlechter, durch wechselnde Intensität der Fütterung oder durch Veränderung der Haltungsstemperaturen und Wasserwechsel provoziert. In der Natur ergeben sich derartige Perioden durch den Wechsel zwischen Regen- und Trockenzeiten, Veränderung des Wasserchemismus der Gewässer, z. B. auch durch deutliche Verschlechterung der Lebensbedingungen (Bestrebungen der Arterhaltung). Die Aufzucht der Jungfische ist für den geübten Aquarianer meistens problemlos. Nauplien von Kleinkrebsen oder Räder- und Pantoffeltierchen eignen sich als Erstfutter, Jungfisch-Flockenfutter kann sehr vorsichtig zugefüttert werden. Die Jungfische wachsen besonders bei den annuellen Arten relativ schnell und sind nach 2 bis 5 Monaten geschlechtsreif (Ausnahmen werden bei den Artbeschreibungen genannt). Die Lebensdauer einzelner *Aphyosemion*-Arten kann bei optimaler Haltung 5 Jahre und mehr betragen.

APHYOSEMION AMIETI
RADDA, 1976
Amiet's Prachtkärpfling

Lebensraum: Afrika: Südwestkamerun, Sanaga-Flußsystem. Die Art wurde zuerst bei Somakak (nahe Edea) in einem Regenwaldbach in der Nähe einer Straße gefunden. Wasserwerte an einem Fundort: 25°C, 0,2° dH, pH 6,5. *A. amieti* kommt gemeinsam mit *A. ahli*, *A. franzwerneri*, *A. riggenbachi* und *Epiplatys sexfasciatus* vor. Bevorzugte Lebensräume sind außer Bächen auch Sumpfgebiete.
Größe und Färbung: Die Grundfarbe des bis 7 cm groß werdenden Männchens ist im Rückenbereich bräunlichgrün, zur Körpermitte heller und grünlicher werdend. Die Bauchregion und der Schwanzstiel sind gelb bis orange gefärbt. In Rücken-, After-, Schwanz- und Brustflossen befinden sich karminrote Bänder oder Punktreihen. Ein karminrotes Längsband, gelegentlich in Punkte und Flecke zerlegt, zieht sich von der Mitte des Körpers bis in die

Schwanzflosse. Punkte und Striche gleicher Farbe zeigen sich besonders im vorderen Körperdrittel und im oberen Teil der Schwanzflosse. Blaugrüne Bänder säumen die Schwanz-, After- und Bauchflossen.

Die Körperfarbe des Weibchens ist braungelb. Das Zeichnungsmuster besteht aus roten Punkten in gleicher Anordnung wie beim Männchen. Die Rücken- und der obere Teil der Schwanzflosse sind auf grüngelbem Grund rot getüpfelt.

Pflege und Zucht: siehe Gattungsbeschreibung. Die Art ist semiannuell, der Laich sollte einer Trockenperiode unterworfen werden, auch wenn eine Laichentwicklung im Wasser innerhalb von 20 Tagen möglich ist. Bei der Aufbewahrung des Laichs in Torf muß mit einer Entwicklungszeit von 40 Tagen gerechnet werden. Die Aufzucht der Jungfische bereitet wenig Probleme, eine Trennung nach Größengruppen ist speziell bei dieser Art zu empfehlen.

Besonderheiten: A. amieti gehört zur Ndianum-Artengruppe innerhalb der Untergattung Paraphyosemion. Verwandte Arten sind A. ndianum und A. puerzli.

APHYOSEMION ARNOLDI
(BOULENGER, 1908)
Arnold's Prachtkärpfling

Lebensraum: Afrika: Togo (Südosten), Benin, Nigeria (Gebiet des Nigerdeltas), Kamerun (Südwesten). In sumpfigen Gräben im Gebiet um Warri, im westlichen Teil

des Nigerdeltas (Südnigeria), wurden die ersten „Arnoldi" gefunden. Die Art lebt im Bereich der flachen Küstenebenen. Sie teilt ihre Heimatgewässer gelegentlich mit A.deltaense, A.sjoestedti, Epiplatys grahami und Foerschichthys flavipinnis.

Größe und Färbung: Die Grundfarbe junger Männchen ist ein helles Orange. Erwachsene Männchen (5 bis 6 cm) zeigen eine violettblaue Färbung mit metallischem Schimmer auf den Körperseiten und Flossen. Wenige unregelmäßige rote Tüpfel (x-Form) an den Flanken vereinigen sich im hinteren Teil des Körpers oft zu Strichen oder Querlinien. Rote Punkte und Striche befinden sich auch auf den unpaaren Flossen. Die Schwanzflosse hat oben und unten lange, nach außen gerichtete Flossenspitzen und rote Bänder, dazu am unteren Rand einen orangefarbigen Saum.

Die Grundfarbe des Weibchens ist ein bräunliches Grau mit einzelnen dunkelroten, x-förmigen Punkten auf den Körperseiten. Die Flossen sind farblos.

Die Körperfarbe und Zeichnung von Männchen und Weibchen können je nach Fundort der Fische deutlich variieren.

Pflege und Zucht: siehe Gattungsbeschreibung. A. arnoldi ist eine semiannuelle Art, deren bevorzugtes Laichsubstrat Torffasern sind. Die Entwicklungsdauer des Laiches in feuchtem Torf ist variabel und beträgt bei Temperaturen von 23 bis 25°C etwa 1 bis 3 Monate, manchmal auch bis 6 Monate. Eine Laichkontrolle ist notwendig. Die Eier sind klein, kleben nicht und tragen auf ihrer Oberfläche kleine fasrige Ausstülpungen (Filamente), mit denen als Schutz gegen Austrocknung feine Bo-

denpartikel festgehalten werden können.
Besonderheiten: *A. arnoldi* ist die Leitart der Untergattung *Paludopanchax* RADDA, 1977 und namengebend für die *Arnoldi*-Artengruppe, zu der noch *A. filamentosum*, *A. robertsoni* und *A. rubrolabiale* gehören.

APHYOSEMION AUSTRALE

(RACHOW, 1921)
Bunter Prachtkärpfling
Roter Kap Lopez
Kap Lopez, auch Cap Lopez
Fahnenhechtling

Lebensraum: Afrika: Gabun, Kongo, in kleinen, manchmal sehr flachen Gewässern wie Sümpfen, Bachunterläufen, ruhigen Buchten kleinerer Flüsse, oft vergesellschaftet mit *A. microphthalmum*. Die Art wurde nur in einem schmalen Küstenstreifen gefunden, nicht im Landesinneren. Der Erstfundort liegt in der Gegend von Cap Lopez im nordwestlichen Gabun, davon wurde der deutsche Artname abgeleitet.

Größe und Färbung: Die Grundfarbe des bis etwa 6 cm lang werdenden Männchens ist rotbraun mit einem grünlichen Schimmer. Die Körperseiten sind mit ungleichmäßig verteilten oder in kurzen Reihen angeordneten dunkelroten Punkten bedeckt, die sich in der Schwanzflosse zu Strichen oder Flecken vereinen. Die Rücken-, After- und Schwanzflosse haben bei gut entwickelten, erwachsenen Männchen lang ausgezogene, leuchtend weißgelbe oder auch hellblaue Spitzen, weiß-gelb-orangefarbene Flossensäume und dunkelrote Bänderungen. Auf den Kiemendeckeln befinden sich diagonale rote Punktreihen. Die Färbung der Fische kann im Detail von Population zu Population etwas verändert sein.

Das etwas kleinere Weibchen ist einfarbig braun mit wenigen zarten dunkelroten Tüpfeln und farblosen Flossen.

Pflege und Zucht: siehe Gattungsbeschreibung. Diese Art ist besonders friedlich, läßt sich mit gleichgroßen Fischen aus der eigenen Verwandtschaft und anderen Familien gut vergesellschaften. *A. austra-*

le laicht bei Temperaturen von 22 bis 24°C in weichem bis mittelhartem Wasser mit einem pH-Wert von etwa 6,5 an Pflanzen und Fasertorf, ist also ein typischer Pflanzenlaicher. Die Eier findet man oft auch an Pflanzen in Bodennähe und an abgestorbenen Pflanzenteilen. In ihrer Heimat leben die Fische in ständig wasserführenden Gewässern, daher braucht der Laich keine Trockenperiode. Die Jungfische schlüpfen bei 22°C nach 12 bis 14 Tagen, ihre Aufzucht ist unproblematisch. Schöne Nachzuchttiere erhält man bei sorgfältiger Auswahl der Zuchtpaare. Außerdem ist es vorteilhaft, die heranwachsenden Jungfische nach Größengruppen zu sortieren und in getrennten Aquarien aufzuziehen. Lebendfutter ist der Vorrang zu geben, ein gutes Flockenfutter wird aber zur Abwechslung ebenfalls gern genommen.

Besonderheiten: Der „Kap Lopez" gehört zu den bekanntesten Prachtkärpflingen überhaupt und hat schon Generationen von Aquarianern immer wieder begeistert. Er wurde bereits 1912/13 in Deutschland eingeführt. Von *A.australe* gibt es eine orange- bis goldfarbene Mutation, den „Gold Kap Lopez" oder auch „Gelber Kap Lopez", die von HJERRESEN, Flensburg, gezüchtet wurde. MEINKEN bestimmte sie als *A. australe var. hjerresensii*. Der Name wird gelegentlich benutzt, obwohl er wissenschaftlich ungültig ist, weil die Form in der Natur nicht vorkommt. Der „Kap Lopez" zählt zu den Arten, die bereits über viele Jahrzehnte als „Aquarienstamm" gepflegt werden und dabei nichts an Schönheit eingebüßt haben. *A. australe* gehört zur *Calliurum*-Artengruppe innerhalb der Untergattung *Mesoaphyosemion*.

APHYOSEMION BATESII
(BOULENGER, 1911)
Bate's Prachtkärpfling

Lebensraum: Afrika: Kamerun (Südosten) und Kongo (Nordwesten). Die Art bevorzugt Bachtümpel und Sümpfe der feuchten Regenwälder des Inlandplateaus. Meßwerte an einem Fundort: pH 4,2 bis 6,8, dH 0,1 bis 1,0°, 22 bis 25°C. Die ersten Tiere wurden im Flußsystem von Dja und Boumba in Südkamerun gefunden (Congo-Basin). Begleitfische waren *A. exiguum* und *A. cameronense*. Weitere Vorkommen sind im Gebiet der Flüsse Sanaga, Nyon, Lobo, DoumÉ bekannt.

Größe und Färbung: Die Grundfärbung des bis 8 cm groß werdenden Männchens ist im Rückenbereich olivgrün. Die Körperflanken sind blaugrün und mit zahlreichen roten Punkten in unregelmäßiger Anordnung besetzt. Die blaue Kehle und eine dunkel geränderte Schuppengruppe („Wundmal") über dem Brustflossenansatz geben den Tieren ein besonderes Aussehen. Die Rückenflosse ist grün mit einem rotem Punktraster und hat leicht ausgezogene Flossenstrahlen. Die Afterflosse zeigt eine blaue Basis, im mittleren Teil eine türkisfarbene Fläche mit roten Punkten und Flecken, ein rotes Band mit weiß-gelbem Flossensaum.Die Schwanzflosse ist oben und besonders unten breit gelb gesäumt, hat nach innen anschließend rote Bänder und im Mittelteil rote Punkte und Flecken, die sich auf blaugrünem Grund teilweise als vertikale Bänder ausbilden. Die Flossenspitzen sind bei erwachsenen Männchen ausgezogen. Die Brustflossen sind wie die Afterflosse gefärbt, eine Punktierung ist nicht vorhanden.

Die Grundfärbung des kleineren Weibchens ist graubraun mit roten unregelmäßigen Punktreihen auf den Körperseiten. Die unpaaren Flossen sind bräunlich und haben rote Punkte, die auf der Rückenflosse besonders dicht sind.

Pflege und Zucht: siehe Gattungsbeschreibung. Bei *A. batesii* handelt es sich um eine semiannuelle bis annuelle Art. In der Natur laichen die Fische in der obersten Bodenschicht der Gewässer ab. Danach verschwindet das Wasser fast völlig und in dem verbleibenden Schlamm sind

für diese Killis keine Lebensbedingungen mehr gegeben. Die Zucht ist relativ schwierig, weil das Wissen um diese Art noch zu gering ist. Torf eignet sich als Laichsubstrat am besten. Eine Trockenperiode des Laichs von mindestens 6 bis 8 Wochen ist notwendig. Zum Aufgießen sollte kühles, abgestandenes Wasser um 15°C verwendet werden. Die Aufzucht der Jungfische erfordert kein besonderes Vorgehen. Sehr oft gibt es einen starken Überhang an Männchen. Ein Trioansatz (1,2) ist zu empfehlen, da es sich um stark treibende und relativ unverträgliche Fische handelt. Nach Möglichkeit sollten auch die Weibchen von Zeit zu Zeit gewechselt werden. Das Männchen treibt so stark, daß Versteckmöglichkeiten für die Weibchen unbedingt notwendig sind.

Besonderheiten: WILDEKAMP empfiehlt, die verwandte Art *A. splendidum* (Syn.: *A. kunzi*) mit *A. batesii* zu vereinen, da es zahlreiche Gemeinsamkeiten gibt. Diese Artengruppe hat eine isolierte systematische Stellung. Es gibt zahlreiche Populationen, die farblich unterschiedlich sind und auch in ihrer Zeichnung Abweichungen voneinander zeigen. Trotz ihrer nicht einfachen Zucht wird diese Art vorgestellt, da sie stellvertretend für eine Gruppe ähnlich zu pflegender und zu züchtender Arten ist und es sich in der Vergangenheit gezeigt hat, daß gleiche Fische von anderen Fundorten oft wesentlich einfacher zu behandeln sind.

APHYOSEMION BITAENIATUM
(AHL, 1924)
Vielfarbiger Glanzkärpfling
Vielfarbiger Prachtkärpfling

Lebensraum: Afrika: Togo, Benin, Nigeria, Kamerun, Äquatorial-Guinea, Gabun, am Rande wenig beschatteter, langsam fließender Bäche und kleiner Flüsse, die einen sandigen bis schlammigen Bodengrund haben. Die Wassertemperaturen erreichen an der Oberfläche durchaus 30°C, die Durchschnittstemperatur liegt bei 28°C. Das Wasser ist mit einer Härte von unter 1,0° dH sehr weich und hat einen pH-Wert von etwa 6,0. Die Fische stehen zwischen Wasserpflanzen in kleinen Gruppen zusammen, ähnlich den *Epiplatys*-Arten. Begleitfische sind u.a. *Epiplatys sexfasciatus*, *E. grahami*, *Aplocheilichthys*-Arten, *Aphyosemion calliurum*.

Größe und Färbung: Die 5 bis 6 cm langen Männchen zeichnen sich durch eine überdurchschnittliche Flossengröße und lang ausgezogene, weiße bis orangefarbene, wimpelförmige Spitzen von Rücken-, After- und Schwanzflosse aus. Die Körperseiten sind meist rötlichbraun bis goldgelb mit grünlichem oder bläulichem Schimmer und zahlreichen roten Flecken bis zu einer vollständigen roten Netzzeichnung, besonders auf der hohen Rückenflosse. Bei manchen Populationen haben die Männchen über dem Brustflossenansatz eine Gruppe dunkler Schuppen, ein sog. „Wundmal". Die großen unpaaren Flossen tragen rote bis orange Säume, sind gefleckt, gestreift, punktiert. Oft ist die Basis der Afterflosse leuchtend grün. Auch die Bauchflossen sind gefärbt und mit randparallelen Bändern versehen. Die Brustflossen haben eine orangefarbene Tönung.

Die unpaaren Flossen der wesentlich kleineren Weibchen (nur 2,5 bis 3 cm) sind meist fein punktiert bis farblos. Auf den Körperseiten zeigen sich manchmal zwei sehr dunkle Längsbinden und feine dunkle Punkte.

Pflege und Zucht: Von *A. bitaeniatum* gibt es inzwischen etwa 30 verschiedene Populationen, die in ihren Ansprüchen recht unterschiedlich sind. Alle sind nichtannuell, die Jungfische schlüpfen bei relativ hohen Hälterungstemperaturen von 24

bis 28°C bereits nach 12 Tagen. Die Züchter der Art bezeichnen die Zucht in Abhängigkeit von eigenen Erfahrungen als einfach bis schwierig.

Besonderheiten: *A. bitaeniatum* gehört zur Gruppe der *Chromaphyosemion*-Arten. Er wurde früher fälschlicherweise sehr oft als *A. bivittatum* bezeichnet. Alle Populationen sind sehr schöne Killifische, deren Pflege und Zucht nur empfohlen werden kann.

APHYOSEMION BIVITTATUM
(LÖNNBERG, 1895)
Gebänderter Prachtkärpfling
Bänderglanzkärpfling

Lebensraum: Afrika: Nigeria (Osten), Kamerun (Westen), in Urwäldern und Savannen der Region von Biafra bis Fungé. Erste Funde dieser Art wurden vom Ndian-Fluß an der Grenze zwischen Nigeria und Kamerun bekannt. Der Lebensraum ist vermutlich noch größer.

Größe und Färbung: Das Männchen kann 5 bis 6 cm lang werden. Dem großen Verbreitungsgebiet entsprechend, gibt es zahlreiche Populationen der Art, die in der Färbung z. T. erheblich voneinander abweichen. Sie sind oft fruchtbar miteinander kreuzbar, und daher treten bei der Reinhaltung der Populationen immer wieder Probleme auf. Zur Unterscheidung wird der Artname mit dem Fundort verbunden: *A.b.* „Biafra", *A. b.* „Fungé", *A. b.* „Akampka" u.a.. Typisches Kennzeichen, besonders für die Weibchen, sind zwei dunkle Längsbinden auf den Körperseiten, die teilweise verblassen oder ganz fehlen können, zumindest in bestimmten Verhaltensphasen. Manchmal zeigen sich auf dem Rücken rotviolette Fleckenmuster. Nur die Rückenflosse ist dunkel gepunktet. Die Männchen zeichnen sich durch die Flossengröße und lang ausgezogene, weiße bis orangefarbene, wimpelförmige Spitzen von Rücken-, After- und Schwanzflosse aus. Die Körperseiten sind meist blaugrau bis rötlichbraun mit grünlichem oder bläulichem Schimmer und zahlreichen rotvioletten Flecken. Auf dem Rücken zeigt sich eine goldene Netzzeichnung. Die großen unpaaren Flossen tragen auf grünblauem Grund weiße, rote bis orange Säume, sind rot gefleckt, gestreift, punktiert, geflammt. Oft ist die Basis der Afterflosse leuchtend grün oder orangefarben. Auch die Bauchflossen sind blaugrün gefärbt und mit roten randparallelen Bändern oder Punktreihen versehen. Die Brustflossen sind oft orangefarben.

Das kleinere Weibchen hat zwei dunkle Längsstreifen auf den Körperseiten.Seine Flossen sind meist farblos oder nur schwach bläulich getönt.

Pflege und Zucht: siehe Gattungsbeschreibung. A. bivittatum ist eine nichtannuelle Art. Die Jungfische schlüpfen nach 12 bis 16 Tagen. Die Zucht ist meistens unproblematisch. Die Männchen sind untereinander wenig verträglich und beschädigen sich ihre schönen Flossen. Zur Zucht nimmt man besser ein Trio (1,2), um die Weibchen etwas zu schonen. Nach etwa 6 Monaten sind die Fische geschlechtsreif.
Besonderheiten: A. bivittatum ist namengebend für die Bivittatum-Artgruppe,

die gleichzeitig auch die Untergattung Chromaphyosemion darstellt. Untersuchungen und Aufsammlungen zwischen 1970 und 1980 zeigten, daß der „echte" A. bivittatum der „Hollyi" der Aquarianer ist (blauer Typ). Der Bivittatum-Aquarienstamm der Nachkriegsjahre ist der „echte" A. multicolor und dieser wiederum ein Synonym von A. splendopleure.

Zur Bivittatum-Artengruppe gehören: A. bivittatum, bitaeniatum, riggenbachi, loennbergii, splendopleure, poliacki, lugens und ein oder zwei noch unbestimmte andere Arten.

Die Fische der Gruppe sind alle sehr schöne und empfehlenswerte Prachtkärpflinge.

APHYOSEMION BUALANUM
(AHL, 1924)
Buala-Prachtkärpfling

Lebensraum: Afrika: Kamerun (Norden), im Gebiet der feuchten Savannen des Hochlandes von Kamerun,und in Hochlandgebieten der Zentralafrikanischen Republik und Nigerias. Der Erstfundort liegt bei Buala (Bouala) im westlichen Teil der Zentralafrikanischen Republik in 1200 m Höhe in einem ständig wasserführenden Gewässer (20 bis 23°C, pH 5,5 bis 7, dH 0,1 bis 2,0°).
Größe und Färbung: Das Männchen wird 4 bis 5 cm lang, das Weibchen bleibt etwas kleiner. In Ausnahmefällen soll das Männchen eine Größe von 6 bis 7 cm erreichen. A. b. bualanum ist der bläuliche Farbtyp, A b. kekemense (Übergang zu A. exiguum) der rötliche Typ der Art. Das Männchen des blauen Typs besitzt 10 bis 14 dunkelrote Querstreifen auf den Körperseiten, der rote Typ dagegen 16 bis 20. Die Grundfarbe ist grünlichbraun mit kräftigem blauen bis blauvioletten metallischen Schimmer auf Körper und Flossen. Die gut ausgebildeten roten Querstreifen sind im hinteren Körperbereich deutlicher, nach vorn zu lösen sie sich oft in unregelmäßige Punkte auf. Zwischen den Querstreifen befinden sich häufig kurze rote Querstriche oder Flecken. Die Rücken- und Afterflosse sind zipflig, die Schwanzflosse oben und

unten spitz ausgezogen. Alle Flossen mit Ausnahme der Rückenflosse tragen einen leuchtend blauen Saum. Die Brustflossen sind orange gefärbt. Die übrigen Flossen zeigen dunkelrote Punkte und Streifen zwischen den Flossenstrahlen, die in der Schwanzflosse als Querstreifung ausgebildet sind.

Das Weibchen ist grünlichbraun und hat häufig feine dunkle Querlinien im hinteren Körperbereich. Die Flossen sind farblos, die Rücken- und Afterflosse gelegentlich orangefarben getönt. Insgesamt handelt es sich um eine sehr schöne Art.

Pflege und Zucht: siehe Gattungsbeschreibung. A. bualanum ist eine nichtannuelle Art, die zu den Pflanzenlaichern gerechnet wird. Der Laich ist nach 14 Tagen entwickelt. Die Aufzucht der Jungfische gestaltet sich meistens problemlos. Das Wachstum ist langsam. Wichtig ist ein besonders sauberes Wasser, sowohl für den Zuchtansatz als auch für die Aufzucht des Nachwuchses.

Besonderheiten: Die Art ist eng mit A. exiguum und entfernter mit A. bamilekorum verwandt. Zahlreiche Populationen sind bekannt: „Jakiri", „Ndop", „Bamkin", „Ndikini", „Mbam", „Ntui", „Diang", „Bamessi", die vielfach miteinander kreuzbar sind, so daß zur Reinhaltung der Populationen ihre sorgfältige Trennung notwendig ist. Die Ergebnisse von Kreuzungen sind meistens unfruchtbar.

A. bualanum, A. exiguum und A. bamilekorum gehören zur Untergattung Kathetys und sind Vertreter der *Exiguum*-Artengruppe.

APHYOSEMION CALLIURUM
(BOULENGER, 1911)
Rotsaumprachtkärpfling

Lebensraum: Afrika: Nigeria (südlicher Teil, Nigerdelta), Benin (Süden) und Kamerun (Südwesten). Nach der Erstbeschreibung soll die Art in Liberia gefunden worden sein. Das hat sich aber als Irrtum herausgestellt. Im Nigerdelta kommt der Fisch in kleinsten Wasseransammlungen vor, besonders in Ausständen langsam fließender Bäche.

Größe und Färbung: Das Männchen wird bis 5,5 cm lang, das Weibchen etwa 4,5 cm. Die Grundfarbe des Männchens ist oliv oder mehr bräunlich, allgemein recht variabel. Gelegentlich zeigen sich die Körperseiten marmoriert, mit metallisch-bläulichem Glanz und zahlreichen roten Punkten, die meist dichte Längsreihen bilden. Die Rückenflosse ist rötlichbraun mit roten Punkten und hellgelbem Flossensaum. Die Afterflosse hat ebenfalls eine rotbraune Färbung und ein rotgelbes Flossenband. Die Schwanzflosse ist im mittleren Teil auf bräunlichem Grund rot punktiert, nach oben und unten folgen ein rotes und dann ein gelbweißes randparalleles Band (Fortsetzung der Zeichnung von Rücken- und Afterflosse). Die unpaaren Flossen sind zipflig verlängert, die Spitzen weiß.

Die Grundfarbe des Weibchens ist grau bis braun, gelegentlich befindet sich ein dunkler Fleck im Kehlbereich. Die Flossen sind farblos.

Pflege und Zucht: siehe Gattungsbeschreibung. Die Art ist ein Pflanzenlaicher. Die Zucht gelingt meistens problemlos.

A. calliurum ist als Anfängerfisch sehr zu empfehlen.

Besonderheiten: Es gibt zahlreiche Populationen mit kleinen Abweichungen in Farbe und Zeichnung. *A. calliurum* ist namengebend für die *Calliurum*-Artengruppe, zu der neben *A. ahli, A. celiae, A. franzwerneri, A. pascheni, A. heinemanni* auch der bekannte *A. australe* gehört. Diese Arten leben alle an der Küste und in küstennahen Gebieten. Mit Ausnahme von *A. pascheni* ist die Zucht einfach und die Hälterung im Gesellschaftsaquarium gut möglich.

APHYOSEMION CAMERONENSE
(BOULENGER, 1903)
Kamerun-Prachtkärpfling

Lebensraum: Afrika: Hochlandgebiete in Kamerun, Äquatorialguinea und Gabun. Die Art wurde im Einzugsgebiet der Flüsse Dja und Kribi, in Südkamerun, entdeckt. Sie lebt vorwiegend in den Uferbereichen und Ausständen kleiner Urwaldbäche der Inlandplateaus und Küstenebenen.

Größe und Färbung: In beiden Geschlechtern werden 6 bis 7 cm Körperlänge erreicht. Die Grundfarbe des Männchens ist blaugrün, nach dem Rücken zu in ein dunkles Grau übergehend. Auf der vorderen Körperhälfte befinden sich rote Punkte und Flecke, auf der hinteren rote Bänder. Die Rückenflosse ist blaugrün mit roten Flecken und Punkten, die teilweise ein Band bilden, die Afterflosse blaugrün mit einem oder zwei roten Längsbändern. Die Schwanzflosse hat im mittleren Teil eine blaugrüne Färbung mit roten Flecken und Streifen in Richtung der Flossenstrahlen, oben und unten ein in der Breite variables rotes Band, dahinter einen hellen, blauweißen Saum, der am unteren Flossenrand sehr breit sein kann. Die Färbung und Zeichnung des Männchens ist entsprechend der zahlreichen Unterarten und Populationen sehr variabel. Die Flossenspitzen sind bei *A. cameronense* nicht ausgezogen.

Die Grundfarbe des Weibchens ist graubraun, seine Flossen farblos. Die Weibchen werden oft größer als die Männchen und "terrorisieren" diese.

Pflege und Zucht: siehe Gattungsbeschreibung. Bisher wurden unterschiedliche Erfahrungen gemacht. Schwierigkeiten können sich bei über 50 %igem Wasserwechsel einstellen, wenn das Wasser andere Wasserwerte hat. Das Austauschwasser sollte abgestanden und mit Erlenzäpfchen aufbereitet sein. Torffasern als Ablaichsubstrat haben sich bewährt. Der Laich dieser Artengruppe ist nach etwa 20 Tagen Lagerung auf Torf mit kühlem, abgestandenen Wasser von 15 bis 17°C aufzugießen. Zu beachten ist, daß sich die Fische schnell überfressen, eine vorsichtige Dosierung des Futters ist angebracht. Die *Cameronense*-Männchen können relativ leicht steril werden. Die Zuchtergebnisse sind daher recht unterschiedlich. Gute Erfahrungen wurden mit kühler Überwinterung bei 13°C gemacht. Bei einer Wassertemperatur von 15 bis 16°C laichen die Fische, bei 18°C wird kein Ei mehr abgegeben. Gute Laichausbeute konnte nach starkem Luftdruckabfall (Gewitter) erzielt werden! Wichtig ist eine überdurchschnittlich gute Wasserhygiene und genügend große Aquarien.

Besonderheiten: *A. cameronense* ist "Typart" der Untergattung *Mesoaphyosemion* und bildet gleichzeitig die Leitform der *Cameronense-Ogoense*-Artengruppe, zu der eine Reihe sehr schöner Prachtkärpflinge gehören: *A. amoenum, A. caudofasciatum, A. hofmanni, A. maculatum, A. mimbon, A. ogoense, A. ottogartneri, A. pyrophore, A. raddai, A. thysi*. Das Verbreitungsgebiet der Untergattung reicht von Kamerun bis Zaire, sogar aus Südnigeria sind Formen bekannt. Zu *A. cameronense* gehören neben der Nominatform drei Unterarten: *A. c. haasi*, *A. c. halleri* und *A. c. obscurum*, die sich im Aussehen deutlich unterscheiden.

APHYOSEMION CHRISTYI
(BOULENGER, 1915)
Kongo-Prachtkärpfling
Christy's Prachtkärpfling

Lebensraum: Afrika: Zentralafrikanische Republik (Süden), Zaire (Norden und Nordosten), Kongo, Gebiet um Kinshasa, in ständig wasserführenden Gewässern. Der Erstfundort befindet sich im Einzugsgebiet des Lindi-River (Kongo).

Größe und Färbung: Die Grundfarbe des etwa 5 cm langen Männchens ist ein bräunliches Gelb, nach dem Rücken zu etwas dunkler werdend. Der Körper ist bedeckt mit meist zahlreichen roten Punkten in unregelmäßiger Anordnung, z. T. kurze Längsreihen. Die Rückenflosse zeigt sich bläulichgelb mit roten Punkten, gelben und roten randparallen Bändern. Die Afterflosse hat eine ähnliche Färbung, das gelbe Parallelband ist oft sehr breit. Die gelbe Schwanzflosse besitzt rote Punkte im inneren Teil. Nach außen schließen sich ein gelbes und ein rotes Band an (Fortsetzung der Zeichnung von Rücken- und Afterflosse). Die Spitzen der unpaaren Flossen sind alle stark ausgezogen. Die Brust- und Bauchflossen haben ebenfalls eine gelbe Grundfarbe und variable rote Punkte.

Die Grundfarbe des wenig kleineren Weibchens ist braun bis braunoliv, die Schuppen leicht rötlich umrandet. Alle Flossen sind farblos bis gelblich, die Rückenflosse gelegentlich rot gepunktet.

Pflege und Zucht: siehe Gattungsbeschreibung. *A. christyi* ist eine pflanzenlaichende, nichtannuelle Art. Die Jungfische schlüpfen nach 2 bis 3 Wochen. Ihr Wachstum ist langsam. Eine extensive Zuchtmethode kann gute Resultate bringen, die Jungfische sind aus dem Artbecken abzuschöpfen.

Besonderheiten: *A. castaneum* ist die Typusart der Gattung *Aphyosemion* MYERS, 1924 und nach Ansicht verschiedener Autoren ein Synonym von *A. christyi*. Auch *A. schoutedeni*, *A. schioetzi*, *A margaretae* und *A. decorsei* wurden schon als Synonyme eingeordnet. *A. christyi* gehört zur *Elegans*-Artengruppe, zu der auch *A. chauchei*, *A. cognatum*, *A. decorsei*, *A. elegans*, *A. lamberti*, *A. lefiniense*, *A. lujae*, *A. margaretae*, *A. melanopteron*, *A. rectogoense*, *A. schioetzi* gehören. Von *A. christyi* gibt es viele unterschiedlich gefärbte und gezeichnete Populationen.

APHYOSEMION CINNAMOMEUM
CLAUSEN, 1963
Zimtfarbener Prachtkärpfling
Zimtprachtkärpfling
Zimtkärpfling

Lebensraum: Afrika: Hochplateaus im Westen Kameruns, Plateau nordöstlich der Roumpi-Berge, obere Zuflüsse des Mbu. Der Erstfundort liegt 70 km nördlich von Kumba.

Größe und Färbung: Das Männchen wird 5 cm, in Ausnahmefällen auch 6 cm lang. Seine Grundfarbe ist ein dunkles Braun (zimtfarbig), auf den Körperseiten befinden sich blaugrün bis violett irisierende Schuppen, dazwischen dunkelrote, einzelne Punkte. After-, Bauch- und Schwanzflosse sind kräftig, die Rückenflosse nur schmal goldgelb gesäumt, nach innen schließt sich ein dunkelrotes Band an, das in der Rückenflosse in Striche und Punkte zwischen den Flossenstrahlen aufgelöst ist. Die Brustflossen zeigen sich meistens orangefarben. Alle Flossen sind abgerundet.

Die Grundfarbe des Weibchens ist graubraun. Es hat eine feine dunkle Netzzeichnung. Die Rücken-und Afterflosse schimmern hellgelb.

Pflege und Zucht: siehe Gattungsbeschreibung. *A. cinnamomeum* ist eine semiannuelle Art. Der Laich entwickelt sich ungleichmäßig, teilweise werden Entwicklungspausen eingeschoben. Die relativ großen Eier haben eine Entwicklungszeit von 3 bis 6 Wochen. Die Ablaichplätze befinden sich in Bodennähe, wahlweise Boden- oder Pflanzenlaicher, empfindliche Art. Als Hochlandform sollten die Haltungstemperaturen um 20°C und zur Zucht noch darunter liegen.

Besonderheiten: *A. cinamomeum* ist eine Reliktform. Sie gehört zur *Mirabile*-Artengruppe innerhalb der Untergattung *Paraphyosemion*. Ihre Verwandtschaft ist unsicher, am nächsten steht sie *A. gardneri*. Manche Autoren zählen sie auch zur *Gardneri*-Artengruppe.

APHYOSEMION COELESTE
HUBER & RADDA, 1977
Himmelblauer Prachtkärpfling

Lebensraum: Afrika: Gabun, Kongo. Erstfund in einem Regenwaldbach an der Straße von Moanda nach Mouana bei Massango (Gabun) in 400 m Höhe. Meßwerte am Fundort: 20,5°C, 0,8°dH, pH 5,2. Die Art ist ein Bewohner des Regenwaldes und lebt dort im sumpfigen Uferbereich langsam fließender kleiner Bäche.

Größe und Färbung: Die Art erreicht eine Länge von 4 bis 5 cm. Die Grundfarbe des Männchens ist blau, der Rücken bräunlich, der Vorderkörper gelblich. Die Flossen sind gelb, besonders kräftig die Rücken- und Afterflosse, die außerdem einen roten Streifen an ihrer Basis tragen.Die Rückenflosse hat zusätzlich einen roten Saum. Die Schwanzflosse besitzt einen blauen Mittelteil. Nach oben und unten schließen sich ein roter Streifen und breite gelbe Säume an. Die Brust- und Bauchflossen sind orangegelb. Die Bauchflossen haben an der Basis ein rotes Band. Vereinzelte rote Punkte und angedeutete rote Bänder befinden sich auf der vorderen Körperhälfte. Oberhalb der Brustflossen zeigt sich gelegentlich ein großer goldfarbener Fleck. Die Rückenflosse kann auch rot gesprenkelt sein.

Die Grundfärbung des etwas kleineren Weibchens ist braun mit dunkel genetzten Schuppenrändern und roten kleinen Punkten auf dem Vorderkörper. Die Rückenflosse ist mit roten Punkten und kurzen Strichen ausgestattet.

Pflege und Zucht: siehe Gattungsbeschreibung. *A. coeleste* ist eine nichtannuelle Art, die an Pflanzen und Torffasern ablaicht. Die Jungfische schlüpfen nach 14 bis 21 Tagen, ihre Aufzucht ist unproblematisch, geht allerdings sehr langsam voran. Eine extensive Zuchtmethode wird empfohlen. Die Wassertemperaturen sollten 20°C nicht überschreiten, zur Zucht sind Werte um 18°C optimal.

Besonderheiten: *A. coeleste* gehört zur Untergattung *Mesoaphyosemion* und bildet mit *A. citrineipinnis*, *A. ocellatum* und *A. passaroi* die *Coeleste*-Artengruppe, zu der von einigen Autoren auch *A. aureum* gestellt wird. Besonderes Kennzeichen der Gruppe ist ein „Augenfleck" in der vorderen Körperhälfte. *A. coeleste* ist eine der schönsten *Aphyosemion*-Arten. Aus ihrem großen Verbreitungsgebiet sind verschiedene Populationen bekannt.

APHYOSEMION COGNATUM
MEINKEN, 1951
Roter Prachtkärpfling
Lavendel-Glanzkärpfling

Lebensraum: Afrika: Kongo, Zaire (Westen), Umgebung von Pool Malebe (früher Stanley Pool), Kinshasa (früher Leopoldville) und Brazzaville im Flußsystem des Zaire, oft gemeinsam mit *Epiplatys fasciatus* und *E. chevalieri*.
Größe und Färbung: Das Männchen wird meistens nur 5 cm lang, in seltenen Fällen werden auch bis 7 cm erreicht. Seine Grundfarbe ist bräunlich, auf dem Körper befinden sich zahlreiche rote Punkte, die mehr oder weniger regelmäßige Punktreihen oder kurze Längs- oder Querbinden bilden. Ein blauer bis violetter Glanz leuchtet auf den Kiemendeckeln und der vorderen Körperhälfte. Die Rückenflosse ist gelblich, hat zahlreiche rote Punkte und ein rotes Randband mit blauem Saum. Die Afterflosse hat die gleiche Grundfarbe, ebenfalls rote Punkte, die gelegentlich im unteren Teil zugunsten eines gelben Bandes fehlen, und einen blauen oder roten Saum. Sie kann auch blaugrün gefärbt sein. Die Schwanzflosse ist im Mittelteil gelb mit roten Punkten, hat oben und unten ein rotes Band und einen abschließenden bläulichen Saum. Die Flossenspitzen sind zipflig ausgezogen, teilweise aber nur angedeutet.

Die Grundfarbe des etwas kleineren Weibchens ist grau bis gelblich. Die Kiemendeckel sind zart blau, die Körperseiten braun genetzt.
Pflege und Zucht: siehe Gattungsbeschreibung. *A. cognatum* ist ein Pflanzenlaicher, eine nichtannuelle Art. Die großen Eier entwickeln sich gleichmäßig bis zum

Schlupf der Jungfische nach 12 bis 16 Tagen.
Besonderheiten: *A. cognatum* gehört zur *Elegans*-Artengruppe. Von *A. cognatum* gibt es zahlreiche Populationen, die in ihrer Färbung voneinander abweichen. Ähnlichkeiten gibt es besonders zu *A. christyi* und *A. schioetzi*. Die ichthyologische Untersuchung der Artengruppe ist noch nicht abgeschlossen.

APHYOSEMION CYANOSTICTUM
LAMBERT & GÉRY, 1967
Blaupunkt-Prachtkärpfling

Lebensraum: Afrika: Gabun, Ivindo-Becken, in stark beschatteten und pflanzenbewachsenen Resttümpeln von Regenwaldbächen und im Grenzgebiet zu Kongo. Der Erstfundort befindet sich bei dem Dorf Belinga in Nordgabun. Wasserwerte an einem Fundort: 23,5°C, pH 6,3 bis 6,5, dH unter 1,0°. Begleitfische: *D. georgiae*, *A. cameronense*, *A. sangmelinense striatum*, *A. splendidum*, *Epiplatys*-Arten, Fische aus anderen Familien.
Größe und Färbung: Grundfärbung des bis 3,5 cm langen Männchens ist rotbraun bis rotviolett mit weißen oder ins blaue gehenden Punkten, die sich in der Rücken-, After-und Schwanzflosse besonders deutlich abheben. Die Brustflossen sind am Rande blau gesäumt, sonst einfarbig braunrot. An ihrem Ansatz befindet sich ein markanter Fleck aus blauen Schuppen. Es gibt verschiedene Populationen der Art, die sich durch eine Grundfarbe von rotbraun bis dunkelbraun und einem Punk-

traster über den Körper von weiß bis blau unterscheiden. Die unpaaren Flossen können dunkelbraun gesäumt sein.

Die Grundfarbe des Weibchens ist graubraun. Die Bauchregion erscheint heller, ein dunkler Fleck befindet sich in Nähe des Brustflossen-Ansatzes. Die Rückenflosse hat eine dunkelbraune Punktierung, die anderen Flossen sind farblos.

Pflege und Zucht: siehe Gattungsbeschreibung. Zur Haltung genügen kleine Aquarien von etwa 5 Liter Inhalt für ein Pärchen. Die Jungfische wachsen wie bei allen Vertretern der Untergattung *Diapteron* sehr langsam. *A. cyanostictum* kommt gemeinsam mit *A. georgiae* vor. Eine Kreuzung der Arten wird durch unterschiedliche Standorte im Biotop und starke Unverträglichkeit zwischen den Arten verhindert.

Besonderheiten: *A. cyanostictum* gehört zu einer Gruppe von Fischen, die sich durch Körperbau, Verhaltensweise u.a. Merkmale deutlich von allen anderen *Aphyosemion*-Arten abheben. Daher wurde für sie die Gattung *Diapteron* eingerichtet. Offensichtlich ist aber die Bindung an die Gattung *Aphyosemion* in den Augen der Ichthyologen stärker, so daß es bei dem Rang einer Untergattung bleibt. *A. cyanoctictum* kommt als rote oder blaue Form vor. Zahlreiche Populationen der Art sind bekannt.

APHYOSEMION ELEGANS
BOULENGER, 1899
Eleganter Prachtkärpfling

Lebensraum: Afrika: Kongo, Zaire, zentrales Zaire-Becken und Ubangu-System. Die ersten Funde des Fisches wurden in der Nähe von Delhez bei Bikoro am Tumba-See und Mbandeka (früher Coquilhatville) im Einzugsgebiet des Ruki-Flusses gemacht.

Größe und Färbung: Das bis 6 cm lang werdende Männchen hat eine gelbbraune Grundfarbe, stark ausgezogene unpaare Flossen und eine sehr schlanke Gestalt. Die Körperseiten sind mit roter Punkt- und Strichzeichnung, manchmal mit einer Querbänderung in der hinteren Körperhälfte versehen. Die Rückenflosse hat breite rote und gelbe Bänder, die Afterflosse auf gelbem Grund große rote Punkte und Striche und einen gelben Flossensaum. Die Schwanzflosse zeigt im Mittelteil eine gelbe Färbung mit roten Flecken und Punkten, nach oben zeigen sich ein dunkel gefaßtes rotes und danach ein gelbes Band, das zu einer langen Spitze ausgezogen ist. Nach unten folgt auf ein gelbes Band, das ebenfalls spitz ausgezogen ist, ein abschließendes schmales rotes Band. Die Brustflossen sind rot gepunktet.

Die Grundfarbe des Weibchens ist graubraun. Auf den leicht dunkel genetzten Körperseiten befinden sich wenige rote Punkte. Es gibt von dieser Art verschiedene Populationen mit sehr variablem Farbmuster.

Pflege und Zucht: siehe Gattungsbeschreibung. *A. elegans* ist ein nichtannueller Pflanzenlaicher. Die Jungfische schlüpfen nach 12 bis 14 Tagen. Die Zucht ist im allgemeinen problemlos. Bei einzelnen Populationen gab es Schwierigkeiten mit den Wildfängen, die sich bei den weiteren Nachzuchten aber normalisierten.

Besonderheiten: Alle Arten der Untergattung *Aphyosemion* MYERS, 1924 gehören zur *Elegans*-Artengruppe: *A. chauchei, A. christyi, A. cognatum, A. decorsei, A. lamberti, A. lefiniense, A. lujae, A. margaretae, A. melanopteron, A. rectogoense, A. schioetzi* und *A. wildekampi*. Nach HUBER handelt es sich bei dieser Gruppe um kleine Fische von schlanker Gestalt und mit fadenförmig ausgezogenen Flossen. Verschiedene Farbmuster aus unregelmäßigen roten Punkten sind typisch. Sie haben ein großes Verbreitungsgebiet, vorrangig im Kongobecken, aber auch in Kamerun und Gabun.

verzahnen sich miteinander, die Flossen können spitz ausgezogen sein. Die Schwanzflosse ist von einem roten Band mit hellblauem Saum rundum eingefaßt. Sie hat eine rote, leicht nach außen gebogene Querstreifung und keine ausgezogenen Flossenspitzen wie bei *A. bualanum*. Die Zeichnung ist bei *A. exiguum* bei weitem nicht so zart, wie das bei *A. bualanum* der Fall ist. Die Bänder sind breiter und wirken dadurch unklarer. Ähnlichkeiten mit *A. bualanum* sind besonders bei jungen Männchen deutlich festzustellen. Die Grundfärbung ist in dieser Phase bläulich.

Die Grundfarbe der Weibchen ist wie bei *A. bualanum* grünlich-, manchmal auch mehr gelblichbraun. Die Rücken- und Afterflosse sind orangefarben. Undeutliche Querbinden, manchmal als Punktreihen ausgebildet, befinden sich im hinteren Teil des Körpers. Das Weibchen ist im Vergleich mit *A. bualanum* kleiner.

APHYOSEMION EXIGUUM
BOULENGER, 1911
Kamerun-Prachtkärpfling

Lebensraum: Afrika: Kamerun (Süden), Kongo (Nordosten), Äquatorialguinea, Zentralafrikanische Republik, Gabun (Norden), in langsam fließenden, z.T. sehr flachen Waldbächen. Im Flußgebiet des Nyong-River (Ostkamerun) wurden die ersten Populationen dieser Art gefunden. Wasserwerte am Erstfundort: Temperatur 21°C, pH-Wert schwankend zwischen 4,2 und 6,8, meistens 6,2, dH 1,0 bis 1,5°. *A. exiguum* hat ein großes Verbreitungsgebiet, es gibt zahlreiche Populationen. Begleitfische sind *A. batesii, A. bivittatum, A. cameronense. A. obscurum, Epiplatys sangmelinensis, E. sexfasciatus, Aplocheilichthys caerunensis* und Fische aus anderen Familien.

Größe und Färbung: Erwachsene Männchen werden etwa 4 cm lang. Körperseiten und Flossen sind orangefarben bis gelblich. Eine Anzahl undeutlicher roter Querbinden zeigen sich auf den Körperseiten bis hinein in die Basis von Rücken- und Afterflosse. Die äußeren Flossenränder von Rücken- und Afterflosse sind kräftig goldgelb, rote Quer- oder Längsbänder

Pflege und Zucht: siehe Gattungsbeschreibung. *A. exiguum* ist ein nichtannueller Pflanzenlaicher. Die Zucht bereitet im allgemeinen keine Probleme. Die Jungfische schlüpfen nach 12 bis 16 Tagen.

Besonderheiten: *A. exiguum* ist Typusart der Untergattung *Kathetys* HUBER, 1977 und namengebend für die *Exiguum*-Artengruppe. Zu ihr gehören: *A. bamilekorum, A. dargei, A. bualanum, A. joergenscheeli, A. bualanum kekemense.*

Nach HUBER handelt es sich insgesamt um schlanke Fische mittlerer Größe mit z. T. stark ausgezogenen Flossen, einem großen Verbreitungsgebiet von Niger bis Gabun (Vorkommen bis in eine Höhe von

1200 m) und einem durch rote Bänderung auf Körper und Schwanzflosse gekennzeichneten Farbmuster.

Die Artengruppe hat eine isolierte systematische Stellung. Es gibt von *A. exiguum* verschiedene Populationen, die sich in Farbe und Zeichnung unterscheiden.

APHYOSEMION FILAMENTOSUM
(MEINKEN, 1933)
Fadenprachtkärpfling

Lebensraum: Afrika: Togo (Süden), Benin, Nigeria (Südwesten), in Sumpfgebieten, flachen Ausständen von Bächen in küstennahen Regenwäldern und Trockensavannen.

Größe und Färbung: Die Grundfarbe des bis 5,5 cm langen Männchens ist braungrau mit hell- bis dunkelblauem Glanz auf den Körperseiten, nach dem Bauch zu ins Violette übergehend. Karminrote Flecke und Striche befinden sich an Kopf und Körper. Sie sind im vorderen Körperbereich besonders kräftig und gehen nach hinten in schmale v-förmige Muster über. Die Rückenflosse ist grünblau mit roten Punkten, Flecken und Strichen, die nach dem Rand zu kleiner und dichter werden. Sie trägt einen blauen Saum. Die Afterflosse ist blau, hat rote Punktreihen, einen roten Basisstreifen, dazu ein orangenes Band und gelegentlich entweder einen dunklen oder hellen Flossensaum. Die Schwanzflosse zeigt eine hellblaue Farbe. Im oberen und mittleren Teil befindet sich eine rote Punkt- und Strichzeichnung, im unteren Teil ein rotes, blau begrenztes Längsband, das nach unten manchmal mit einem goldgelben Streifen abgeschlossen wird. Die Schwanz- und Afterflosse haben fadenförmig ausgezogene Flossenstrahlen. Die Färbung der Männchen ist je nach Population recht variabel.

Das kleinere Weibchen besitzt eine gelbbraune Grundfarbe. Auf der hinteren Körperhälfte befinden sich große dunkle Punkte, die sich gelegentlich zu Querstrichen formieren. Die Flossen sind transparent und farblos.

Pflege und Zucht: siehe Gattungsbeschreibung. *A. filamentosum* ist eine semiannuelle bis annuelle Art, ein Bodenlaicher, der als Laichsubstrat Torf benötigt. Der Schlupf der Jungfische erfolgt bei 20°C nach 6 bis 8 Wochen. Die Schlupfergebnisse sind bei Trockenperiode in Torf besser als bei Aufbewahrung des Laiches in Wasser.

Besonderheiten: *A. filamentosum* wird zur *Arnoldi*-Artengruppe gerechnet, obwohl es zwischen *A. arnoldi* und den übrigen Arten der Gruppe im Hinblick auf die Größe der Eier und ihre Oberflächenstruktur deutliche Unterschiede gibt.

Die Population *A. filamentosum* aus Aholouyeme ist eine der schönsten und leider auch ein Beispiel dafür, wie schnell ein attraktiver Killifisch, der mit großem Aufwand in Benin gefunden und nach Deutschland gebracht worden ist, aus Unachtsamkeit wieder am Verschwinden ist.

APHYOSEMION GABUNENSE
RADDA, 1975
Gabun-Prachtkärpfling

Lebensraum: Afrika: Gabun, nordwestlicher Teil. Der Erstfundort ist ein kleiner, sumpfiger Bach zwischen Lambaréné und Fougamou, 30 km südöstlich von Lambaréné im Regenwald der Küstenebene.

Größe und Färbung: Die Grundfarbe des bis 5,5 cm lang werdenden Männchens ist ein metallisch glänzendes Grün bis Blaugrün auf den Körperseiten. Große kräftig rote Punkte sind darauf in Längsreihen angeordnet, bei einigen Populationen ist eine unregelmäßige Querbänderung auf dem Schwanzstiel sichtbar. Die Rückenflosse ist an der Basis grün, mit roten Punkten besetzt und hat eine rote äußere Flossenhälfte. Die After- und Schwanzflosse zeigen eine ähnliche Färbung, die Flossensäume bleiben allerdings schmaler und die Punkte kleiner. Bei erwachsenen Männchen sind die Spitzen der unpaaren Flossen ausgezogen. Die Brustflossen haben eine gelbe Basis.

Die kleineren Weibchen sind graubraun gefärbt, dunkel genetzt und zeigen kleine rote Punkte auf den Körperseiten. Alle Flossen sind transparent und farblos, die Afterflosse blau gesäumt.

Pflege und Zucht: siehe Gattungsbeschreibung. *A. gabunense* ist eine sehr schöne nichtannuelle Art, die an Pflanzen und Torffasern in Bodennähe ablaicht. Der Schlupf der Jungfische erfolgt nach etwa 20 Tagen, ihre Aufzucht ist unproblematisch, das Wachstum langsam.

Besonderheiten: Neben *A. gabunense* gibt es die Unterarten *A. g. boehmi* RADDA & HUBER, 1977 und *A. g. marginatum* RADDA & HUBER, 1977, die sich farblich unterscheiden. *A. gabunense* gehört zur *Striatum*-Artengruppe. Eine enge Verwandtschaft besteht zur *Elegans*-Artengruppe.

APHYOSEMION GARDNERI
BOULENGER, 1911
Gardner's Prachtkärpfling

Lebensraum: Afrika: Regenwald- und Savannengebiete Nigerias (Südosten) und Kameruns (Südwesten). Zuerst wurde die Art bei Okwoga im Flußsystem des Cross-River gefunden.

Größe und Färbung: Die Männchen werden bis 6 cm lang. Sie besitzen einen blauen bis grünen metallischen Schimmer auf den Körperseiten und Flossen. Auf dem Körper befindet sich eine variable Anzahl roter Punkte. Diese können unregelmäßige Längslinien oder Punktanhäufungen in der vorderen, Netzmuster bis Querreihen in der hinteren Körperhälfte bilden. Die Flossen sind, den unterschiedlichen Populationen entsprechend, sehr verschieden gezeichnet. Die Zeichnung und Färbung ist insgesamt variabel. Es wird von blauen und gelben Farbphasen gesprochen. Das bezieht sich besonders auf die Grundfärbung der unpaaren Flossen, speziell der Rücken- und Afterflosse. In einer Population, auch in einer Nachzucht, können beide Farbphasen auftreten. In der blauen Farbphase haben die Rücken- und Afterflosse eine bläuliche Grundfarbe und rote Punkte, die von der Basis der Flosse zum Flossenrand hin kleiner werden, in der gelben Farbphase dagegen kräftige rote und leuchtend gelbe Bänder und eine blaue Flossenbasis mit roten Punkten. Die Schwanzflosse hat auf blaugrünem Grund rote Punkte, die z. T. zusammenfließen und oben und meist auch unten ein kräftiges rotes Band bilden, das nach außen breit gelb bis weiß gesäumt wird. Die unpaaren Flossen sind leicht zipflig ausgezogen.

Die Grundfarbe des wenig kleineren Weibchens ist hellbraun, eine variable Anzahl kleiner rotbrauner Punkte befinden sich auf den Körperseiten und im basalen Teil der Flossen.

Pflege und Zucht: siehe Gattungsbeschreibung. *A. gardneri* ist eine semiannuelle Art. Gelaicht wird wahlweise an am Boden liegenden Pflanzen oder in Torffasern. Die Eier der Populationen sind unterschiedlich groß. Die Zucht ist nicht schwierig, ein Trioansatz günstig. Die Männchen treiben stark. Die Laichentwicklung im Wasser kann 14 Tage bis 4 Wochen betragen. Die Aufzucht der Jungfische ist problemlos.

Besonderheiten: *A. gardneri* ist Leitart der Untergattung *Paraphyosemion* KOTTELAT, 1976 und gleichzeitig einer Artengruppe. Allgemein anerkannt sind die Unterarten *A. g. lacustre, A. g. mamfense, A. g. nigerianum.* Daneben gibt es *A. g. clauseni* und *A. g. obuduense.* Alle *Gardneri*-Arten sind farbenprächtige Fische und sehr zu empfehlen. Männchen der Unterartpopulation *A. g. nigerianum* „Makurdi" verhalten sich gegeneinander sehr kämpferisch und können sich bis zum Tod attackieren. Sie drohen mit gespreizten Flossen und abgespreizten Kiemendeckeln, rammen sich angriffslustig, beißen zu und verbeißen sich mit den Mäulern (Maulzerren). Meistens ist aber von vornherein die Rangordnung festgelegt, und es gibt dann keine Probleme. Nur bei „Zugereisten" der gleichen Art wird es kritisch.

APHYOSEMION GEORGIAE
LAMBERT & GÉRY, 1967
Georg's Prachtkärpfling

Lebensraum: Afrika: Gabun (Nordostteil) im Einzugsgebiet des oberen Ivindo. Erstmals wurde die Art bei Bélinga im Ivindo-Becken gefunden. Begleitfische sind *A. fulgens* und *A. cyanostictum.*

Größe und Färbung: Das bis 3,5 cm lange Männchen hat eine braunrote Grundfarbe und himmelblaue Schuppen, die unregelmäßig oder streifenförmig über die Körperseiten verteilt sind. Die Rückenflosse ist rot mit unregelmäßigen kleinen gelben Punkten und einem blauen Flossensaum. Die Afterflosse hat eine karminrote Farbe mit blauer Basis und keine Punkte. Die Schwanzflosse zeigt sich braunrot mit

blauen Strichen und Punkten zwischen den Flossenstrahlen, einem blauen oberen Flossensaum und einem blauem unteren Innen- und karminrotem Außenband (Fortsetzung der Färbung und Zeichnung der Afterflosse).

Das gleichgroße Weibchen ist bräunlich gefärbt und hat angedeutete dunkle Querstreifen. Dazu hat es ein rotes Pigmentierungsmal hinter den Augen, eine rötliche Rückenflosse mit gelblichen Punkten und bläuliche Brustflossenspitzen.

Pflege und Zucht: siehe Gattungsbeschreibung. Die Zucht dieser Art ist nicht einfach. Kleinere Artaquarien mit weichem Wasser, Torffasern, Javamoos, gedämpftem Lichteinfall und regelmäßigem Wasserwechsel sind empfehlenswert. Wichtig ist eine abwechslungsreiche vorsichtige Fütterung und eine strenge Zuchtauswahl, um die Farbschönheit dieser Art zu erhalten. *A. georgiae* ist ein Pflanzenlaicher, eine nichtannuelle Art. Die Jungfische schlüpfen nach 10 bis 14 Tagen und sind zur besseren Kontrolle abzuschöpfen und separat aufzuziehen. Dabei ist eine Trennung nach Größengruppen sehr wichtig, weil die Fische untereinander sehr aggressiv sind. Ein relativ gleichmäßiger Schlupf der Jungfische kann auch mit einer 3 bis 4 wöchigen Aufbewahrung des Laichs in feuchtem Torf und anschließendem Aufgießen erzielt werden. Die Lebensdauer der Fische beträgt bis zu 4 Jahren.

Besonderheiten: A. georgiae ist Leitart der Untergattung *Diapteron* HUBER & SEEGERS, 1978. Die Untergattung hatte zeitweilig den Status einer Gattung, da die Heimat der *Diapteron*-Arten das Ivindo-Becken ist und dadurch eine geographisch sehr deutliche Abgrenzung von den *Aphyosemion*-Arten besteht. Außerdem gibt es zahlreiche andere Unterschiede bei der Flossenstellung und der Oberflächenstruktur der Eier. Von *A. georgiae* sind verschiedene Farbphasen bekannt.

APHYOSEMION GULARE
BOULENGER, 1901
Trugprachtkärpfling

Lebensraum: Afrika: Nigeria (Südwesten), in Wasserlöchern und temporären Gewässern des Küstentieflandes. Die Fundorte häufen sich im Gebiet des Nigerdeltas.

Größe und Färbung: Das Männchen erreicht bis 8 cm Körperlänge, das Weibchen bleibt etwas kleiner.

Die Grundfarbe des Männchens ist auf den Körperseiten und Flossen metallisch blau bis violett. Eine variable rote Punkt- und Fleckenzeichnung, die zwischen den Populationen und sogar innerhalb der gleichen Nachzuchten auftritt, macht die Art sehr attraktiv. Teilweise wird ein unregelmäßiges Längsband in der hinteren Körperhälfte ausgebildet. Die Rückenflosse hat zahlreiche rote Punkte, die zur Basis hin größer werden. Die Afterflosse zeigt ein kräftiges rotes Farbband, gelegentlich auch Punkte. Einzelne Strahlen der Rücken- und Afterflosse sind fransenartig verlängert. Die Schwanzflosse ist oben und unten zipflig, im oberen Teil rot gepunktet (wie die Rückenflosse), im unteren Teil mit einem rotem Band versehen (Fortsetzung der Afterflosse). Allgemeine Farbähnlichkeiten bestehen mit *A. filamentosum* und *A. arnoldi*.

Die Grundfarbe des Weibchens ist hellbraun. Auf den Körperseiten und den basalen Teilen der unpaaren Flossen befinden sich kleine dunkelrote Punkte. Im hinteren Körperabschnitt kann sich ein dunkles Längsband ausbilden. Die Bauchseite schimmert oft bläulich.

Pflege und Zucht: siehe Gattungsbeschreibung. Die Art ist ein semiannueller bis annueller Bodenlaicher. Ein Aufguß des in Torf trockengelegten Laichs sollte nicht vor 8 Wochen Lagerzeit erfolgen. Der Ansatz eines Trios ist günstig, da die Männchen stark treiben.

Besonderheiten: *A. gulare* ist Leitart der Untergattung *Gularopanchax* RADDA, 1977 und bildet gleichzeitig die *Gulare*-Artengruppe, zu der auch *A. fallax*, *A. sjoestedti* und *A. schwoiseri* gehören. Manche Autoren bezweifeln die Selbständigkeit von *A. fallax* und vereinen sie mit *A. gulare*. Alle genannten Arten haben eine Laichentwicklung mit eingeschobenen Ruhepausen und eine Embryonalentwicklung von 2 bis 6 Monaten. Sie leben in sumpfigen Gebieten des Küstentieflandes von Nigeria und Kamerun.

APHYOSEMION HERZOGI
RADDA, 1975
Herzog's Prachtkärpfling

Lebensraum: Afrika: Gabun (Norden), Kamerun (Süden), Äquatorialguinea, im Uferbereich relativ schnellfließender Regenwaldbäche der Inlandplateaus, gemeinsam mit *Epiplatys sangmelinensis*, *A. cameronense*, *A. mimbon*, *A. maculatum*, *A. punctatum*, Arten aus der Untergattung *Diapteron*.

Größe und Färbung: Das Männchen erreicht eine Länge von 4 bis 5 cm, das Weibchen bleibt nur geringfügig darunter. Die Grundfarbe des Männchens ist bräunlich bis gelblich mit leuchtend grünen Glanzzonen und 3 bis 4 dunkelroten unregelmäßigen Längsreihen bzw. Gruppen von Punkten auf den Körperseiten. Die

Rückenflosse ist bräunlich mit zahlreichen roten Punkten, die Afterflosse gelb bis gelbgrün mit einem aus roten Punkten bestehendem Randstreifen. Die Schwanzflosse zeigt eine Dreiteilung. Der obere Teil entspricht der Rückenflosse, der Mittelteil ist gelb bis gelborangefarben und unten befindet sich ein breites rotes Band.

Das Weibchen zeigt eine braungraue Grundfarbe, die von einzelnen kleinen roten Punkten unterbrochen wird. Die unpaaren Flossen sind in schwacher Andeutung in der Art des Männchens gefärbt. Die Schwanzflosse ist einfarbig.

A. herzogi gehört zur Calliurum-Artengruppe

Pflege und Zucht: siehe Gattungsbeschreibung. Die Art liebt relativ kühle Temperaturen unter 22°C. Eine extensive Zucht wird empfohlen. Die Elterntiere stellen dem Nachwuchs nicht nach. Das Wohlbefinden im Artaquarium wird besonders durch Schwimmpflanzen gefördert. Die Jungfische wachsen langsam und fressen von Anfang an *Artemia*. Erst im Alter von 6 Monaten können sie zur Zucht angesetzt werden. Bei einer Überwinterung der Fische bei 13°C und Ablaichtemperaturen um 15 bis 16°C wurden gute Erfolge erzielt. Bei 18°C Wassertemperatur ist kaum ein Ei zu finden. Reichlich Laich konnte am Tag aus einem Gewitter aus dem Laichsubstrat abgelesen werden. Die Jungfische schlüpfen nach 14 Tagen. Die Fische können über 3 Jahre alt werden, ohne an Schönheit zu verlieren.
Besonderheiten: *A. herzogi* gehört zur *Calliurum*-Artengruppe innerhalb der Un-

tergattung *Mesoapyosemion*. Enge Verwandtschaft besteht zu *A. franzwerneri* und *A. celiae*. Sehr schön ist die Unterart *A. h. bochtleri*. Interessant ist, daß die Nachzuchten der Art immer schöner geworden sind und die Wildfänge übertreffen. In der Regel ist das meistens umgekehrt.

APHYOSEMION MARMORATUM
RADDA, 1973
Marmorierter Prachtkärpfling

Lebensraum: Afrika: Kamerun (Westen), in kleinen Flüssen, Bächen und Sümpfen mit oft geringem Wasserstand. Begleitfische sind *A. splendopleure* und *A. calliurum*.
Größe und Färbung: Das Männchen erreicht eine Länge von 5 bis 6 cm. Der Rücken ist dunkelbraun, die Körperseiten braun- bis blaugrün mit zahlreichen rotbraunen Flecken, Punkten, kurzen Längsstreifen. Die hintere Körperhälfte zeigt eine Marmorierung. Die unpaaren Flossen sind ähnlich gefärbt. Sie haben rotbraune Striche entlang der Flossenstrahlen und, mit Ausnahme der Rückenflosse, abschließende körperparallele Bänder mit weißem Saum.

Das etwas kleinere Weibchen ist gelbbraun gefärbt und hat auf den Körperseiten, der Rückenflosse und manchmal auf der Schwanzflosse unregelmäßig verstreute kleine rote Punkte.

Die Abbildung zeigt ein Männchen, der zugehörigen Population „Santa isabellae"

Pflege und Zucht: siehe Gattungsbeschreibung. Die Art ist ein nichtannueller Haftlaicher, der als Laichsubstrat auch Torf annimmt. Der Torf wird nach einer Woche trockengelegt. Die Jungfische schlüpfen bei einer Lagerungstemperatur des Laichs von 23 bis 26°C nach etwa 20 Tagen. Ohne Trockenperiode ist der Laich schon nach 14 Tagen voll entwickelt. Ein dunkler Bodengrund sagt den Fischen besonders zu. Bei guter Fütterung tritt schon nach 3 Monaten die Laichreife ein.

Besonderheiten: *A. marmoratum* ist den Arten der *Gardneri*-Gruppe sehr ähnlich. Enge verwandtschaftliche Beziehungen bestehen zu *A. scheeli* und *A. oeseri*.

APHYOSEMION MIRABILE
RADDA, 1970
Wunderkärpfling
Lasur-Wunderkärpfling

Lebensraum: Afrika: Kamerun, in schmalen Bächen und kleinen Tümpeln.
Größe und Färbung: Die Körperseiten des bis 7 cm langen Männchens sind blau bis grünblau mit karmin- bis dunkelroten Punkten, die sich zu unregelmäßigen Punktreihen in Längsrichtung des Fisches zusammenfügen. Die vordere Körperoberseite ist braun, der Kehlbereich orangebraun gefärbt. Die unpaaren Flossen zeigen sich überwiegend purpurrot mit hellblauen Tüpfeln und Flecken. Die Flossensäume, besonders in der Schwanzflosse oben und unten, sind weißlich bis gelblich.

Die Grundfarbe des nur wenig kleineren Weibchens ist bräunlich mit in Längsreihen angeordneten roten Punkten, die auch in der Rückenflosse vorhanden sind. Die Flossen haben allgemein keine Farbe, die unpaaren Flossen zeigen gelbe Spitzen.
Pflege und Zucht: siehe Gattungsbeschreibung. *A. mirabile* ist ein nichtannueller Pflanzenlaicher mit einer Laichentwicklung von 2 bis 3 Wochen in Wasser. Eine Trockenperiode in feuchtem Torf ist ebenfalls möglich. Die Embryonen sind dann erst nach etwa 6 Wochen voll entwickelt. Der Schlupf der Jungfische kann teilweise schwierig sein, Schlupfhilfen sind anzuwenden.

Besonderheiten: *A. mirabile* ist eine robuste, wenig empfindliche und sehr schöne Art. Von ihr gibt es zahlreiche Populationen und auch Unterarten, so *A. m. moense*, *A. m. intermittens*, *A. m. traudae*. Die *Mirabile*-Artengruppe gehört zur Untergattung *Paraphyosemion*. Eine weitere Art dieser Gruppe ist *A. cinnamomeum*.

APHYOSEMION OGOENSE
PELLEGRIN, 1930
Ogowe-Prachtkärpfling

Lebensraum: Afrika: Im Grenzgebiet zwischen Kongo und Gabun; Erstfunde im Einzugsgebiet der Flüsse Léconi und La Passa im Flußsystem der oberen Ogowe. Wasserwerte am Fundort. 18°C, pH 6,0, Härte unter 1,0°. Begleitfische: *A. schluppi*, *A. buytaerti*, *A. bochtleri*, *Hypsopanchax zebra*, *H. catenatus* und Fische aus anderen Familien.
Größe und Färbung: Die Grundfarbe des bis 6 cm lang werdenden Männchens ist blau bis blaugrünlich. Der Rücken hat eine mehr braune Färbung, auf den Körperseiten befinden sich etwa 4 leuchtend rote, unterschiedlich lange Längsbinden. Die obere und untere Längsbinde beginnt ober- und unterhalb der Brustflosse mit großen roten Punkten, die sich in Höhe des Ansatzes von Rücken- und Afterflosse zu einem unregelmäßigen Band verdichten. Die mittleren Längsbinden sind als Punktreihen nur auf der vorderen Körperhälfte ausgebildet. Mit Ausnahme der Brustflossen sind alle anderen Flossen auf blau- bis blaugrünem Grund rot gefleckt und in Richtung der Flossenstrahlen gestrichelt. In der Rückenflosse kann ein ro-

tes Band mit blauem Saum, in der Afterflosse eine basale Flecken- und Strichrei-
he mit blauem Saum vorhanden sein.

Die Grundfarbe des wenig kleineren
Weibchens ist olivbraun mit einer variablen
schwach rotbraunen Punktzeichnung auf
den Körperseiten und basalen Teilen von
Rücken- und Afterflosse. Die Körper- und
Flossenfarben des Männchens und auch
seine Zeichnung sind schwach angedeutet.

Pflege und Zucht: siehe Gattungsbeschreibung. Die Art ist nichtannuell und
laicht an Pflanzen oder Torffasern in Bodennähe. Laichperioden können auftreten.
Der Schlupf der Jungfische erfolgt in Abhängigkeit von der gepflegten Population
innerhalb von 14 bis 20 Tagen. Sie wachsen langsam und sind nach 6 Monaten geschlechtsreif.

Besonderheiten: *A. ogoense* ist eine
äußerst attraktive Prachtkärpflingsart und
namengebend für die *Cameronense-
Ogoense*-Artengruppe, zu der eine ganze
Reihe sehr schöner Arten gehören. Von A.
ogoense gibt es zahlreiche Populationen
mit unterschiedlicher Färbung und Zeichnung. Vermutete Unterarten sind *A. o. caudofasciatum* und *A. o. pyrophore*. Erstere
Unterart hat ein breites dunkles Vertikal-
band in der Schwanzflosse - eine für die
Gattung *Aphyosemion* einmalige Schwanz-
flossenzeichnung.

APHYOSEMION PUERZLI

SCHEEL, 1968
Pürzl's Prachtkärpfling

Lebensraum: Afrika: Kamerun (Südwesten), in sumpfigen Gewässern. Der
Erstfundort ist ein kleiner Bach im Flußein-
zugsgebiet des Wouri.

Größe und Färbung: Das Männchen erreicht eine Länge von 6 bis 7 cm. Seine
Grundfarbe ist am Rücken braungrau, in
Richtung Schwanzstiel blaugrau. Die Körpermitte und Bauchpartie sind populationsabhängig hellblau bis blaugrünlich. Auf
dem Körper befindet sich eine unregelmäßige rote Punkt- und Fleckenzeichnung,
die sich gelegentlich zu kurzen Querbändern zusammenfügt und vorn kurze Längsstreifen bilden kann. Die Grundfarbe der
Flossen ist grün. Die Rückenflosse zeigt rote Punkte, teilweise einen roten Rand. Die
Afterflosse enthält rote Punkte und Striche
an der Basis und am Rand. Die Schwanzflosse hat rote Striche zwischen den Flossenstrahlen. Am unteren und oberen Rand
der Schwanzflosse zeigt sich ein schmaler
roter Streifen und ein grünlicher Saum.

Die Grundfarbe des etwa 1 cm kleineren Weibchens ist gelblich bis braun. Kleine und schwach rot gefärbte Flecken befinden sich als angedeutetes Längsband auf
den Körperseiten und an der Basis von
Rücken- und Schwanzflosse. Alle übrigen
Flossen sind farblos.

Pflege und Zucht: siehe Gattungsbeschreibung. *A. puerzli* ist eine semiannuelle Art, die auf Torf ablaicht. Ein Trioansatz erweist sich als günstig. Die Jungfische
schlüpfen nach etwa 6 Wochen bis 3 Mo-

naten (Laich kontrollieren). Die Aufzucht der Jungfische bereitet wenig Schwierigkeiten.

Besonderheiten: *A. puerzli* gehört zur *Ndianum*-Artengruppe innerhalb der Untergattung *Paraphyosemion*, in die neben *A. ndianum* auch *A. amieti* eingeordnet wird. Eine enge Verwandtschaft besteht zu *A. gardneri.*

APHYOSEMION RIGGENBACHI

AHL, 1924
Riesenbivittatum
Riggenbach's Prachtkärpfling

Lebensraum: Afrika: Kamerun, Flußgebiete von Dibamba, Sanaga und Wouri. Erstfundort ist eine Quelle bei Yabassi (Westkamerun). Im gleichen Gebiet kommen *A. franzwerneri, A. amieti, A. puerzli, A. calliurum, Epiplatys sexfasciatus, E. grahami, Procatopus similis* und andere Killifische vor.

Größe und Färbung: Das Männchen wird bis 7 cm lang. Seine Grundfarbe ist graublau mit gelbgrünen Schimmer auf den Körperseiten. Zwei unregelmäßige karminrote Punktreihen erstrecken sich in Längsrichtung von den Brustflossen bis zum Schwanzstiel, eine dritte Reihe wird angedeutet. Die unpaaren Flossen haben eine blaugrüne Grundfarbe und sind mit zahlreichen kleineren (Rückenflosse) und größeren karminroten Punkten besetzt. In der Schwanzflosse befinden sich zwischen den Flossenstrahlen rote Punkte und Striche, ein karminrotes Band mit blauem Saum schließt sie nach unten ab. Die Flossenspitzen zeigen eine himmelblaue Färbung. Die ausgewachsenen Männchen verlieren leider beträchtlich an Farbintensität.

Die Grundfärbung des 1 bis 2 cm kleineren Weibchens ist graubraun, die unpaaren Flossen sind gelbgrün und leicht dunkel punktiert. Auf den Körperseiten befinden sich kleine rote Punkte. Die typischen Längsbänder der *Bivittatum*-Gruppe sind nur angedeutet.

Pflege und Zucht: siehe Gattungsbeschreibung. Ein Trioansatz (1,2) ist günstig, da die Männchen stark treiben. *A. riggenbachi* ist eine nichtannuelle Art, die an Pflanzen ablaicht. Die Zucht gelingt meistens problemlos, die Jungfische wachsen relativ schnell. Eine extensive Zucht in größeren Aquarien bietet sich für diese Art an.

Besonderheiten: *A. riggenbachi* gehört zur *Bivittatum*-Artengruppe und damit zur Untergattung *Chromaphyosemion*. Wegen einiger Besonderheiten nimmt diese Art innerhalb der Gruppe eine Sonderstellung ein. Sie ist auch deutlich größer als die anderen Vertreter der Artengruppe und stellt eine Reliktform dar.

APHYOSEMION SJOESTEDTI

LÖNNBERG, 1895
Blauer Prachtkärpfling
Sjöstedt's Prachtkärpfling

Lebensraum: Nigeria (Südwesten), Kamerun (Westen), in schlammigen Bächen, Gräben, Resttümpeln, die zeitweilig austrocknen. Der Erstfundort ist ein Bach bei Bonge nahe dem Wasserfall des Ndianflusses. Die Fische leben in kleinen, stagnierenden und zeitweilig austrocknenden Bächen und Sümpfen.

Größe und Färbung: Die Grundfarbe des bis 12 cm langen Männchens ist braunrot mit karminroten Punkten und Flecken auf der vorderen Körperhälfte bis zum Ansatz der Rückenflosse. Danach ziehen sich bis in die Schwanzwurzel hinein rote Querstreifen, zwischen denen sich türkisfarbig leuchtende Schuppen befinden. Die Kehlregion ist intensiv blau bis blaugrün gefärbt, die Rückenflosse intensiv rot gepunktet, die Afterflosse auf grünem Grund rot gefleckt und gepunktet mit angedeuteter Ausbildung eines roten randparallelen Bandes mit blauem Saum. Die vorderen Strahlen der Afterflosse sind stark verlängert. Die Schwanzflosse ist dreigeteilt und hat ausgezogenen Spitzen oben, unten und in der Mitte. Der obere Teil ist rötlichbraun mit roten Punkten und einem roten Parallelband mit hellem Saum, der mittlere Teil türkis bis gelbgrün (auch zitronengelb) mit roten Flecken, der untere Teil auf grünem Grund rot gepunktet und gefleckt. Die Abgrenzung dieses Bereiches nach oben und unten erfolgt durch ein rotes Band mit hellblauem Saum. Die Färbung der Brust- und Bauchflossen gleicht der der Afterflosse. Die Brustflossen haben teilweise verlängerte Flossenstrahlen.

Die Grundfarbe des etwas kleineren Weibchens ist ein rötliches Braun. Auf Körper und Flossen befinden sich kleine rote Punkte. In der hinteren Körperhälfte deuten sich dunkelrote Querbändern an.

Pflege und Zucht: siehe Gattungsbeschreibung. *A. sjoestedti* ist eine bodenlaichende, semiannuelle Art. Als Laichsubstrat eignen sich Torf, feiner Sand oder Pflanzenfasern am Boden. Die Entwicklungsdauer der Embryonen beträgt in Trockenperiode 6 bis 8 Wochen (Kontrolle), in Wasser 3 Wochen. Da die Männchen stark treiben, sind ein Trioansatz (1,2) und Versteckmöglichkeiten für die Weibchen notwendig. Die Aufzucht der Jungfische bereitet wenig Probleme.

Besonderheiten: *A. sjoestedti* ist die Leitart der Untergattung *Fundulopanchax* MYERS, 1924 und namengebend für die *Sjoestedti*-Artengruppe, zu der auch *A. kribianum* gehört. Der Name *A. sjoestedti* wurde bis 1966 fälschlicherweise für *Roloffia occidentalis* benutzt.

Von *A. sjoestedti* gibt es verschiedene Populationen, von denen eine kleiner bleibt und sich durch eine nur zweigeteilte Schwanzflosse auszeichnet, deren untere Hälfte rotorangefarben ist.

APHYOSEMION SPLENDOPLEURE
(BRÜNING, 1929)
Grüner Glanzprachtkärpfling
Afrikanischer Glanzkärpfling

Lebensraum: Afrika: Küstennahe Gebiete Kameruns, Äquatorial-Guineas, Gabuns. Die Art wurde erstmals bei Tiko in Südwestkamerun gefunden. Vermutlich kommt sie auch im Südosten Nigerias gemeinsam mit *A. ndianum* vor. Selbst auf der Insel Fernando Póo gibt es Fundorte. Andere Begleitfische sind *A. marmoratum*, *A. oeseri*, *A. ahli*, *A. calliurum*, *Epiplatys grahami*, *E. sexfasciatus* u.a..

Größe und Färbung: Das Männchen erreicht eine Länge von 5 bis 5,5 cm, das Weibchen bleibt etwa 1 cm darunter. Von *A. splendopleure* gibt es zahlreiche Populationen, die sich farblich deutlich unterscheiden. Die Grundfarbe ist meistens ein leuchtendes Goldgelb auf den Körperseiten. Die Schuppen sind dunkelrot abgesetzt, oberhalb der Brustflossen befinden sich größere dunkelrote Flecken. Die unpaaren Flossen haben lang ausgezogene gelbe Spitzen. Sie zeigen an der Basis oft einen grünen Farbton. Rote Punkte, Flecken, geflammte Striche können auf gelbem Grund vorhanden sein. Die Afterflosse und die untere Schwanzflosse tragen ein

bem Grund vorhanden sein. Die Afterflosse und die untere Schwanzflosse tragen ein leuchtend rotes Band.

Die Weibchen zeigen unterschiedlich oft zwei dunkle, nur manchmal fast schwarze Längsbinden. Kleine dunkelbraune oder rote Punkte befinden sich auf den Körperseiten

Pflege und Zucht: siehe Gattungsbeschreibung. Die Pflege und Zucht bereitet keine Schwierigkeiten.

Besonderheiten: *A. splendopleure* gehört zur Untergattung *Chromaphyosemion*. Die Art wurde bis nach 1980 sehr oft als *A. multicolor* bezeichnet.

APHYOSEMION WALKERI
BOULENGER, 1911
Walker's Prachtkärpfling

Lebensraum: Afrika: Ghana (Südwesten), Elfenbeinküste. Die Art lebt dort in Urwaldbächen, Sümpfen, sumpfigen Bachbuchten im Regenwald und in der Feuchtsavanne gemeinsam mit *Roloffia petersi*.

Größe und Färbung: Die Grundfarbe des Männchens, das bis 6 cm lang werden kann, ist bräunlich mit grünblauem Glanz. Kräftige rote Punkte sind in der vorderen Körperhälfte in Längsrichtung, in der hinteren als Querstreifen unregelmäßig angeordnet. Ein dunkler Pigmentierungsfleck befindet sich hinter den Brustflossen, die Kehlpartie ist blau. Die Rücken-, After- und Bauchflossen sind an der Basis grünlich bzw. bläulich, im mittleren Teil orangefarben und haben ein abschließendes dunkelrotes Band mit bläulichem Flossensaum. Die Schwanzflosse ist im Mittelteil blau mit großen roten Punkten oder Querstreifen, nach oben und unten folgen ein orangefarbenes Band, ein schmaler blauer Streifen und ein roter Flossensaum.

Die Grundfarbe des etwa 1 cm kleineren Weibchens ist hellbraun. Rücken- und Afterflosse zeigen kleine rote Punkte. Die Flossen sind allgemein farblos.

Pflege und Zucht: siehe Gattungsbeschreibung. *A. walkeri* ist eine semiannuelle Art. Als Laichsubstrat eignet sich Torf. Die Laichentwicklung in Trockenperiode

ist im Zeitraum von 4 Wochen bis mehreren Monaten (Diapausen) abgeschlossen. Regelmäßige Laichkontrolle ist während dieser Zeit notwendig. Ein Trioansatz (1,2) wird empfohlen. Die Art kann bei kühler Haltung (etwa 20°C) ein Alter von 3 Jahren erreichen.

Besonderheiten: *A. walkeri* ist mit *A. gardneri* verwandt. Die Art kommt in zahlreichen Populationen vor (Abweichungen in Färbung, Zeichnung, Entwicklungsdauer des Laiches). Am bekanntesten ist die als Unterart bestimmte Form *A. walkeri spurrelli*, deren spezielle Kennzeichen die senkrechten roten Querstreifen in der hinteren Körperhälfte sind. Die Grundfarbe ihrer unpaaren Flossen ist mehr gelb bis gelbgrün. Die einzelnen Populationen können sich fruchtbar miteinander kreuzen, eine sorgfältige Reinhaltung der Formen ist deshalb wichtig. *A. walkeri* gehört zur Untergattung *Paraphyosemion*.

DIE GATTUNG *APLOCHEILICHTHYS*
BLEEKER, 1863
Leuchtaugenfische
Leuchtaugenkärpflinge

Lebensraum: Afrika: Von Senegal bis Tansania, von Ägypten bis Südafrika. Die Vertreter der Gattung leben ausschließlich in tropischen und subtropischen Regenwald- und Savannengebieten. Sie sind sowohl in den großen ostafrikanischen Seen (mit Ausnahme des Malawisees) als auch in den Brackwasserzonen der atlantischen Küste und in unterschiedlichsten Biotopen bis hin zu kleinsten Tümpeln und Randbereichen schwach bis mäßig fließender Bächen zu finden. Die Gewässer haben einen pH-Wert von 6 bis 7,5, dH 0,5° bis 20°, Temperatur 28 bis 33°C, Wasserstand von 0,3 bis 1 m. Begleitfische sind neben Salmlern, Barben, Welsen und Cichliden auch *Epiplatys*- und *Rolöffia*-Arten.

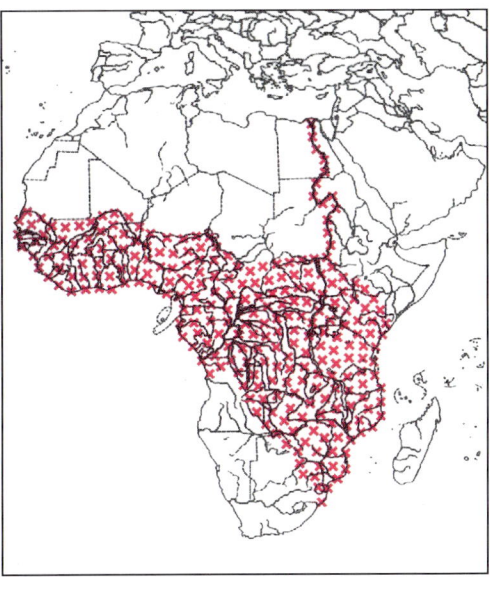

Verbreitungskarte Gattung *Aplocheilichthys*

Systematik: Die Typusart der Gattung ist *A. spilauchen* DUMÉRIL, 1859. Die Gattung *Aplocheilichthys* ist die artenreichste der Unterfamilie *Procatopodinae*. Zu ihr gehören mehr als 50 Arten und Unterarten. Es sind kleine, nichtannuelle, an Pflanzen laichende Killifische mit einer Länge

Ein schönes Männchen des Leuchtaugenfisches *Aplocheilichthys schalleri*.

Das zugehörige Weibchen von *Aplocheilichthys schalleri*.

101

von 2,5 bis 9,5 cm. Typische morphologische Besonderheiten für die Gattung können kaum genannt werden, die Höhe und seitliche Abflachung des Körpers sowie die Stellung der Bauchflossen sind unterschiedlich, die Rücken- und Afterflosse weit hinten angesetzt, die Schwanzflosse ist mehr abgerundet und niemals mit ausgezogenen Flossenstrahlen versehen. Die Einteilung in Untergattungen und Artengruppen ist unsicher. Eine gründliche wissenschaftliche Bearbeitung der Gattung steht noch aus. Aquaristisch hat sie insgesamt bisher keine besondere Bedeutung erlangt, da die Arten zwar sehr schöne Pastellfarben haben, die deutlichen Farbkontraste wie bei den Prachtkärpflingen aber fehlen. Vorherrschend sind grünliche bis blau irisierende Farbtöne. Auffallend sind bei allen Arten die relativ großen, das Licht reflektierenden Augen, die ihnen den Namen gegeben haben. Die Geschlechter sind gut zu unterscheiden. Die Weibchen sind wesentlich blasser und bleiben auch in der Größe zurück.

Pflege und Zucht: siehe Gattung *Aphyosemion* bzw. Artbeschreibungen. Wichtig sind große Aquarien über 50 Liter Wasserinhalt mit sauberem und sauerstoffreichem, mittelhartem bis hartem Wasser. Ein regelmäßiger Wasserwechsel ist angebracht. Man sollte die *Aplocheilichthys*-Arten stets in einem Schwarm von mindestens 10 und mehr Exemplaren halten. Die Vergesellschaftung mehrerer Arten ist durchaus möglich. Die Fische nehmen als Nahrung Lebend- und Trockenfutter, bevorzugen aber kleine Mückenlarven (*Culex*), *Drosophila* und Springschwänze. Geeignete Laichsubstrate sind dichte, feinfiedrige Pflanzenbüsche oder Kunstfasern als Mop an oder in der Nähe der Wasseroberfläche. Ein Absammeln des Laichs aus den Substraten ist problemlos möglich. Die Eier sind relativ groß. Die Jungfische schlüpfen nach etwa 10 bis 20 Tagen. Sie zeigen eine unruhige Schwimmweise an der Wasseroberfläche gegen die Strömung. Als Erstfutter eignen sich Pantoffeltierchen oder Rotatorien, die mittels Durchlüftung an die Wasseroberfläche gebracht werden müssen. Die jungen Leuchtaugenfische wachsen langsam. Die meisten *Aplochei-*

lichthys werden über 2 Jahre alt. Eine extensive Zuchtmethode ist bei diesen Arten empfehlenswert. Die Jungfische können leicht abgeschöpft werden, da sie sich an der Wasseroberfläche zwischen den Pflanzen aufhalten.

Alle Arten sind, besonders wenn sie in sehr weichem Wasser schwimmen, anfällig für Fischtuberkulose, Pilzkrankheiten und Ektoparasiten. 1 bis 2 Eßlöffel Salz pro 10 Liter Wasser können vorbeugend wirken.

APLOCHEILICHTHYS MACROPHTHALMUS
MEINKEN, 1932
Roter Leuchtaugenfisch
Rotflossiger Leuchtaugenfisch

Lebensraum: Afrika: Togo, Benin, Nigeria, Kamerun, in Flüssen und Bächen des Regenwaldes. Wasserwerte am Fundort: pH 6 bis 6,5, dH 0,5 bis 2°, Temperatur 22 bis 28°C. *A. macrophthalmus* kommen teilweise gemeinsam mit *A. spilauchen, Epiplatys grahami, E. dageti monroviae, E. chaperi sheljuzhkoi, Aphyosemion bivittatum, Procatopus nototaenia* vor. Die ersten Exemplare wurden in der Umgebung von Lagos (Nigeria) gefangen.
Größe und Färbung: Das 3 bis 4 cm lange Männchen hat eine gelbe bis gelbolivfarbene Grundfarbe mit grünem Schimmer. Auf den Körperseiten befinden sich 2 intensiv blaugrün bis blau irisierende Längsbinden. Der Rücken ist gelbgrau, die Rückenlinie rötlich. Grünlich reflektierende Kiemendeckel sowie kräftig blau glänzende, obere Augenränder fallen besonders auf. Die Rücken- und Afterflosse sind farblos, gelblich oder bläulich mit hellblauem oder dunklem Saum, spitz ausgezogen. Die Schwanzflosse ist bläulich bis grünlich mit orangefarbenen bis roten Flecken oder Streifen, die sich zum Hinterrand verdichten, gelegentlich oben und unten rot, hinten blauweiß gesäumt, abgerundet, kaum zugespitzt. Die Bauchflossen haben bläuliche Spitzen, die Brustflossen sind farblos.

Das kleinere Weibchen ist nicht so farbintensiv und hat abgerundete, farblose Flossen.

tensiv hellblau, der untere goldfarben. Die unpaaren Flossen sind gelblich bis rötlich, gelegentlich auch farblos und nur hellgelb oder gelborangefarben gerandet, gepunktet oder unregelmäßig gebändert. Die Schwanzflosse ist spatelförmig und zuweilen dunkel gesäumt, Rücken- und Afterflosse zugespitzt. Die Brustflossen sind bei der Balz fast schwarz.

Das kleinere Weibchen ist dem Männchen sehr ähnlich, aber schlanker und blasser. Alle Flossen sind abgerundet.

Pflege und Zucht: siehe Gattungsbeschreibung. Die Wassertemperaturen sollten nicht unter 20°C absinken, günstig sind 24 bis 26°C. Die Jungfische schlüpfen nach 8 bis 16 Tagen, die extensive Zuchtmethode ist angebracht. *A. macrophthalmus* kann gut mit anderen Leuchtaugenfischen und Ährenfischen vergesellschaftet werden. Es handelt sich insgesamt um eine sehr schöne Art.

Besonderheiten: Von *A. macrophthalmus* gibt es die Unterart *A. m. hannerzi* SCHEEL, 1968 und zahlreiche Populationen, die sich in Färbung, Körperform und -größe geringfügig unterscheiden.

APLOCHEILICHTHYS NORMANI

AHL, 1928
Norman's Leuchtaugenfisch
Blauer Leuchtaugenfisch
Blauauge

Lebensraum: Afrika: Westafrika, südlich der Sahelzone bis Nordnigeria, Einzugsgebiete der Flüsse Senegal, Gambia, Niger, Weißer Nil und des Tschadsees, vorwiegend in klaren, beschatteten Fließgewässern der Savannengebiete, teilweise gemeinsam mit *A. spilauchen, A. pfaffi, A. rancureli, Epiplatys bifasciatus, E. fasciolatus, E. spilargyreius, E. annulatus, Aphyosemion bualanum*. Die Art wurde erstmals im Kiyawa-Fluß nahe Katagum (Nordnigeria) gefunden.

Größe und Färbung: Das Männchen wird 4 cm lang. Seine Grundfarbe ist graublau mit metallischem Glanz auf den Körperseiten. Der obere Augenrand irrisiert in-

Pflege und Zucht: siehe Gattungsbeschreibung. Die Wasserhärte sollte bei dieser Art nicht unter 10°dH absinken. Die optimale Haltungstemperatur beträgt 20 bis 25°C. Die Jungfische sind erst mit 10 bis 12 Monaten geschlechtsreif, ihre Lebenserwartung beträgt über 2 Jahre.

Besonderheiten: Als Pärchen im Gesellschaftsaquarium treten die Fische kaum in Erscheinung. Man sollte sich mindestens 10 bis 15 Fische anschaffen, die dann als kleiner Schwarm den Betrachter begeistern können.

Biotop von *Aplocheilichthys pumilus*

APLOCHEILICHTHYS PUMILUS
(BOULENGER, 1906)
Vielfarbiger Leuchtaugenfisch

Lebensraum: Afrika: Ostafrikanische Seen (mit Ausnahme des Malawisees) und deren Flußeinzugsgebiete, vorwiegend in Zaire, Uganda, Kenia, Tansania, Rwanda, Burundi. *A. pumilus* lebt dort in sehr unterschiedlich großen Gewässern, teilweise auch im Uferbereich von Flüssen mit starker Strömung und frei von Unterwasservegetation. Die Exemplare der Erstbeschreibung wurden bei Kituku am Tanganjikasee und Entebbe am nördlichen Victoriasee gefunden.

Größe und Färbung: Das Männchen wird bis 4,5 cm lang, das Weibchen nur etwa 3,5 cm. Die Grundfärbung des Männchens ist bronzefarben. Auf den Körperseiten zeigt sich ein grünblauer metallischer Glanz. Der Rücken ist bräunlich, die Schuppen dunkel gerandet. Gelegentlich zieht sich ein undeutliches dunkles Band von den Brustflossen bis zur Schwanzflosse. Die Flossen sind mit Ausnahme der farblosen Brustflossen grau, gelblich oder rotbraun getönt.

Das kleinere Weibchen hat eine silbriggraue Grundfarbe, ein undeutliches dunkles Längsband, das gelegentlich in Flecke aufgelöst ist und manchmal einen bläulichen Glanz in der hinteren Körperhälfte. Die Flossen sind farblos.

Pflege und Zucht: siehe Gattungsbeschreibung. Die Art ist relativ empfindlich gegen Wasserverschmutzung und bei solchen ungünstigen Bedingungen sehr krankheitsanfällig. Temperaturschwankungen wirken sich günstig aus, auch hohe Werte bis 30°C werden gut vertragen.

DIE GATTUNG *Epiplatys*

Gill, 1862
Hechtlinge

Lebensraum: Afrika: Das Verbreitungsgebiet ist sehr groß und erstreckt sich von Senegal bis zum Einzugsgebiet des Nil und nach Süden bis in das Kongobecken. Damit werden etwa gleiche Räume wie die der *Aphyosemion-* einschließlich *Roloffia-*Arten bewohnt. Die Vertreter der Gattung leben in sehr unterschiedlichen Gewässern, besonders häufig in langsam fließenden und stagnierenden Bächen und Tümpeln, in sauerstoffarmen Sümpfen und Uferzonen großer Ströme und Flüsse. Die Lebensräume der *Epiplatys*-Arten befinden sich vorzugsweise im tropischen Regenwald, aber auch in Gewässern der Savannengebiete sind sie heimisch (s. a. Beschreibung der Lebensräume der *Aphyosemion*-Arten).

Systematik: Die Morphologie der *Epiplatys*-Arten ist relativ einheitlich. Es sind hechtförmige Fische mit einem breiten Kopf und großem oberständigen Maul. Auffallend sind außerdem folgende morphologische Merkmale: Die Rückenflosse beginnt über dem hinteren Teil der Afterflosse. Häufig befinden sich arttypische Querbinden auf den Körperseiten. Die Schwanzflosse ist relativ groß und kann 30 % der Körperlänge beanspruchen. Auffallend sind Verlängerungen der mittleren, z. T. der unteren Flossenstrahlen. Der Schwanzstiel ist höher und kürzer als bei den Gattungen *Aphyosemion* und *Nothobranchius*. Bemerkenswert ist das Auftreten einer breiten Längsbinde unterhalb der Mittellinie bei Erregung der Fische. Ein arttypisches Kopfzeichnungs- und Kehlmuster (Gesichtsmaske nach NEUMANN) dient als ein Bestimmungsmerkmal. Ein silbriger Leuchtfleck auf der Oberseite des Kopfes signalisiert in seiner Funktion als „drittes Auge" dem Fisch das Auftreten von Gefahren. Ob dieser Fleck auch Insekten, das Lieblingsfutter der Hechtlinge, anlockt, ist umstritten. Zur Gattung gehören etwa 50 Arten und Unterarten, die besonders nach geographischen Gesichtspunkten und äußerlichen Merkmalen (Körperbau, Farbe, Zeichnung) in verschiedene Artengruppen eingeordnet werden können. Die Ansichten über die Einordnung der einzelnen Arten sind unterschiedlich. Folgende Artengruppen (AG) werden mehrheitlich anerkannt: *Singa*-AG, *Chevalieri*-AG, *Bifasciatus*-AG, *Spilargyreus-Fasciolatus*-AG, *Chaperi*-AG, *Sexfasciatus*-AG, *Multifasciatus*-AG. Einige Ichthyologen sehen die Gattung *Epiplatys* als Untergattung von *Aplocheilus*. Neuere Forschungen (u.a. Darmuntersuchungen) erhärten die Trennung und Gleichberechtigung der Gattungen, die sich auch schon aus geographischen Gründen anbietet. Bemühungen zur Unterteilung der Gattung in Untergattungen sind bisher nicht akzeptiert worden. Eine enge Verwandtschaft besteht zu den Gattungen *Aplocheilus* (asiatische Hechtlinge), *Pachypanchax* und *Aphyoplatys*. Die monotypische Gattung *Pseudepiplatys* wird nicht allgemein anerkannt und die einzige Art *P. annulatus* zur Gattung *Epiplatys* gestellt. Alle hechtlingsförmigen *Rivulinae* gehörten früher zu den Gattungen *Haplochilus* und *Panchax*.

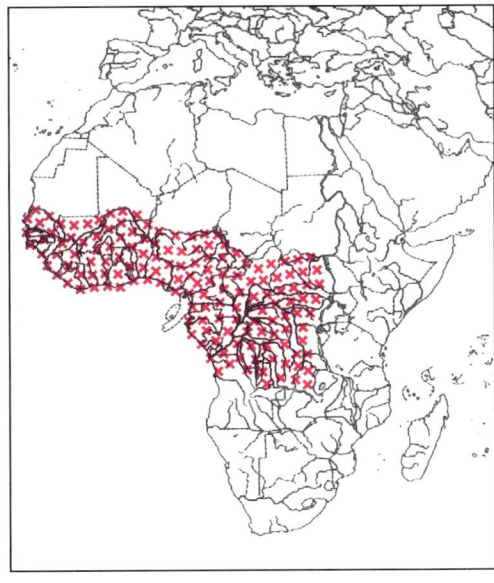

Verbreitungskarte Gattung *Epiplatys*

Größe und Färbung: Die Länge der *Epiplatys*-Arten beträgt zwischen 4,5 cm und 10 cm.

Insgesamt handelt es sich um sehr farbenprächtige Fische, die in ihrer Färbung den Prachtkärpflingen wenig nachstehen. Auch bei dieser Gattung ist zwischen den Männchen und Weibchen ein deutlicher Farbunterschied zu bemerken. Die Weibchen sind mit Abstand nicht so farbenprächtig und auch ihre Zeichnung ist weniger auffällig.

Pflege und Zucht: Die *Epiplatys*-Arten, als altweltliche, nichtannuelle Gattung der Rivulinae, sind in ihrer Pflege und Zucht allgemein unproblematisch. Diese Fische halten sich vorwiegend an der Wasseroberfläche auf und eignen sich dadurch für eine Haltung im Gesellschaftsaquarium, wenn die vergesellschafteten Arten zu ihrer Größe passen. An die Wasserverhältnisse werden wenig Ansprüche gestellt, auch in mittelhartem Wasser ist die Zucht zahlreicher Arten gelungen. Wichtig ist die Fütterung mit Lebendfutter, möglichst auch Insekten (z. B. *Drosophila*) und deren Larven. Der Zuchtansatz erfolgt in kleinen Aquarien von mindestens 5 l Inhalt mit einem Pärchen oder einem Männchen und zwei Weibchen. Die Fische laichen als Haftlaicher an feinfiedrigen Pflanzenbüschen oder Schwimmpflanzen, auch ein Ablaichmop aus Wollfäden wird angenommen. Die Eier können aus dem Substrat abgesammelt und in Wasser aufbewahrt werden, eine angedeutete Trockenperiode in feuchtem Torf ist nicht notwendig. Die Eier entwickeln sich kontinuierlich ohne Einschub von Ruhepausen, die Jungfische schlüpfen nach 14 bis 18 Tagen. Sie halten sich zwischen den Wasserpflanzen an der Oberfläche auf. Erstfutter sind für kleinere Jungfische Räder- und Pantoffeltierchen, für die größeren Nauplien von Kleinkrebsen. Das Wachstum verläuft unterschiedlich schnell, ein Aussortieren der Jungfische nach Größengruppen ist zu empfehlen, da sie sich sonst gegenseitig vertilgen können. Manche Arten sind erst nach etwa 10 Monaten zuchtfähig, erreichen aber auch ein Alter bis zu 5 Jahren.

Die zuerst gefundene Art der Gattung ist *Epiplatys sexfasciatus* GILL, 1862.

EPIPLATYS ANNULATUS
(BOULENGER, 1915)
Ringelhechtling

Lebensraum: Afrika: Küstenregionen Guineas, Sierra Leones, Liberias. Die Art lebt in offenen Abschnitten von Bächen und Tümpeln, aber auch im Bereich sumpfiger Uferabschnitte. Werte an einem Fundort: Wassertiefe 40 bis 50 cm, Temperatur 25 bis 27°C, Wasserhärte 1 bis 1,5° dH, pH-Wert 6,3 bis 6,7. *E. annulatus* wurde gemeinsam mit *Epiplatys fasciolatus, E. bifasciatus, E. barmoiensis, Roloffia liberiense*, Arten aus der Unterfamilie *Procatopodinae* und Salmlern gefunden. Die ersten *E. annulatus* kamen aus Sierra Leone und lösten seinerzeit eine Welle der Begeisterung bei den Killifischfreunden aus.

Größe und Färbung: Die Männchen erreichen nur in Ausnahmefällen 5 cm, meistens bleiben sie kleiner. Ihre Färbung ist sehr kontrastreich: 4 breite dunkelgraue bis schwarze und sehr breite Querbinden laufen um den Körper herum. Die erste beginnt am Kopf hinter dem Auge. Zwischen den Querbinden befinden sich helle, schwach goldfarben getönte Streifen. Die Rückenflosse ist im vorderen Teil rot, im hinteren Teil blaugrün oder insgesamt schwärzlich bis bläulich. Die Afterflosse hat im vorderen Teil eine schwärzliche, im mittleren Teil und an der Basis eine dunkle bis schwarze Färbung in Fortsetzung der Körperquerbinde und ist hinten gelblich, rotorange oder schwarz gesäumt. Die Schwanzflosse hat durch die starke Verlängerung ihrer mittleren Flossenstrahlen ein besonders auffälliges, pinselförmiges Aussehen. Der Mittelteil ist orangegelb bis rot, nach oben und unten folgen schmale blaue, dann orangefarbene bis rote Längsstreifen. Die abschließenden breiten Flossensäume sind leuchtend blau. Die Rücken- und Afterflosse sind spitz, die Brustflossen fadenförmig ausgezogen. Alle Schuppen tragen einen schwarzen Saum. Auf dem Kopf befindet sich ein markanter silbriger Leuchtfleck.

Die Körperfärbung des bis 2 cm kleineren Weibchens ähnelt der des Männchens. Die Flossen sind farblos, abgerundet, nur die Schwanzflosse kann im mittlerenTeil gelblich getönt sein. Ihre mittleren Flossenstrahlen haben keine Verlängerung.

Pflege und Zucht: *E. annulatus* ist ein nichtannueller Pflanzenlaicher. Die Haltung im Artaquarium kann sehr empfohlen werden. Die damit verbundene extensive Zuchtmethode hat beste Erfolgsaussichten. Die Eier und die Jungfische sind sehr klein. Sie schlüpfen bei 27°C nach 9 bis 11 Tagen. Als Erstfutter eignen sich Räder- und Pantoffeltierchen. Die Jungfische halten sich vorwiegend zwischen Pflanzen an der Wasseroberfläche auf und können mit einem Löffel abgeschöpft werden. Sie wachsen sehr langsam und sind erst nach 4 bis 6 Monaten zuchtfähig.

Besonderheiten: Von *E. annulatus* gibt es mehrere Populationen („Kasawe Forest", „Monrovia", „Conakry"), deren Männchen sich in ihrer Färbung unterscheiden. Die Weibchen kann man nicht auseinanderhalten, so daß die Gefahr der Kreuzung von Populationen groß ist.

E. annulatus ist die Leitart der monotypischen Gattung / Untergattung *Pseudepiplatys* CLAUSEN, 1967. Es besteht engste Verwandtschaft zur Gattung *Epiplatys*, von der nach Ansicht verschiedener Autoren keine Trennung erfolgen sollte.

EPIPLATYS BIFASCIATUS
(STEINDACHNER; 1881)
Zweibandhechtling

Lebensraum: Afrika: Westafrika, von Senegal bis Tschad, in den Einzugsgebieten der Flüsse Senegal, Niger, Volta, Nil und des Tschadsees. Die Art kommt häufig gemeinsam mit *E. spilargyreius* und *Aplocheilichthys normani* vorwiegend in Savannengebieten, kaum im Regenwald, vor. Erste Funde kamen von Bahr-el-Zeraf und Bahr-el-Jebel aus dem Sudan.

Größe und Färbung: Die Grundfarbe des bis etwa 7 cm lang werdenden Männchens ist grünlich bis gelblich mit einem blauen metallischen Schimmer. Zwei schwarze Längsstreifen ziehen sich vom Kopf bis in den Schwanzstiel. Sie sind bei jungen Männchen häufig unregelmäßig ausgebildet und verblassen bei erwachsenen Exemplaren stark. Die Schuppen der Körperseiten sind rot umrandet (genetzt), der Rücken ist dunkelbraun gefärbt. Die unpaaren Flossen zeigen eine rote Punktierung, sind gestrichelt oder quergestreift, gelegentlich blau oder schwarz gesäumt. Manchmal befindet sich ein breiter dunkler Saum am unteren Rand der Schwanzflosse. Die Flossenstrahlen des mittleren Teils der Schwanzflosse sind deutlich verlängert, die Rücken- und Afterflosse zugespitzt.

Das um etwa 1 cm kleinere Weibchen ist in Färbung und Zeichnung dem Männchen ähnlich, allgemein aber blasser und hat gerundete Flossen.

Pflege und Zucht: siehe Gattungsbeschreibung. *E. bifasciatus* braucht zum Wohlbefinden stärkere Temperaturschwankungen. Die Jungfische schlüpfen nach 12 bis 14 Tagen und sind nach etwa vier Monaten laichfähig.

Besonderheiten: Von *E. bifasciatus* gibt es, dem großen Verbreitungsgebiet entsprechend, zahlreiche Populationen mit unterschiedlicher Färbung und Zeichnung. Bemerkenswert bleibt, daß sich die Art trotz zahlreicher Importe in den Aquarien der Killifischfreunde nie lange hält, obwohl es sich um sehr schöne Fische handelt. Verwandtschaftliche Beziehungen bestehen zu *E. barmoiensis* und *E. chevalieri*.

EPIPLATYS CHAPERI
(SAUVAGE, 1882)
Ghanahechtling

Lebensraum: Afrika: Ghana (Südwesten), Elfenbeinküste (Südosten), Togo (Südwesten), teilweise gemeinsam mit *E. dageti*, *E. sheljuzhkoi* und *Aplocheilichthys*-Arten. Erstfunde kamen von der Lagune d'Assinie bei Couacrou (90 km östlich von Abidjan, Elfenbeinküste).

Größe und Färbung: Die Grundfarbe des 7 bis 8 cm lang werdenden Männchens ist sehr variabel, meistens aber bräunlich bis bläulich (Glanzschuppen) mit rotbraunen Punkten in Längsreihen auf den Körperseiten. Vier dunkle Querbinden, die im Alter verblassen, befinden sich in der hinteren Körperhälfte. Die erste zeigt sich über dem Ansatz der Afterflosse unterhalb der Mittellinie. Der Rücken ist dunkeloliv, die Bauchregion gelblich bis weißlich. Die unpaaren Flossen sind grünlich bis gelborangefarben mit unregelmäßigen roten bis rotbraunen Punkten und Strichen zwischen den Flossenstrahlen. Die Rückenflosse und die Schwanzflosse tragen oben und hinten oft einen blauen Saum; die Afterflosse und die Schwanzflosse unten einen schwarzen Saum. Die mittleren und unteren Strahlen der Schwanzflosse sind gelegentlich lappig verlängert, die After- und Rückenflosse zugespitzt sowie einzelne Flossenstrahlen der Afterflosse verlängert.

Die Grundfarbe des ein wenig kleineren Weibchens ist braunrot bis braungrau mit einer dem Männchen ähnlichen Zeichnung. Die Flossen sind durchsichtig und abgerundet.

Pflege und Zucht: siehe Gattungsbeschreibung, meistens problemlos. Oft gibt es bei der Nachzucht eine ungleiche Verteilung der Geschlechter, manchmal sind bei den Nachzuchttieren 95% von einem Geschlecht.

Besonderheiten: Neben der Stammform gibt es verschiedene Unterarten, die teilweise aber nur als Populationen oder Lokalformen angesehen werden: *E. ch. spillmanni*, *E. ch. schreiberi*, *E. sheljuzhkoi*. Zur *Chaperi*-Artengruppe gehören außerdem *E. etzeli* und *E. roloffi*. Die Unterarten sind miteinander fertil kreuzbar, daher ist auf eine sorgfältige Trennung, besonders der Weibchen, zu achten. Farblich attraktiv ist eine Form des *E. ch. chaperi* aus Angona (SW-Ghana), die sich durch eine Rotfärbung der unpaaren Flossen auszeichnet. In der Aquaristik kannte man früher den heutigen *E. dageti monroviae* als *E. chaperi*. ARNOULT und DAGET ermittelten 1964, daß BOULENGER bei der Einordnung dieses Fisches in seinen „Katalog afrikanischer Süßwasserfische" einer Verwechslung unterlegen war.

EPIPLATYS CHEVALIERI
(PELLEGRIN, 1904)
Zierhechtling

Lebensraum: Afrika: Kongo, Zaire, Zentralafrikanische Republik, in Savannengebieten. Die Art lebt in langsam fließenden Bächen und in sumpfigen Ausständen. Wasserwerte an einem Fundort: pH 4,5 bis 6, dH 0,5 bis 1°, Wassertemperatur 22,3 bis 25,5°C. Die Art kommt gemeinsam mit *E. multifasciatus*, *Adamas formosus*, *Aphyosemion christyi*, *A. cognatum* und Fischen aus anderen Familien vor.

Größe und Färbung: Die Grundfarbe des 5 bis 6 cm langen Männchens ist grünlich bis grüngelblich, der Rücken oliv bis hellbraun und der Bauch hell. Die Körperseiten haben 5 bis 6 regelmäßige Längsreihen relativ großer karminroter Punkte. Unterhalb der Mittellinie verläuft ein dunkles Band, das aber nicht immer sichtbar ist. Die unpaaren Flossen sind grüngelb bis gelb gefärbt und rot getüpfelt oder flossenstrahlenparallel gestrichelt. Die Flossenenden der Rücken- und Afterflosse haben eine Spitze, die Schwanzflosse lappige Fortsätze. Manchmal läuft die Schwanzflosse auch unten spitz aus.

Die Färbung und Zeichnung des kleineren Weibchens ist dem Männchen ähnlich, aber nicht so brillant. Ein dunkles Längsband tritt deutlich hervor. Die Flossen sind abgerundet und farblos.

Pflege und Zucht: siehe Gattungsbeschreibung. Die Art stellt hohe Ansprüche an die Wasserqualität. Die Eier sind pigmentiert, der Schlupf der Jungfische geschieht bei 24°C nach etwa 19 Tagen. Die Jungfische haben ein klebriges Sekret auf dem Kopf und können sich damit an Scheiben und Wasserpflanzen anheften. Das Wachstum ist relativ langsam; nach 6 Monaten sind die Fische fortpflanzungsfähig.
Besonderheiten: Neben der Stammform gibt es die Unterart *E. ch. nigricans* (BOULENGER, 1913), die von verschiedenen Ichthyologen nur als Population betrachtet wird. Äußerliche Ähnlichkeiten bestehen mit *E. sangmelinensis* und *E. bifasciatus*. Zur *Chevalieri*-Artengruppe gehören außer den genannten keine weiteren Arten. Das unterstreicht ihre Sonderstellung.

EPIPLATYS DAGETI
POLL, 1953
Querbandhechtling

Lebensraum: Afrika: Elfenbeinküste, Ghana (Westen), Liberia, in Sümpfen und Bächen der Küstengebiete. In einem Tümpel bei Port Bouet, 18 km von Abidjan (Elfenbeinküste) entfernt, vergesellschaftet mit *E. bifasciatus, E. etzeli* und *Aplocheilichthys rancureli*, wurde die Art erstmals entdeckt. Wasserwerte an einem Fundort: 25°C, pH 6,2, dH 3°.
Größe und Färbung: Die Grundfarbe des bis 5 cm großen Männchens ist hellgelb bis olivgrün oder braunoliv mit bläulichen Glanzzonen. Die Schuppen tragen rotbraune bis schwärzliche Säume. Auf den Körperseiten befinden sich 5 bis 6 Querbinden, die erste unmittelbar hinter der Brustflosse, die letzte als innere Begrenzung der Schwanzflosse. Der Rücken ist olivbraun, der Bauch weißlich. Die unpaaren Flossen sind spitz ausgezogen, haben eine braungrüne bis grünliche Färbung und unregelmäßige rote Punkte und Striche, teilweise zeigt sich eine vollständige Rotfärbung einzelner Flossenstrahlen. Die mittleren Flossenstrahlen der Schwanzflosse haben eine geringe Verlängerung. Die Rücken- und der obere Teil der Schwanzflosse sind bläulich, Afterflosse und Schwanzflosse-unten breit schwarz gesäumt. Die Bauchflossen laufen in schwarzen Spitzen aus.

Die Färbung und Zeichnung des Weibchens ist der des Männchens ähnlich, aber wesentlich abgeschwächt. Besonders deutlich zeigen sich die dunklen Querbinden. Die Rückenflosse ist etwas punktiert und gelblich, die Flossen allgemein abgerundet.
Pflege und Zucht: siehe Gattungsbeschreibung. *E. dageti* ist eine nichtannuelle, unproblematische Art, die sich großer Beliebtheit erfreut und seit Jahrzehnten zum festen Bestand der Killifischfreunde gehört.
Besonderheiten: Die Erstbeschreibung stammt von 1953, obwohl die Unterart *E. d. monroviae* ARNOULT & DAGET, 1964, aus Liberia bereits seit 1908 bekannt ist, aber durch eine Fehlbestimmung als *E. chaperi* in den Handel kam. Häufig gab es

auch Verwechslungen mit *E. sexfasciatus*. *E. d. dageti* und *E. d. monroviae* unterscheiden sich in der Färbung und Zeichnung nur wenig. Sicheres Unterscheidungsmerkmal ist eine Rotfärbung der Kehle, die nur bei *E. d. monroviae* vorkommt. Kreuzungen beider Formen sind möglich und weiterhin fruchtbar. Der Name „Querbandhechtling" bezieht sich traditionell meistens auf die Art *E. d. monroviae*.

EPIPLATYS FASCIOLATUS
(GÜNTHER, 1866)
Gebänderter Hechtling

Lebensraum: Afrika: Guinea, Sierra Leone, Liberia, in Bächen und kleinen Wasseransammlungen mit kiesigen bis schlammigen, z.T. laubbedeckten Gewässerböden. Gemeinsam mit *E. fasciolatus* wurden *E. lokoensis*, *E. bifasciatus*, *E. matlocki*, *E. annulatus*, *Roloffia roloffi*, *R. geryi*, *R. liberiensis*, *R. chaytori*, *Aplocheilichthys normani* und Fische aus anderen Familien gefunden. Wasserwerte an einem Fundort: 23 bis 25°C, pH 5,7 bis 6,7, dH 0,2 bis 2,0°.
Größe und Färbung: Die Grundfarbe des bis 9 cm lang werdenden Männchens ist bläulich, grünlich, bräunlich (dunkelbraun). Die Körperseiten sind bedeckt mit großen leuchtenden Schuppen, die blau, grün oder golden schimmern. Sie können rot genetzt sein, möglich sind auch regelmäßige Längsreihen roter Punkte, manchmal nur in der vorderen Körperhälfte. In der hinteren Körperhälfte treten je nach Alter, Population und Verfassung bis zu 9

dunkle Querstreifen auf, die schräg, winklig, senkrecht oder gebogen angeordnet sein können. Die Muster befinden sich stets in Übereinstimmung mit der Schwanzflosse. Die unpaaren Flossen sind gelblich, grünlich oder bläulich gefärbt. Die Rückenflosse hat eine rote Punktierung, ist auch gefleckt oder gestrichelt, oft mit einem bläulichen Saum versehen. Teilweise trägt die Flossenkante ein schmales rotes Band. Die Afterflosse ist vereinzelt rot punktiert oder gestrichelt, die Basis meist bläulich, zwei schmale rote oder dunkle Bänder befinden sich am Flossenrand (typisches Kennzeichen für *E. f. fasciolatus*). Die Schwanzflosse hat durch den ausgefransten hinteren Flossenrand ein sehr markantes Aussehen. Die Flossenstrahlen sind allgemein rötlich, die mittleren verlängert. Die Schwanzflosse hat oben und unten einen bläulichen oder grünlichen Saum, der nach innen meistens durch einen schmalen rotbraunen Streifen abgesetzt ist. Die untere Flossenkante ist rötlich oder dunkel gefärbt. Die Rücken- und Afterflosse sind zugespitzt.

Die Grundfarbe und Zeichnung des vergleichsweise kleineren Weibchens ähnelt der des Männchens. Die Leuchtschuppen und der metallische Glanz fehlen aber. Auf den Körperseiten befindet sich bei Erregung unterhalb der Mittellinie gelegentlich ein breites dunkles Längsband (soll auch Laichbereitschaft signalisieren) oder ein größerer dunkler Fleck am Brustflossenansatz. Die Flossen sind abgerundet und farblos.
Pflege und Zucht: siehe Gattungsbeschreibung. *E. fasciolatus* ist eine problemlose und beliebte Killifischart, die sich

sehr gut für das Gesellschaftsbecken eignet und sich bevorzugt in den oberen Wasserschichten aufhält. Die Entwicklungsdauer des Laichs beträgt bei 23°C 12 bis 15 Tage. Nach 5 bis 6 Monaten ist mit Abschluß der Ausfärbung des Männchens die Möglichkeit zum Zuchtansatz gegeben.

Besonderheiten: Von *E. fasciolatus* sind zahlreiche Populationen bekannt, die in Färbung und Zeichnung sehr variieren. Alle stammen aus den Küstenebenen der Verbreitungsgebiete, enge Verwandtschaft besteht zu *E. zimiensis* und *E. najalensis*. Der als „Goldfasciolatus" in den Handel gekommene *E. zimiensis* wird verschiedentlich als Population von *E. fasciolatus* betrachtet. Die Unterart *E. f. tototaensis* ROMAND, 1978 (Totota-Hechtling) wurde 3 km südlich von Totota an der Straße nach Monrovia (Liberia) gefunden. Sie unterscheidet sich von den bekannten Populationen durch ihre blauviolette Grundfärbung, besonders in der Region unterhalb der Mittellinie und durch die breiten schwarzen Säume an der After- und unteren Schwanzflosse. Einige Autoren sehen eine Identität mit *E. matlocki*. *E. fasciolatus* ist namengebend für eine Gruppe von Fischen, die sich in ihren Grundstrukturen nur wenig unterscheiden.

EPIPLATYS GRAHAMI
(BOULENGER, 1911)
Leuchtaugenhechtling

Lebensraum: Afrika: Küstennahe Gebiete Benins, Nigerias, Kameruns, Äquatorial-Guineas und Gabuns. Die Art lebt in Lagunen, Sümpfen und Seitengewässern der Flußmündungen mit gelegentlich schwachem Salzgehalt, oft vergesellschaftet mit *Aphyosemion calliurum*, *Epiplatys sexfasciatus*, *E. longiventralis*, *Aplocheilichthys spilauchen*. Die ersten Exemplare kamen aus Sümpfen bei Lagos.

Größe und Färbung: Die Grundfarbe des 6 bis 7 cm langen Männchens ist grün bis braun in verschiedenen Variationen mit einem blauen bis blaugrünen Schimmer. Auf den Körperseiten befinden sich unregelmäßige Längsreihen roter, rotbrauner oder schwarzer, relativ großer Punkte und mei-

stens 5 bis 6 dunkle, unregelmäßig lange und breite Querbinden (abwechselnd lang-kurz), die bei jungen Exemplaren deutlicher und über den gesamten Körper verteilt sind. Charakteristisch ist das leuchtend grüne Auge, ein hellblauer Fleck auf den Kiemendeckeln und ein rot umrandetes Maul. Die unpaaren Flossen sind schwach gelblichgrün, spitz ausgezogen und mit roten oder dunklen Punkten und Strichen zwischen den Flossenstrahlen versehen. Die Schwanzflosse hat verlängerte mittlere und untere Flossenstrahlen und manchmal einen dunklen Saum.

Die Grundfarbe und Körperzeichnung des 1 bis 1,5 cm kleineren Weibchens ähnelt der des Männchens. Die Flossen sind farblos und ohne Punkte, die runde Afterflosse trägt einen blauen Saum. Bei Erregung zieht sich ein breites, unregelmäßig ausgebildetes Längsband unterhalb der Mittellinie über den ganzen Körper.

Pflege und Zucht: siehe Gattungsbeschreibung. *E. grahami* ist eine leicht zu haltende und unkomplizierte Art. Die Jungfische sollten nach Größengruppen getrennt werden, da die größeren Fische die kleineren als Futter betrachten können.

Besonderheiten: Die Art ist in Färbung und Zeichnung sehr variabel. Ähnlichkeiten bestehen mit den Arten der *Grahami*-Artengruppe: *E. macrostigma*, *E. nigromarginatus*, *E. ornatus*, *E. zenkeri*, aber auch mit *E. sexfasciatus*, *E. longiventralis* und *E. singa*. Zu der letztgenannten Art gibt es enge verwandtschaftliche Beziehungen.

EPIPLATYS LAMOTTEI
DAGET, 1954
Rotpunkthechtling

Lebensraum: Guinea (Südosten), Liberia (Norden). Wasserwerte am Fundort: 21 bis 23°C, dH 1 bis 1.5°, pH 7,5 bis 7,8, beschattetes Urwaldgewässer. Begleitfische waren *E. hildegardae, Roloffia maeseni* und *R. viridis.*

Größe und Färbung: Die Grundfarbe des etwa 7 cm lang werdenen Männchens ist ein bläulich-violetter Glanz, der sich bis in die Flossen hineinzieht und dadurch den Fisch sehr attraktiv macht. 5 bis 7 rote Punktreihen auf dem Körper und rote Bänder, Striche, Punkte in den Flossen stehen dazu in starkem Kontrast. Die Art hat keine deutliche Querbänderung auf den Körperseiten, nur gelegentlich zeigen sich dunkle Flecke im Bereich der Mittellinie. Die Bauchflossen und die Afterflosse sind lang ausgezogen, alle anderen Flossen mehr abgerundet.

Die Grundfarbe des etwa 1 bis 1,5 cm kleineren Weibchens ist bräunlich mit einem schwachen violettblauen Schimmer und Längsreihen kleiner roter Punkte auf den Körperseiten. Ein schwarzes Längsband und schmale Querbänder sind nur bei Erregung und als Nachtfärbung sichtbar.

Pflege und Zucht: siehe Gattungsbeschreibung. Die Nachzucht des nichtannuellen Pflanzenlaichers ist nicht einfach. Die Eier benötigen viel Frischwasser und sind relativ empfindlich. Der pH-Wert sollte nicht unter 7 sinken, auch wenn gelegentlich im sauren Bereich die Zucht bereits gelungen ist. Ein relativ schattiger

Standort des Aquariums und Salzzugaben (1 Eßlöffel pro 10 Liter) werden empfohlen.

Besonderheiten: Verwandtschaftlich steht *E. lamottei* der Art *E. fasciolatus* am nächsten, nimmt aber eine gewisse Sonderstellung innerhalb der Gattung ein und bildet eine eigene Artengruppe. Bemerkenswert sind die im alkalischen Bereich liegenden Wasserwerte, offensichtlich ein Schlüssel für die erfolgreiche Nachzucht.

EPIPLATYS OLBRECHTSI
POLL, 1941

Lebensraum: Liberia, Elfenbeinküste, Guinea, in flachen Gewässern mit einem leicht sauren pH-Wert und sehr geringer Wasserhärte, oft gemeinsam mit *Aplocheilichthys schiötzi* und verschiedenen *Roloffia*-Arten: *R. maeseni, R. liberiense, R. viridis.*

Größe und Färbung: Dieser Hechtling wird bis 10 cm lang, das Weibchen erreicht etwa 8 cm. Die Grundfarbe des Männchens ist oberhalb der Mittellinie mehr gelbgrün, unterhalb blaugrün, der Bauch leicht orangefarben. Die Körperseiten sind mit rotem Netzmuster oder einem Raster aus großen rotbraunen Punkten bedeckt, dazwischen liegen schmale rötliche Querstreifen. Angedeutete 7 bis 8 breite dunkle, etwas schräge Querbinden in der hinteren Körperhälfte unterhalb der Mittellinie sind ebenfalls möglich. Die unpaaren Flossen zeigen auf grünlichem Grund braunrote Punkte, Flecke, oder Striche zwischen den Flossenstrahlen und rotbraune, blaue, orangefarbene Bänder. Die besonders markante Schwanzflosse ist im oberen Teil rot gepunktet. Den Abschluß nach außen bildet ein rotes Band und ein blauer Saum. Der mittlere Teil der Flosse hat rote Flossenstrahlen, der untere nach außen hin wiederum ein rotes Band, dann ein schmales blaues und einen charakteristischen orangefarbenen bis gelborangen Saum in Fortsetzung der Afterflossenzeichnung.

Die Färbung und Zeichnung des Weibchens ist der des Männchens in abgeschwächter Form ähnlich. Die dunklen Binden sind deutlicher, die Flossen farblos

und gerundet.

Pflege und Zucht: siehe Gattungsbeschreibung. *E. olbrechtsi* ist eine nichtannuelle Art, die meistens wenig Probleme bringt.

Besonderheiten: *E. olbrechtsi* und seine Unterarten *E. o. kassiapleuensis, E. o. azureus, E. o. dauresi* stehen *E. fasciatus* verwandtschaftlich sehr nahe. Manche Auto-

ren bezweifeln die Selbständigkeit der Arten und betrachten sie als Unterarten von *E. fasciatus* bzw. als Populationen ohne Artrang.

EPIPLATYS SEXFASCIATUS
GILL, 1862
Sechsbandhechtling

Lebensraum: Ghana, Togo, Benin, Nigeria, Kamerun, Äquatorial-Guinea, Gabun, in Flüssen, Bächen, Tümpeln, Sümpfen unterschiedlicher Beschaffenheit. Die Fische kommen hauptsächlich in Regenwäldern und Savannengebieten des küstennahen Flachlandes vor, teilweise gemeinsam mit *E. grahami, E. longiventralis, Aphyosemion bivittatum, A. calliurum, Procatopus*-Arten u.a.. Die ersten *E. sexfasciatus* wurden in Gabun gefunden.

Größe und Färbung: Die Grundfarbe des 8 bis 10 cm lang werdenden Männchens ist oberhalb der Mittellinie bräunlich bis grünlich, unterhalb zeigt sich ein schwärzliches Blau bis Violett, die Übergänge sind fließend. Die Schuppenränder auf den Körperseiten haben oberhalb der Mittellinie ei-

ne rote Farbe und ergeben insgesamt ein netzartiges Mosaik. Im Bereich der Mittellinie zeigen sich Längsreihen roter Punkte oder Flecken von unterschiedlicher Intensität. Die Bauchregion ist weißlich. Auf dem Körper befinden sich 6 dunkelblaue bis schwarze, unregelmäßig ausgebildete Querbinden. Die erste liegt unmittelbar hinter den Brustflossen, die letzte an der Basis der Schwanzflosse. Die drei ersten zeigen sich nur unterhalb der Mittellinie, die übrigen reichen über den gesamten Körper. Die unpaaren Flossen sind grünlich bis gelbgrün mit grünen, blauen oder rotbraunen Säumen und rotbraunen Punkten und Strichen zwischen den Flossenstrahlen. Die Rücken- und Afterflosse sind spitz ausgezogen, die Schwanzflosse im mittleren Teil lappig verlängert. Die Brust- und Bauchflossen haben eine transparente Basis und danach oft breit orangefarbene bis gelbe Zonen und dunkelrote Säume. Die Kehle ist bei dieser Art oft bläulich gefärbt.

Die Grundfarbe und Zeichnung des 1 bis 2 cm kleineren Weibchens ähnelt dem Männchen, ist aber wesentlich abgeschwächt. Die dunklen Querbinden sind breiter und oft zahlreicher, die unpaaren Flossen leicht gelblichgrün mit wenigen kleinen roten Punkten und abgerundet.

Pflege und Zucht: siehe Gattungsbeschreibung. Sie ist allgemein problemlos. Die Fische laichen bei guter Fütterung willig an alle angebotenen Substrate, die Jungfische schlüpfen in Abhängigkeit von der Temperatur nach etwa zwei Wochen.

Besonderheiten: *E. sexfasciatus* ist die Art, nach der die Gattung *Epiplatys* einge-

richtet worden ist. Von ihr gibt es, dem sehr großen Verbreitungsgebiet entsprechend, zahlreiche Populationen mit unterschiedlicher Färbung und Zeichnung, von denen einige nach erfolgten Kreuzungsexperimenten und aufgrund deutlicher Abweichungen in den Unterartenrang gestellt werden konnten:

E. s. baroi BERKENKAMP, 1975, Roter Sechsbandhechtling.
   Kamerun, bis 9 cm. Körperfarbe des Männchens metallisch blau bis grün, 6 dunkle Querbinden, rote Punkte in Längsreihen. Unpaare Flossen und Bauchflossen prächtig orangerot gefärbt, mit einem schmalen dunklen Randsaum versehen, schlanke Art.

E. s. rathkei RADDA, 1970.
   Kamerun, bis 10 cm. Grundfarbe des Männchens gelborange mit blaugrünem Glanz, meist 7 bis 10 dunkle Querbinden (6 breitere, dazwischen schmale), rote Punkte, die netzartig auf den Körperseiten angeordnet sind. Unpaare Flossen orangerot, breite schwarze Säume. Art erst nach 9 Monaten zuchtreif.

E. s. togolensis LOISELLE, 1971, Togohechtling.
   Togo, Ghana, in langsam fließenden Gewässern, Bewässerungsgräben von Plantagen. Wasserwerte am Fundort: 22°C, dH 2°, pH 5,8 bis 6,5, steiniger Boden, klares Wasser, überhängendes Gebüsch und Gras, bis 7 cm. Grundfarbe des Männchens gelborange, bläulicher Glanz, 8 dunkle Querbinden, 4 bis 5 Längsreihen roter Punkte, gelegentlich weitere schmale Querbinden dazwischen.

EPIPLATYS SPILARGYREIUS
DUMERIL, 1861
Braunbindenhechtling
Schrägstreifenhechtling

Lebensraum: Westafrika, in einem Gebiet von Senegal bis in den Tschad und Sudan, in stehenden, sonnenbeschienenen Savannen-Gewässern mit Schwimmpflanzen und flachem Wasserstand. Werte an einem Fundort: 28 bis 31°C, dH 1 bis 3°, pH 5,5 bis 7,5. Begleitfische sind u. a. *E. bifasciatus, Aplocheilichthys normani, A. pfaffi*.
Größe und Färbung: Der etwa 6 cm lange *E. spilargyreus* ist, dem großen Verbreitungsgebiet entsprechend, unterschiedlich gefärbt und gezeichnet. Besonders auffallend sind die golden schimmernden Glanzschuppen auf den Körperseiten. Der Rücken ist dunkelbraun, der Bauch heller. Auf dem Körper befinden sich meistens mehr als 10 schräge, unterschiedlich deutliche Querbinden, die sich bis in die Schwanzflosse fortsetzen. Dazu zeigen sich ein breites dunkles Längsband unterhalb der Mittellinie und gelegentlich unregelmäßige rote Punkte. Die unpaaren Flossen sind grünlich bis orangefarben mit einem dunklen Saum und dunklen Punkten, Strichen, Flecken zwischen den Flossenstrahlen, gelegentlich in Reihen angeordnet, und hellblauen Flossenkanten. Die mittleren Strahlen der fast kreisrunden Schwanzflosse zeigen eine deutliche Verlängerung. Populationen aus dem Volta-Flußgebiet haben orangefarbene bis gelbe, aus dem Tschadgebiet farblose Flossen.
   Die Grundfarbe des 5 cm langen Weibchens ist bräunlich mit mattem grünlichen Glanz. Seine Körperzeichnung ähnelt der des Männchens. Der Rücken hat eine dunkle, der Bauch eine helle Färbung. Die Flossen sind abgerundet und fast farblos.
Pflege und Zucht: siehe Gattungsbeschreibung. Die nichtannuelle Art fühlt sich bei Temperaturen von 26 bis 28°C besonders wohl. Sie liebt eine versteckte Lebensweise und hält sich vorwiegend zwischen den Pflanzen an der Wasseroberfläche auf. Das Wachstum der Jungfische ist langsam. Sie sind nach 4 bis 6 Monaten zuchtfähig.
Besonderheiten: Verwandtschaftlich steht *E. fasciolatus* am nächsten.

DIE GATTUNG *NOTHOBRANCHIUS*

PETERS, 1868
Prachtgrundkärpflinge

Lebensraum: Die Arten dieser Gattung kommen vorwiegend in Ost- und Zentralafrika von Somalia über Uganda, Kenia, Ruanda, Burundi, Zaire, Tansania, Malawi, Sambia, Mocambique, Simbabwe bis Südafrika (Krüger National Park, Natal) in Savannen- und Trockengebieten mit deutlichen Regen- und Trockenzeiten vor. Im Gebiet des Tschadsees leben ebenfalls *Nothobranchius*-Arten, die z.T. noch nicht bestimmt und aquaristisch verbreitet sind. Es kann angenommen werden, daß sich das Verbreitungsgebiet durch neue Funde noch vergrößern wird. Die Fische bewohnen Gewässer unterschiedlicher Art und Größe mit meistens stagnierendem Wasser, die periodisch austrocknen und sich nur in den Regenzeiten mit Wasser füllen. Der Bodengrund besteht aus Schlamm oder zerfallendem organischen Pflanzenmaterial. Die Wassertemperaturen schwanken in Anpassung an die zwischen 0 und 40°C erheblichen Schwankungen der Lufttemperatur beträchtlich. Die Gewässer sind durch die geringe oder fehlende Ufervegetation der Sonneneinstrahlung ungehindert ausgesetzt. Die Wasserhärte und der pH-Wert sind deutlichen Schwankungen unterworfen. Beide werden durch die vorhandenen chemischen Bodenwerte wesentlich beeinflußt.

Systematik: Zur Gattung *Nothobranchius* gehören fast 40 Arten und Unterarten, die mit wenigen Ausnahmen alle typische annuelle Saisonfische sind und zur Gruppe der „Bodenpflüger" gerechnet werden. PETERS begründete 1868 die Gattung auf Grund erheblicher morphologischer Unterschiede dieser Fische zu den bis dahin bekannten, altweltlichen Eierlegenden Zahnkarpfen, besonders zu den Prachtkärpflingen.

N. orthonotus (PETERS, 1844) aus dem Gebiet südlich des Malawisees ist der erste Killifisch, der in Afrika entdeckt und beschrieben wurde. Verwandtschaftliche Beziehungen bestehen zu den Gattungen *Fundulosoma* und *Pronothobranchius*, die Bindeglieder zwischen den Gattungen *Nothobranchius* und *Aphyosemion* darstellen.

Die Gattung wird von einzelnen Autoren in drei oder mehr Untergattungen gegliedert: *Nothobranchius* i.e.S., *Aphyobranchius*, *Paranothobranchius*. Gebräuchlicher ist aber eine Aufteilung in Artengruppen nach geographischen (Küstenebene, Inlandplateau, Flußsystem), farblichen und morphologischen Gesichtspunkten. In den letzten Jahren wurden zahlreiche neue Arten, Artpopulationen und Formen gefunden, die Anlaß zur Veränderung der Gruppenbildung gaben. Die nachstehende Einteilung in Artengruppen wird benutzt, ist aber durch die Aufnahme neuer Arten wenig stabil. Es bleibt zu erwarten, daß nach Auswertung des zahlreich vorhandenen unbestimmten Materials weitere Umstellungen folgen können. 1993 gab es etwa 40 Spezies, deren Bestimmung und Einordnung im Gang ist oder noch aussteht.

Bekannte Artengruppen sind: *Micro-*

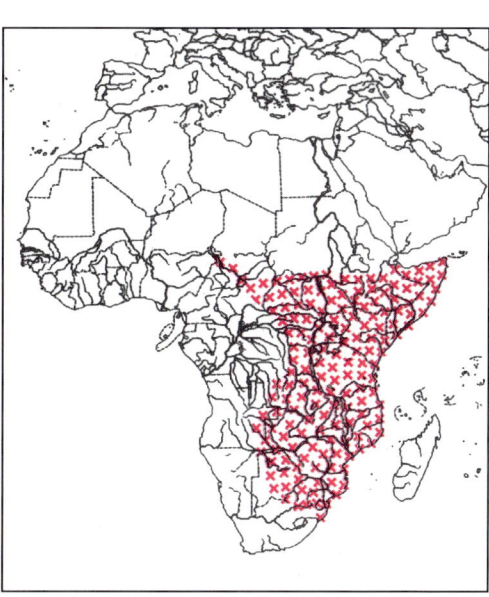

Verbreitungskarte Gattung *Nothobranchius*

lepis-, Orthonotus-, Melanospilus-, Guentheri-, Korthausae-, Rachovii-, Taeniopygus-, Janpapi-Artengruppe. Inzwischen gibt es Überlegungen, die Anzahl der Artengruppen durch Zusammenfassungen weiter zu verringern. Aquaristisch noch wenig bekannt sind die Arten der Orthonotus- und der Taeniopygus-Artengruppe. Eine Art, die nicht in das bekannte Nothobranchius-Schema paßt, ist N. ocellatus. Sie wurde mit N. bojiensis, N. fasciatus, N. microlepis vorübergehend in die eigene Gattung Paranothobranchius gestellt. SEEGERS fand diesen Fisch erst 1989 und brachte ihn lebend nach Deutschland. Das Männchen wird 9 cm lang und hat eine hechtlingsartige Gestalt.

Die Länge der Nothobranchius-Arten schwankt zwischen 4 und 10 cm. Die Vertreter der Gattung sind von kompakter und gedrungener Gestalt. Ihre Körperhöhe ist im Verhältnis zur Körperlänge größer als bei den Aphyosemion-Arten. Die unpaaren Flossen des Männchens sind groß, abgerundet, nicht spitz auslaufend und oft von sehr kontrastreicher Färbung. Die Rückenflosse beginnt kurz vor oder nach dem Anfang der Afterflosse. Die farbig gerandeten Schuppen auf den Körperseiten bilden ein mehr oder weniger deutliches Netzmuster. Die Grundfärbung der Männchen ist rot, braun, grün, blau, der Weibchen grau bis braun. Der Geschlechtsdimorphismus ist durch die Färbung sehr deutlich ausgeprägt.

Die Weibchen sind stets kleiner und unterscheiden sich nach Färbung und Zeichnung innerhalb der Artengruppe kaum. Daher ist bei ihnen eine getrennte Haltung und im Umgang größte Sorgfalt wichtig.

Pflege und Zucht: Die Nothobranchius-Arten sind überwiegend unproblematisch. Die Haltung in einem Artaquarium sollte bevorzugt werden, da die Fische mit Erreichen der Geschlechtsreife ohne Unterbrechung bis zu ihrem natürlichen Tod laichen. Überzählige Männchen sind eine sehr attraktive Bereicherung des Gesellschaftsaquariums und dort wenig scheu. Zur Zucht werden ein Männchen und zwei oder mehr Weibchen in einem Aquarium von mindestens 5 Liter Wasserinhalt angesetzt. Die folgenden Bedingungen sollten eingehalten werden: 1 bis 3 cm Torf als Bodengrund, Versteckmöglichkeiten für die Weibchen, mindestens wöchentlicher Wasserwechsel, ständig ausreichendes Lebendfutter, Bodensubstratwechsel nach 8 bis 14 Tagen, Zusatz von 1 Eßlöffel Salz pro 10 Liter Wasser, schwankende Temperaturen, ggf. Austauschmännchen und -weibchen. Das Ablaichverhalten der Nothobranchius-Arten ist sehr interessant: Das Männchen schwimmt über das Weibchen und berührt mit seiner Kehle dessen Nackenregion. Das Weibchen kommt in Ablaichstimmung, schwimmt zu Boden, das Männchen folgt und versucht, mit seiner Rückenflosse den Rücken des Weibchens zu umfassen. Das Weibchen formt seine Afterflosse zu einem Trichter. Unter Krümmung der Körper und kräftigem Erzittern werden die Geschlechtsprodukte abgegeben und das befruchtete Ei durch den Flossentrichter in den Bodengrund befördert. Das Torf-Laich-Gemisch wird in eine Trockenperiode überführt, bei einigen Arten entwickelt sich der Laich aber auch im Wasser (s. Artbeschreibungen). Dazu gibt man den Torf durch einen Kescher, drückt das überschüssige Wasser leicht aus (Einwickeln in saugfähiges Material auch möglich) und überführt das erdfeuchte Gemisch in ein verschließbares Gefäß oder einen Beutel aus Plastik. Eine regelmäßige Laichkontrolle ist notwendig, dabei wird gleichzeitig Frischluft zugeführt und die Eientwicklung beschleunigt. Sind die Augen der Jungfische im Ei deutlich sichtbar und können Bewegungen beobachtet werden, erfolgt der Aufguß mit deutlich kühlerem Wasser bis zu einem Wasserstand von maximal 10 cm. Die Jungfische schlüpfen nach wenigen Stunden und sollten sofort angefüttert werden (Artemia, Nauplien von Kleinkrebsen, Rädertierchen). Erprobt ist die Methode, unmittelbar beim Wasseraufguß das Erstfutter hinzuzugeben. Der dabei auftretende erhöhte Sauerstoffentzug im Wasser wirkt schlupfstimulierend. Der Torf kann nach 1 bis 2 Tagen nochmals trockengelegt und nach weiteren 3 bis 4 Wochen erneut aufgegossen werden. Die Geschlechtsreife tritt nach etwa 2 Monaten ein, die Fische sollten aber erst im Alter von 3 Monaten zum Ansatz kommen. Die Lebensdauer beträgt auch bei einer kühlen

Haltung, die mit Einschränkungen der Lebensaktivitäten verbunden ist, kaum ein Jahr.

Bei allen *Nothobranchius*-Arten ist die Anfälligkeit gegenüber Ektoparasiten (*Oodinium*) groß. Prophylaxe vom ersten Tag an ist wichtig: Häufiger, regelmäßiger Wasserwechsel, ständiger geringer Salzzusatz (10 g pro 10 l), abwechslungsreiche Fütterung, schwankende Temperaturen von 20 bis fast 30°C. Bei Neuerwerbungen empfiehlt sich Quarantäne und geringe Zugabe von Parasitenbekämpfungsmitteln (nach Packungsbeilage).

NOTHOBRANCHIUS EGGERSI
SEEGERS, 1982
Orchideen-Prachtgrundkärpfling
Eggers' Prachtgrundkärpfling

Lebensraum: Afrika: Tansania (Osten). Der Erstfundort befindet sich am linken Flußufer des Ruhoi neben der Brücke an der Straße Kibiti-Ndundu in kleinen Wasseransammlungen (20 bis 30 cm tief, lehmig trüb, unbeschattet, als Bodengrund Lateritschlamm), vergesellschaftet mit *N. melanospilus* und *N. janpapi*.
Größe und Färbung: Die Grundfarbe des bis 4 bis 5 cm langen Männchens ist hellblau. Auf den Körperseiten befinden sich rote bis rotbraune, unregelmäßige, querbindenähnliche bis gitterförmige Muster (Rhomben), die flach v-förmig nach der Schwanzflosse hin gebogen sind. Der Rücken ist grau bis dunkelbraun. Die unpaaren Flossen haben eine variable Färbung und Zeichnung. Auf bläulichem bis bräunlichem Grund befinden sich dunkelrote Punkte, Flecken, Striche, teilweise zu flossenrandparallelen Bändern vereinigt. Die Flossensäume sind unterschiedlich breit und von weißblauer Farbe. Die Flossenstrahlen der Rücken- und Afterflosse zeigen eine deutliche Verlängerung und sind gefranst.

Die Grundfarbe des kleineren Weibchens ist einfarbig braun bis graubraun.
Pflege und Zucht: siehe Gattungsbeschreibung. *N. eggersi* fühlt sich bei höheren Temperaturen wohler. Bei einer warmen Lagerung des Laichs (um 30°C) in der Trockenperiode schlüpfen die Jungfische nach 4 bis 6 Wochen; die Aufzucht ist problemlos. Die Nachzuchtmännchen sind oft arttypisch unterschiedlich gefärbt und gezeichnet.
Besonderheiten: Nach bisherigen Kenntnissen ist *N. eggersi* eine der farblich variabelsten Arten der Gattung. Neben der beschriebenen „blauen" Form = Population „Ruhoi" wurden weitere Populationen gefunden, deren Rotanteile in der Farbe erheblich größer sind. Die „rote" Form = Population „Rufiji" hat einen weinroten Kopf- und Kehlbereich, eine rote Schwanzflosse, rote Brustflossen, breit rot gesäumte Rücken- und Afterflosse und rot genetzte Körperseiten. Die „rotköpfige" Form fällt durch die mehr ziegelrote Kopffärbung auf, Körper und Flossen sind bläulich bis gelblich mit einer roten Punkt-, Strich- und Bindenzeichnung. Kreuzungen zwischen den Formen sind möglich.

NOTHOBRANCHIUS FOERSCHI
WILDEKAMP & BERKENKAMP, 1979
Foersch's Prachtgrundkärpfling
Butterfly-Prachtgrundkärpfling

Lebensraum: Afrika: Tansania. Der Erstfundort liegt bei Soga in der Nähe Dar es Salaams in den dichtbewachsenen Tümpeln einer Sisalfarm. Diese Gewässer, die teilweise mehrere Monate im Jahr austrocknen, haben Wassertemperaturen bis 30°C. Am gleichen Fundort konnte der Leuchtaugenkärpfling *Aplocheilichthys maculatus* nachgewiesen werden.

Größe und Färbung: Die Grundfarbe des Männchens, das bis 5,5 cm lang werden kann, ist bläulich bis grünblau mit einer roten Netzzeichnung auf den Körperseiten. Die Kehlregion und der Bauch sind olivgelblich gefärbt. Die Rücken- und Afterflosse zeigen sich gelb bis gelbgrün mit braunroten Punkten und Strichen zwischen den deutlich sichtbaren Flossenstrahlen. Die Schwanzflosse ist durchgängig leuchtend rot und hat keinen dunklen Saum. Die paarigen Flossen sind gelb und tragen blaue Säume.

Die Grundfarbe des 1 bis 2 cm kleineren Weibchens ist braungrau. Es hat einen hellen Bauch und schwach grauschwärzlich gerandete Schuppen. Die unpaaren Flossen sind farblos, gelegentlich zeigt sich eine dunkle Musterung an der Flossenbasis.

Pflege und Zucht: siehe Gattungsbeschreibung. Der Schlupf der Jungfische erfolgt bei Temperaturen von 20 bis 24°C nach 2 bis 3 Monaten.

Besonderheiten: Die Art wurde 1957 als *N. palmqvisti* fehlbestimmt und mit diesem falschen Namen weit verbreitet. Der in der Erstbeschreibung angegebene Fundort konnte bisher nicht wiedergefunden werden (vermutlich ungenügend genaue Beschreibung). Von *N. foerschi* wurde eine gelbe Zuchtform aquaristisch bekannt.

NOTHOBRANCHIUS FURZERI
JUBB, 1971
Furzer's Prachtgrundkärpfling

Lebensraum: Afrika: Simbabwe (Südosten). Der Erstfundort befindet sich im Guluene-Entwässerungssystem, Sazale-Pan (See), im Gona-re-Zhou-Wildreservat (21° 40' s. Br., 31° 45' ö. L.), wo auch *N. orthonotus* zu finden war. Das Gewässer hatte einen flachen Wasserstand, schlammigen Bodengrund und Wassertemperaturen bis 30°C.

Größe und Färbung: Die Grundfarbe des maximal 6 cm langen Männchens ist irrisierend grünlich bis blautürkis. Die Schuppen sind dunkelrot gerandet. Dadurch entsteht ein netzartiger Eindruck. Die Rückenflosse ist blaugrau mit bräunlichroten bis dunkelbraunen Punkten, Flecken und Strichen zwischen den schwarz pigmentierten Flossenstrahlen und hat einen bläulichen Saum. Die Afterflosse zeigt an der Basis bläuliche, nach außen bräunliche Farben, und ist rotbraun gepunktet bis gebändert. Die Flossenstrahlen sind nach dem Rand zu rot gefärbt. Den Abschluß bildet ein schmaler gelber und blauer oder schwarzer Saum. Die Schwanzflosse ist an der Basis bläulich oder grau mit braunen zusammenlaufenden Punkten und Strichen zwischen den Flossenstrahlen. Oben und unten befindet sich ein schmaler, hinten ein breiter schwarzer Saum. Nach innen schließt sich ein vertikales gelbes bis orangefarbenes Band an. Die After-und Schwanzflosse sind gefranst. Der untere Kiemendeckelrand hat eine auffallend schwarze Färbung.

Die Grundfarbe des kleineren Weibchens ist graubraun mit leicht türkisglänzenden Schuppen auf den Körperseiten und rötlichen Schuppenrändern. Die unpaaren Flossen sind farblos, gelegentlich aber auch bläulich bis grünlich.

Pflege und Zucht: siehe Gattungsbeschreibung. Die Entwicklungsdauer des Laichs in ständiger Trockenperiode ist recht unterschiedlich und hängt wesentlich von der Temperatur und dem Feuchtigkeitsgehalt des Torfs ab. Bereits nach drei Wochen können schwimmfähige Jungfische schlüpfen, wenn der Laich bei 23°C in Wasser aufbewahrt und nur einer

Trockenperiode von wenigen Tagen unterworfen wird. Meistens dauert die Entwicklung der Embryonen aber 2 bis 6 Monate. Das entspricht auch den natürlichen Verhältnissen. Die Art wird oft zu warm gehalten, die Haltungstemperaturen sollten von 15 bis 25°C schwanken, um die Fische lange Zeit gesund zu halten.

Besonderheiten: Die Art hat ein interessantes Verhalten und war unter den Killifischfreuden besonders zwischen 1970 und 1980 sehr verbreitet.

NOTHOBRANCHIUS GUENTHERI
(PFEFFER, 1893)
Günther's Prachtgrundkärpfling
Blauer Prachtgrundkärpfling
Bunter Prachtgrundkärpfling

Lebensraum: Afrika: Kenia, Tansania in Küstennähe, Insel Zanzibar. *N. guentheri* wurde gelegentlich gemeinsam mit *N. melanospilus* in flachen Tümpeln und langsam fließenden Bächen gefangen. Wasserwerte am Fundort: 30 bis 32°C, pH 6,7 bis 7, dH 1,8 bis 3,7°. Der Erstfundort ist auf der Insel Zanzibar.

Größe und Färbung: Das Männchen wird bis 5 cm lang, das Weibchen bleibt 1 bis 1,5 cm kleiner. Die Grundfarbe des Männchens ist blaugrün. Rot gerandete Schuppen bilden ein Netzmuster. Auf den Körperseiten zeigt sich ein metallischer Glanz. Kräftige rote Diagonalstreifen, die gelegentlich auch einen großen roten Fleck bilden können, befinden sich auf den Kiemendeckeln. Im hinteren Teil des Körpers bilden die roten Schuppenränder ein ver-

tikales flaches v-förmiges Muster, dessen Spitzen zur Schwanzflosse hin gerichtet sind. Die Rückenflosse ist bräunlich, hat rote Punkte, Flecke und einen weißen Flossensaum. Die Afterflosse ähnelt der Rückenflosse. Rote Flecken bilden auf ihr basisparallele Binden. Die Schwanzflosse hat eine leuchtend rote Färbung und ist schwarz gesäumt. Die rote Färbung geht bis in den Schwanzstiel hinein.

Die Grundfarbe des Weibchens ist graubraun, der Bauch hell und die Flossen farblos.

Pflege und Zucht: siehe Gattungsbeschreibung. *N. guentheri* ist eine problemlose Art. Die Jungfische schlüpfen nach einer Trockenperiode von mindestens 6 Wochen, meistens vergehen aber 2 bis 3 Monate (Laichkontrolle erforderlich).

Besonderheiten: Von *N. guentheri* gibt es eine gelbe Farbform, die nach Literaturangaben relativ aggressiv sein soll.

NOTHOBRANCHIUS JUBBI
WILDEKAMP & BERKENKAMP, 1979
Jubb's Prachtgrundkärpfling

Lebensraum: Afrika: Kenia, Somalia (Süden). Erstfundort ist ein beschatteter Tümpel etwa 30 km nördlich von Malindi an der Straße nach Garsen im Küstentiefland.

Größe und Färbung: Das Männchen kann 6 cm erreichen, das Weibchen bleibt 1 bis 2 cm kleiner. Die Grundfarbe des Männchens ist graublau bis blaugrün, der Rücken dunkel und der Bauch hell. Ein metallischer Schimmer überzieht die Körperseiten. Die Schuppen sind schmal dunkel gesäumt und bilden eine Netzzeichnung. Die insgesamt dunklere Rücken- und die hellere Afterflosse haben eine blaugraue Färbung und dunkle Punkte und Flecken, die zu unregelmäßigen randparallelen Binden zusammenlaufen können, sowie ausgefranste Flossenränder. Die innere rote Färbung der Schwanzflosse greift auf den Schwanzstiel über. Nach außen folgen eine graublaue randparallele Binde und ein hellblauer bis weißlicher Saum. Die roten Farbanteile können in der Schwanzflosse aber auch völlig fehlen und durch eine graublaue Färbung ersetzt werden.

Die Grundfarbe des Weibchens ist hellgrau. Seine Schuppen sind schmal grau gerandet. Gelegentlich zeigen sich einige dunkle Flecken auf den Körperseiten. Die Flossen sind farblos, die Rückenflosse hat an der Basis einige dunkle Punkte.

Pflege und Zucht: siehe Gattungsbeschreibung. Die Jungfische schlüpfen nach 2 bis 3 Monaten Trockenperiode.
Besonderheiten: *N. jubbi* hat zwei Unterarten: *N. j. interruptus* („Warfa") und *N. j. cyaneus* („Blue"). Erstere stellt eine Übergangsform zu *N. melanospilus* dar.

NOTHOBRANCHIUS KORTHAUSAE
MEINKEN, 1973
Mafia-Prachtgrundkärpfling
Korthaus'-Prachtgrundkärpfling

Lebensraum: Afrika: Tansania. Die Art wurde zuerst auf der Insel Mafia in Was-

sergräben eines Sumpfgebietes gefunden, die kaum austrocknen und viel Pflanzenwuchs haben. Wasserwerte am Fundort: Temperatur 28 bis 31°C, pH 5,8 bis 6,4, dH 0 bis 4°.
Größe und Färbung: Die Grundfarbe des Männchens, das bis 5 cm lang wird, ist braun bis gelbbraun mit türkisfarbenem Glanz auf den Körperseiten. Die Körperzeichnung besteht aus rotbraun gerandeten Schuppen (Netzmuster) und schmalen, dunkelbraunen, zur Schwanzflosse hin gebogenen 8 bis 12 Querbändern in der hinteren Körperhälfte. Die unpaaren Flossen haben dunkelbraune, unregelmäßige Querbinden auf gelbbraunem Grund. In der Schwanzflosse können das bis 8 Stück sein, die hinterrandparallel angeordnet sind. Die Flossenränder der Rücken- und Afterflosse sind braunrot gefleckt, hellblau gesäumt und gefranst. Gelegentlich hat auch die Schwanzflosse einen hellblauen Saum.

Das etwa 3 cm lange Weibchen ist einfarbig hellbraun bis grauoliv, gelegentlich überzieht ein zimtfarbener Glanz den Körper. Die Flossen sind farblos.

Pflege und Zucht: siehe Gattungsbeschreibung. Der Schlupf der Jungfische ist von äußeren Faktoren sehr abhängig. Nach Zuchtberichten schlüpfen sie nach 3, 6, oder 8 Wochen, aber auch erst nach 3 bis 4 Monaten. Eine Laichkontrolle ist hier unbedingt erforderlich. Die Eientwicklung kann auch ohne Trockenperiode in Wasser erfolgen.
Besonderheiten: Das Vorkommen von *N. kothausae* auf der Insel Mafia ist ende-

misch. 1982 wurde dort gemeinsam mit normalfarbigen Exemplaren ein rotgefärbtes Männchen gefunden (*N. kothausae* „Rot"). Es konnte mit normalen Weibchen verpaart werden. In der Nachzucht entstanden normal- und rotfarbige Männchen zu etwa gleichen Teilen. Die Weibchen waren einheitlich einfarbig. Mischungen in der Farbe traten bei beiden Geschlechtern nicht auf (Kondominanz der Farben). Die Art ist besonders anfällig gegen Ektoparasiten (*Oodinium*). *N. lourensi* ist der Normalform von *N. kothausae* sehr ähnlich. Zur *Korthausae*-Artengruppe gehört außer den beiden genannten Arten auch *N. eggersi*.

se bilden teilweise kurze Längs- und Querbinden als ein arttypisches Merkmal.

NOTHOBRANCHIUS MELANOSPILUS
(PFEFFER, 1896)
Schwarzflecken-Prachtgrundkärpfling
Roter Prachtgrundkärpfling

Lebensraum: Afrika: Im Küstentiefland von Tansania, Kenia und auf der Insel Zanzibar. Die Fische leben in Tümpeln und überschwemmten Graslandvertiefungen (pH um 7, dH 2,0°), vergesellschaftet mit *N. palmqvisti*, *N. janpapi*, *N. eggersi*, *N. steinforti*, *N. guentheri*, *Aplocheilichthys*-Arten und Fischen aus anderen Familien. Die Exemplare der Erstbeschreibung kamen aus Ilonga, nordwestlich von Morogoro (Tansania).

Größe und Färbung: Die Grundfarbe des 6 bis 7 cm langen Männchens ist sehr variabel. Eine große Ähnlichkeit besteht mit *N. guentheri*. Die Kopf- und Kehlregion ist oft gelbbraun oder bläulich, die Kiemendeckel blaugrün mit roten Flecken. Die Schuppen auf den Körperseiten sind netzmusterartig rot oder blaugrün umrandet. Die Rotfärbung wird im Schwanzstiel kräftiger und geht dann in die rote Schwanzflosse über, die unregelmäßig schwarz gesäumt ist. Rücken- und Afterflosse sind grünlich oder rot gefärbt und besitzen blaue Säume und weiße Flossenstrahlenspitzen.

Das Weibchen kann 6 cm erreichen. Es ist graubraun gefärbt und hat zahlreiche dunkle Punkte und Flecke auf den Körperseiten und den unpaaren Flossen. Die

Pflege und Zucht: siehe Gattungsbeschreibung. Bei dieser Art gibt es kaum Probleme. Sie ist robust, pflegeleicht und trotzdem sehr schön. Der Schlupf der Jungfische erfolgt in der Regel nach 2 bis 3 Monaten Trockenperiode.

Besonderheiten: *N. melanospilus* wurde zeitweilig als Synonym von *N. guentheri* betrachtet. Eingehende Studien, besonders von WILDEKAMP, brachten den eindeutigen Nachweis, daß es sich um getrennte, selbständige Arten handelt. Wichtigstes Unterscheidungsmerkmal ist die bei *N. melanospilus*-Weibchen auftretende Körperzeichnung.

Einige bekannte Vorkommen der Art sollen nicht ursprünglich, sondern künstlich angelegt sein, indem man in die Gewässer *N. melanospilus* einbrachte, um sie gegen die Mückenplage einzusetzen und sie konnten sich dort behaupten. In Tansania wurden in einem Gewässer *N. melanospilus*, *N. eggersi* und *N. janpapi* bei Temperaturen von 30 bis 39°C vergesellschaftet vorgefunden. Die Wassertemperatur sank dort längere Zeit nicht unter 30°C ab! Zur *Melanospilus*-Artengruppe gehören *N. jubbi*, *N. neumanni*, *N. robustus*.

NOTHOBRANCHIUS MICROLEPIS
(VINCIGUERRA, 1897)
Kleinschuppen-Prachtgrundkärpfling

Lebensraum: Afrika: Somalia, Kenia. *N. microlepis* wurde in mit Regenwasser gefüllten, z. T. sehr großen vegetationslosen Senken, gemeinsam mit *N. jubbi cyaneus* gefunden. Wasserwerte am Fundort: Temperatur 27 bis 31°C, pH 7,8, dH 36 bis 39°(!), 2 bis 3 Monate trocken.

Größe und Färbung: Das Männchen wird bis 7 cm lang. Seine Grundfarbe ist gelbbraun bis graubraun mit graublauem Glanz auf den Körperseiten. Die Schuppen sind braun gerandet und ergeben insgesamt ein rasterartiges Aussehen. Die unpaaren Flossen haben eine graublaue bis grünblaue Färbung und sind gefranst. Die Rückenflosse ist mit braunen basalen Flecken, Punkten und kurzen Strichen zwischen den Flossenstrahlen versehen. Gleiches gilt für den basalen oberen Teil der Schwanzflosse, der dadurch marmoriert wirkt. Sie ist am hinteren Rand schwarz gesäumt. Die Bauchregion ist weißlich. Vertikal durch das Auge zieht sich ein markanter dunkler Strich.

Die Grundfarbe des etwa 5 cm langen Weibchens ist hell gelbbraun bis graubraun, die unpaaren Flossen bräunlich bis farblos. Die Afterflosse ist im Vergleich mit anderen *Nothobranchius*-Arten sehr lang ausgebildet. Ein vom Männchen her bekannter dunkler Streifen durch das Auge wird nur angedeutet.

Pflege und Zucht: siehe Gattungsbeschreibung. Das Balzverhalten der Art ist deutlich von den anderen *Nothobranchi-us*-Arten verschieden: Das Männchen schwimmt seitlich und von unten zum Weibchen und berührt mit seinem Nacken die Bauchregion des Weibchens zur Ablaichstimulierung. Das Ablaichen selbst vollzieht sich gattungstypisch. Die Laichentwicklung in Trockenperiode ist sehr unterschiedlich, vollzieht sich aber meistens innerhalb von 2 bis 3 Monaten. Die Erfahrungen bei der Laichaufbewahrung sind bisher sehr gering und die Eier wohl besonders empfindlich. Ein großer Teil des Laichs stirbt meistens ab.

Besonderheiten: Die Männchen der Art haben manchmal einen kräftigen Buckel hinter dem Kopf und dadurch eine für *Nothobranchius* ungewöhnlich bullige Körperform, die an Bodenlaicher Südamerikas erinnert. Die Schuppen sind ungewöhnlich klein und damit ein sehr auffälliges Merkmal.

N. microlepis nimmt innerhalb der Gattung *Nothobranchius* eine Sonderstellung ein (*Paranothobranchius*).

NOTHOBRANCHIUS PALMQVISTI
(LÖNNBERG, 1907)
Palmqvist's Prachtgrundkärpfling

Lebensraum: Afrika: Tansania und Kenia. Die Fische leben in Überschwemmungstümpeln und Sumpfgebieten, oft gemeinsam mit *N. guentheri* und *N. melanospilus*. Bei Tanga in Tansania wurden die ersten Exemplare der Art gefunden.

Größe und Färbung: Die Grundfarbe des bis 6 cm langen Männchens ist grünblau irrisierend. Die Schuppen sind in der vorderen Körperhälfte schmaler, nach hinten breiter braunrot gesäumt und bilden insgesamt ein netzartiges Muster. Der Kopf hat eine gelbbraune Farbe. Die Rücken- und Afterflosse sind gelbgrün mit rotbrauner Marmorierung, teilweise bilden sich unregelmäßige Bänder in diagonaler Lage. Die Schwanzflosse ist kräftig rot gefärbt und hat keinen schwarzen Saum. Die Rotfärbung geht in die Schwanzwurzel über.

Die Grundfarbe des etwas kleineren Weibchens ist olivgrau, Bauchseite und Kehle sind mehr weißlich. Die Flossen zeigen keine Zeichnung und erscheinen farblos.

Die Grundfarbe des etwa 1 cm kleineren Weibchens ist graubraun. Auf den Körperseiten befinden sich senkrechte dunkle Streifen. Die Flossen sind transparent und ohne Farbe.

Pflege und Zucht: siehe Gattungsbeschreibung. *N. palmqvisti* ist ein Killifisch mit wenig Problemen. Die Jungfische schlüpfen nach einer Trockenperiode von 2 bis 3 Monaten.

Besonderheiten: *N. palmqvisti* gehört zu den bekanntesten *Nothobranchius*-Arten. Die Fische wurden während SJÖSTEDT's Kilimandjaro-Expedition gesammelt.

Pflege und Zucht: siehe Gattungsbeschreibung. Die Jungfische schlüpfen nach einer Trockenperiode von 3 bis 4 Monaten.

Besonderheiten: *N. patrizii* gehört zu den schönsten Prachtgrundkärpflingen und erfreut sich großer Beliebtheit.

NOTHOBRANCHIUS PATRIZII
(VINCIGUERRA, 1927)
Patrizi's Prachtgrundkärpfling

Lebensraum: Afrika: Somalia, Kenia, unter anderem in Wasserlöchern und 20 bis 30 cm tiefen Tümpeln des Harenaga-Sumpfes im Mündungsgebiet des Djuba(Jubba)-Flusses. Wasserwerte am Fundort: Temperatur des Wassers 29,5°C, pH 7,6, dH 39 (!), klares Wasser, Sandboden.

Größe und Färbung: Die Grundfarbe des Männchens, das etwa 4,5 cm lang wird, ist ein helles Blau. Die Schuppen sind rotbraun gerandet und bilden ein Netzmuster. Unregelmäßig ausgebildete, dunkle, in Richtung Schwanzflosse gebogene, schmale Querbinden verteilen sich auf den Körperseiten. Die Rücken- und Afterflosse sind auffallend groß, auf hellblauem Grund dunkel gepunktet, gefleckt, gemasert oder marmoriert. Die Rückenflosse hat einen dunklen Saum mit weißblauer Kante. Die Afterflosse dagegen ist breit hellblau bis blau gesäumt. Die Schwanzflosse zeigt eine kräftige dunkelrote Färbung mit einem meistens ·dünnen schwarzen Außenrand.

NOTHOBRANCHIUS RACHOVII
AHL, 1926
Rachow's Prachtgrundkärpfling

Lebensraum: Afrika: Im Küstentiefland von Mocambique. Die Fische leben in Wasserlöchern, Tümpeln und Gräben, vergesellschaftet mit *N. kuhntae* und *N. mayeri*. Wasserwerte am Fundort: Temperatur 20 bis 26°C, pH 6,5 bis 7,1, dH 5 bis 8,3°.

Größe und Färbung: Das Männchen kann bis 5 cm lang werden. Seine Grundfarbe ist türkis bis blau. Die Schuppen sind mehr oder weniger rotorange bis rotbraun gerandet, so daß, je nach vorherrschender Grund- oder Schuppenfarbe, eine im Gesamteindruck mehr blaue oder mehr rote Farbvariante entsteht. Auch der Kopf, die Kehle und der Brustflossenansatz zeigen eine unterschiedlich intensive rotorange Tönung. Die Kiemendeckel sind an ihrer unteren Kante rot gerandet. Auf den Kör-

123

perseiten befinden sich unregelmäßige schmale dunkle Querbinden, die in Richtung der Schwanzflosse gebogen sind. Die Rücken- und Afterflosse haben eine grünblaue bis blaue Färbung und rotbraune, unregelmäßig diagonal angeordnete Bänder, Flecke und Punkte. Die Flossenränder sind gefranst. Die Schwanzflosse besitzt eine basale blaue Hälfte, die hinterrandparallel rotbraun gebändert und gefleckt ist. Daran schließen sich ein breites orangefarbenes bis rotes Band und ein breiter schwarzer Saum an.

Die Grundfarbe des kleineren Weibchens ist graubraun. Eine Zeichnung fehlt, die Flossen sind farblos.

Pflege und Zucht: siehe Gattungsbeschreibung. Der Schlupf der Jungfische erfolgt nach einer Trockenperiode von mindestens 5 (Lagertemperatur um 25°C) oder 7 bis 9 Monaten (Lagertemperatur um 20°C). Eine ständige Laichkontrolle ist sehr wichtig. Bei einer Aufbewahrungstempe-

ratur von 30°C schlüpft ein großer Teil der Jungfische schon nach 8 bis 10 Wochen (Literaturangabe). Das Substrat mit dem Laich sollte öfter gelockert und umgeschichtet werden. Die Feuchtigkeit im Aufbewahrungsbeutel oder -gefäß ist in Ordnung, wenn sich kaum Schwitzwasser bildet. Das Aufgußwasser von 18 bis 20 °C darf den Torf nur knapp bedecken. Erst später wird mehr Wasser nachgegossen. Die Jungfische verbleiben nach dem Schlupf im Aquarium und werden nicht aus dem Torf herausgefischt. Dort erhalten sie auch ihr erstes Infusorienfutter. Sie sind allgemein empfindlich gegen Milieuwechsel. Nach 12 bis 16 Wochen kann der Nachwuchs erneut zur Zucht angesetzt werden.

Besonderheiten: *N. rachovii* ist eine der bekanntesten und schönsten *Nothobranchius*-Arten und eng verwandt mit *N. brieni*, *N. symoensi*, *N. eggersi*, *N. furzeri* und *N. virgatus*.

DIE GATTUNG *ROLOFFIA*
CLAUSEN, 1966
Prachtkärpflinge

Allgemeine Hinweise zur Gattung *Roloffia* siehe Gattung *Aphyosemion*.

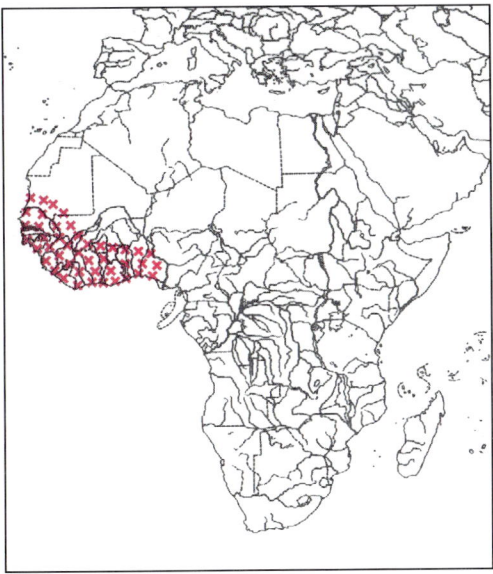

Verbreitungskarte Gattung *Roloffia*

ROLOFFIA BRUENINGI
ROLOFF, 1971
Roloffia brueningi
Brüning's Prachtkärpfling

Lebensraum: Afrika: Sierra Leone, Liberia. Einer der ersten Fundorte lag bei Giema im Kanema-Distrikt (Sierra Leone). Dort fand man die Art im Uferbereich eines kleinen Baches und Tümpels.
Größe und Färbung: Die Grundfärbung des bis 5,5 cm langen Männchens ist am Rücken dunkel, an den Körperseiten grünblau bis dunkelblau. Eine unregelmäßige rote Strich- und Fleckenzeichnung verläuft in vertikaler Richtung. Die Rücken- und Afterflosse haben eine blaugrüne Färbung, rote Randbänder, blauweiße Säume und große rote Punkte, z. T. nur basal in einer Reihe angeordnet. Die Schwanzflosse ist oben und unten intensiv gelb bis orangefarben gesäumt, nach innen schließt sich in beiden Richtungen ein rotes Band an. Der mittlerer Teil zeigt sich blaugrün und hat kurze, rote Striche zwischen den Flossenstrahlen. Die Brustflossen sind rot gefärbt und im unteren Teil hellgelb gesäumt.

Die Grundfärbung des kleineren und etwas schlankeren Weibchens ist olivbraun bis rotbraun. Die Rücken- und Afterflosse sind mit Reihen kleiner dunkler Punkte versehen. Ein kleiner dreieckiger Schwanzwurzelfleck, eine rote x-förmige und schrägliegende Strichzeichnungen vom hinteren Teil der Rückenflosse bis zur Schwanzwurzel sowie ein dunkles Längsband in Höhe der Mittellinie von der Brustflosse bis zum Schwanzstiel (wird nicht immer ausgebildet) verleihen dem Weibchen ein attraktives Aussehen.

Pflege und Zucht: siehe Gattungsbeschreibung *Aphyosemion*. *R. brueningi* ist eine nichtannuelle Art, die an Pflanzen und Torffasern in Bodennähe ablaicht. Die Jungfische schlüpfen nach 14 Tagen, ihre Aufzucht ist problemlos.
Besonderheiten: *R. brueningi* gehört zur *Liberiensis*-Artengruppe (*Scriptaphyosemion*). Eine enge Verwandtschaft besteht zu *R. roloffi* und *R. liberiensis*. Kreuzungen zwischen den Arten sind möglich, ergeben aber sterile Hybriden.

125

ROLOFFIA GERYI
LAMBERT, 1958
Géry's Prachtkärpfling
Zickzack-Prachtkärpfling

Lebensraum: Afrika: Gambia, Senegal (Süden), Guinea-Bissau, Guinea, Sierra Leone, in langsam fließenden Bächen der Wälder, Savannen, Reisfeldern der Küstenebene, vereinzelt in Flüssen. Wasserwerte am Fundort: Temperatur 22 bis 31°C, pH 5,4 bis 6,5, dH 1 bis 1,5°, Wassertiefe 2 cm bis 2m. Begleitfische: *R. toddi, Epiplatys fasciatus, E. bifasciatus, E. spilargyreius*, Leuchtaugenfische, Fische aus anderen Familien.
Größe und Färbung: Das Männchen kann bis 8 cm lang werden, das Weibchen bleibt 1 bis 2 cm kleiner. Von *R. geryi* sind zahlreiche Populationen bekannt, die sich in Färbung und Zeichnung unterscheiden. Die Bezeichnung der Populationen erfolgt nach Fundorten: z. B. Abuko, Battabut, Bwiam, Robis 1, Conakry, Makeni, Kanema u. a. Die Farbbeschreibung erfolgt nach den Exemplaren der Erstbeschreibung: Die Grundfärbung des Männchens ist grün bis oliv. Eine zickzackförmige Längslinie aus roten Punkten und Flecken zieht sich von den Brustflossen bis in die Schwanzwurzel, dazwischen befinden sich undeutliche grüne Punkte. Die unpaaren Flossen haben eine apfelgrüne Grundfarbe, leuchtend grünblaue Säume und rote Randbänder. Die Rücken- und der basale Teil der Afterflosse sind rot gepunktet, die Flossensäume nur bei auffallendem Licht grünblau gefärbt, in der Durchsicht mehr gelblich. *R. geryi* unterscheidet sich von anderen *Roloffia*-Arten durch eine intensive Rotfärbung des Kehlbereiches.

Die Grundfärbung des Weibchens ist braunoliv mit dunklem Rücken. Ein dunkelbraunes Zickzackband zieht sich von den Brustflossen bis in die Schwanzwurzel. Oberhalb dieser Linie befindet sich eine marmorierte dunkle Flecken- und Strichzeichnung. Bei einzelnen Populationen werden dunkelbraune, schwarze oder rötliche Querbinden im Bereich des Schwanzstieles und ein dunkelbrauner Fleck in der Nähe des Brustflossen-Ansatzes sichtbar. Die Flossen sind hellbraun bis gelblich, die unpaaren Flossen oft unre-

gelmäßig dunkelbraun punktiert.
Pflege und Zucht: siehe Gattungsbeschreibung *Aphyosemion*. *R. geryi* ist ein unkomplizierter nichtannueller Pflanzenlaicher. Diese Killis können über 5 Jahre alt werden.

Besonderheiten: *R. geryi* nimmt eine Sonderstellung ein. Verschiedene Autoren sehen im Vorhandensein des kräftigen Zickzackbandes ein wichtiges Merkmal zur Abtrennung einer eigenen Artengruppe. Gebräuchlicher ist die Einordnung der Art in die *Liberiense*-Artengruppe (*Scriptaphyosemion*).

ROLOFFIA LIBERIENSIS
BOULENGER, 1908
Liberia-Prachtkärpfling

Lebensraum: Afrika: Sierra Leone (Osten), Liberia (Westen), in Tümpeln des Küstenbereiches. Die Art wurde zuerst in der Umgebung von Monrovia in Gewässern mit einem pH-Wert von 5,7 und einer Wasserhärte unter 1° gefunden. Begleitfische sind: *Epiplatys fasciatus, E. f. tototaensis, E. ruhkopfi.*
Größe und Färbung: Die Grundfarbe des bis 6 cm langen Männchens leuchtet metallisch blau bis grün auf den Körperseiten und Flossen. Große rote Punkte verteilen sich punkt- oder linienhaft auf dem Körper und bilden gelegentlich schiefe Querbinden im Bereich des Schwanzstieles oder ein zickzackähnliches Band entlang der Mittellinie. Die Rücken- und Afterflosse zei-

gen ein kräftiges rotes Band, große rote Punkte (z. T. nur basal) und einen grünen Saum. Die Schwanzflosse hat auf blaugrünem Grund rote Punkte und Striche in Richtung der Flossenstrahlen, ein rotes Band und einen oft breiten goldgelben, manchmal blauen Saum oben und unten. Die Spitzen der unpaaren Flossen sind bei erwachsenen Männchen deutlich ausgezogen.

Die Grundfarbe des kleineren Weibchens ist braun bis olivgrün mit unregelmäßigem Zeichnungsmuster auf den Körperseiten. Nur gelegentlich zeigt sich ein dunkler Fleck an der Schwanzwurzel und im Kehlbereich.

Pflege und Zucht: siehe Gattungsbeschreibung *Aphyosemion*. *R. liberiense* ist eine mehr semiannuelle Art, d.h. ein Pflanzen- oder Substratlaicher in Bodennähe. Die Eier sind relativ weich und müssen vorsichtig behandelt werden, sie entwickeln sich unterschiedlich. Bei Aufbewahrung des Laiches im Wasser schlüpfen die Jungfische nach etwa 20 Tagen. Ein Ablaichen in Torf ist auch möglich. Nach einer Laichperiode von 2 bis 3 Wochen wird der Torf in Trockenperiode überführt und nach 3 bis 4 Wochen aufgegossen. Die Aufzucht der Jungfische ist nicht schwierig.

Besonderheiten: *R. liberiensis* ist namengebend für die *Liberiensis*-Artengruppe (*Scriptaphyosemion*), zu der eine Reihe schlanker Fische von mittlerer Größe gehören: *R. bertholdi, R. brueningi, R. chaytori, R. fredrodi, R. roloffi, R. schmitti. R. calabarica* wird vielfach als ein Synonym zu *R. liberiensis* betrachtet. Nach ROLOFF u.a. gibt es im Vergleich eine Reihe Unterschiede, die es gerechtfertigt erscheinen lassen, beide Arten zu nennen.

ROLOFFIA OCCIDENTALIS
CLAUSEN, 1966
Goldfasan-Prachtkärpfling

Lebensraum: Afrika: Sierra Leone, Liberia (Westen), in Urwäldern und Savannen; auf Reisfeldern und in Sumpfgebieten. Die Art wurde bei Blama in Wasserlöchern entdeckt. Die Temperatur betrug 28°C, der pH-Wert 6,8 und die Wasserhärte 1 bis 2°. Begleitfische waren *R. roloffi* und *R. toddi*.

Größe und Färbung: Die Männchen werden bis 10 cm lang, die Weibchen bis 8 cm. Das Männchen ist am Rücken rotbraun. Der Bereich oberhalb der Brustflossen und der Mittellinie bis in den Schwanzstiel hinein leuchtet goldgelb, unterhalb mehr blaugrün. In bestimmten Verhaltensphasen zeigen sich auf den Flanken große breite Bänder oder Flecken, die sich dunkel von der gelbbraunen Umgebung abheben. Auf den Kiemendeckeln befinden sich rote Zeichnungslinien, die sich bis in den goldfarbenen Bereich oberhalb der Brustflossen fortsetzen und dort ein mehr oder weniger deutliches Pigmentmal („Wundmal") bilden. Unterhalb der Mittellinie zeigt sich eine rote Netzzeichnung. Die Kehlregion hat eine intensiv blaue Farbe. Die Rückenflosse ist an der Basis rotbraun, ein roter Punktraster auf blauem Grund schließt sich an. Den Abschluß bildet ein blau gesäumtes rotes Band. Die Afterflosse weist eine ähnliche Färbung auf, ihr Flossenrand ist zerfranst. Die Schwanzflosse ist punktiert und gestreift in Richtung der Flossenstrahlen. Rote Längsbänder befinden sich oben und unten. Ein dünner blauer Saum zeigt sich oben, ein breiter gelber bis bläulicher am unteren Flossenrand. Die Färbung der Art ist sehr variabel.

Die Grundfärbung des Weibchens ist ein helles Rotbraun, am Rücken dunkler, unterhalb der Mittellinie leicht ins Blauviolette gehend. Große dunkle Querbänder können auftreten. Der goldgelbe Bereich in Brustflossennähe ist ebenfalls vorhanden, in abgeschwächter Form auch die rote Zeichnung. Ein dunkles Band entlang der Mittellinie ist möglich. Die abgerundeten Flossen sind farblos, schimmern aber gelegentlich bräunlich oder rötlich.

Pflege und Zucht: siehe Gattungsbeschreibung *Aphyosemion. R. occidentalis* ist eine annuelle Art, ein ausgesprochener Bodenlaicher. Als Laichsubstrate eignen sich Torf oder feiner Sand. Eine Trockenperiode ist unbedingt notwendig. Die Laichentwicklung dauert oft 5 Monate und mehr (Laichkontrolle durchführen). Die Aufzucht der Jungfische erweist sich als unproblematisch. Allgemein sind bei dieser Art höhere Haltungs- und Zuchttemperaturen angebracht, auch zur Aufbewahrung des Laichs (25 bis 28°C).

Besonderheiten: *R. occidentalis* ist die Art, nach der CLAUSEN 1966 die Gattung *Roloffia* bestimmte. Gleichzeitig ist sie auch namengebend für die *Occidentalis*-Artengruppe, die etwa der von MYERS 1933 aufgestellten *Aphyosemion*-Untergattung *Callopanchax* entspricht. Zugehörige Arten sind *R. monroviae, R. toddi.* MYERS betrachtet *Roloffia* als Synonym zu *Callopanchax*, obwohl sich die Bezeichnung Roloffia allgemein durchgesetzt hat. Eine endgültige Entscheidung über die Validität der Namen steht noch aus.

ROLOFFIA PETERSI
SAUVAGE, 1982
Peters' Prachtkärpfling
Gelbsaum-Prachtkärpfling

Lebensraum: Afrika: Elfenbeinküste (Südteil), Ghana (Südwestteil), in stehenden oder langsam fließenden Gewässern der Küstensavanne oder des Regenwaldes. Wasserwerte am Fundort: Temperatur 23 bis 25°C, pH 6,2 bis 6,6, dH 0,5 bis 8,4°. Begleitfische: *Epiplatys chaperi, E. ch. spillmanni, E. etzeli* und Fische aus anderen Familien.

Größe und Färbung: Die Grundfärbung des bis 6 cm lang werdenden Männchens ist metallisch olivgrün mit schachbrettartig angeordneten roten Flecken oder Punktreihen an den Körperseiten, 6 bis 8 schmalen dunklen Querbinden, besonders auf der hinteren Körperhälfte, und einem blutroten, fast viereckigen Fleck („Wundmal") in Nähe des Brustflossenansatzes. Der Rücken und Schwanzstiel sind gelegentlich kupferfarben. Die Rückenflosse ist grünlich, trägt zahlreiche rote Punkte, die nach der Basis zu dichter werden und einen bläulichen bis schwärzlichen Flossensaum. Die Afterflosse ist gleichfalls grünlich mit roten Punkten und Strichen, hat aber ein breites hellgelbes Band und einen dunkelroten bis schwärzlichen Saum. Die Schwanzflosse zeigt einen grünlichen Grundton, weiße oder rote, gebogen angeordnete Punkte und Flecke, ein hellgelbes Band mit dunklem Saum unten (in Fortsetzung der Afterflosse) und einen bläulichen Saum oben. Alle Flossen mit Ausnahme der etwas zugespitzten Afterflosse sind abgerundet.

Die Grundfärbung des etwas kleineren Weibchens ist rötlichbraun. Es hat eine Zeichnung wie das Männchen, nur ist diese wesentlich blasser. Das „Wundmal" ist ebenfalls vorhanden. Die Flossen sind an ihrer Basis rötlichgelb bis goldgelb. Ein schwarzer Kehlfleck ist gelegentlich sichtbar.

Pflege und Zucht: siehe Gattungsbeschreibung *Aphyosemion*. *R. petersi* ist eine nichtannuelle Art, die an Pflanzen laicht. Die Jungfische schlüpfen nach 14 Tagen, manchmal aber schon nach 5 bis 6 Tagen mit einem großen Dottersack. Die Aufzucht verläuft im allgemeinen problemlos. Die schöne Färbung der Fische zeigt sich erst bei relativ dunkler und schattiger Haltung.
Besonderheiten: *R. petersi* ist namengebend für die *Petersi*-Artengruppe (*Archiaphyosemion*), zu der eine Reihe relativ selbständiger Arten gehören: *R. banforensis, R. guignardi, R. guineensis, R. jeanpoli, R. maeseni, R. melantereon, R. nigrifluvi, R. viridis*. Es gibt von *R. petersi* verschiedene Populationen, die sich in der Färbung und Zeichnung unterscheiden, teilweise fehlen die gelben Flossenbänder. Neuere Arbeiten stellen auch diese Gruppe zur *Liberiense*-Artengruppe.

AUSWAHL INTERESSANTER ARTEN AUS VERSCHIEDENEN GATTUNGEN

CONGOPANCHAX MYERSI
(POLL, 1952
Kolibrifisch

Lebensraum: Afrika: Zaire, Kongo. Die Fische kommen in pflanzenreichen Gewässerabschnitten, gelegentlich gemeinsam mit *Aphyoplatys duboisi* und afrikanischen Salmlern vor. Der Erstfundort liegt nördlich von Kinshasa im Gebiet der früheren Atena-Insel, Stanley-Pool, im Unterlauf des Congo.

Größe und Färbung: Die Grundfarbe des nur 2,5 cm lang werdenden Männchens ist bräunlich bis olivgrün. Auf dem Körper zeigt sich ein blaugrüner irrisierender Glanz und ein dunkler Streifen vom Oberrand der Kiemendeckel bis zur Schwanzflosse. Der Rücken ist dunkel, die Augen unten blaugrün, oben rötlich bis messingfarben. Die unpaaren Flossen einschließlich der Brustflossen sind gelb. Die Rückenflosse hat ein sichelförmiges Aussehen und eine schwarze Spitze. Die Afterflosse ist ebenfalls spitz und die Schwanzflosse außen schwärzlich.

Das noch etwas kleinere Weibchen ist wesentlich blasser, gelblich getönt und hat farblose Flossen.

Pflege und Zucht: siehe Gattungsbeschreibung *Aplocheilichthys*. Ein Artaquarium ist zu empfehlen. Der pH-Wert kann zwischen 6,5 und 7,2 liegen, die Härte zwischen 3 und 12° dH und die Temperatur

zwischen 20 und 26°C. Ein regelmäßiger Teilwasserwechsel ist unerläßlich. Die Eier sind sehr klein. Die Fische laichen bevorzugt an Schwimmpflanzenwurzeln. Die Jungfische schlüpfen nach 10 bis 18 Tagen. Sie sind winzig und müssen mit Rotatorien und Infusorien angefüttert werden. Die Geschlechtsreife tritt nach etwa 9 Monaten ein. *C. myersi* ist ein sehr attraktiver Schwarmfisch.

Besonderheiten: *C. myersi* ist eine der beiden Killifischarten, die zur Gattung *Congopanchax* POLL, 1971 der Unterfamilie Procatopodinae (Leuchtaugenfische) gehören. Außer ihr gibt es noch *C. brichardi* POLL, 1971. Es sind Zwergformen, die zu den kleinsten Eierlegenden Zahnkarpfen gehören.

Beide Arten wurden aquaristisch als *Aplocheilichthys myersi* bekannt. Zur Gattung *Aplocheilichthys* bestehen engste verwandtschaftliche Bindungen. Manche Autoren sehen in *Congopanchax* nur eine Untergattung von ihr.

FUNDULOSOMA THIERRYI
AHL, 1924
Ghana-Kärpfling

Lebensraum: Afrika: Savannengebiete in Mali, Guinea, Obervolta, Ghana, Togo, Niger. Bei Takkoradi in Ghana wurden die Fische in kleinen, schwach fließenden Bächen gefunden, die zeitweilig austrocknen. Wasserwerte am Fundort: 23 bis 27°C, dH 1,5 bis 3,5°, pH-Wert um 5,7.

Größe und Färbung: Die Grundfarbe des 5 bis 6 cm lang werdenden Männchens ist blau in verschiedenen Farbtönen. Der Rücken ist braun, der Bauch weißblau, der Schwanzstiel oft gelb. Die Körperseiten sind bedeckt mit verschieden großen, roten Punkten, die teilweise unregelmäßige Längsreihen, kommaähnliche Strukturen oder Punktgruppen bilden. Die unpaaren Flossen zeigen sich goldgelb mit einer roten Punktierung und unterschiedlich breiten roten Säumen in Längsrichtung. Die ba-

salen Punktreihen von Rücken- und Afterflosse sind auf grünlichem Grund besonders markant ausgebildet. Die Rückenflosse ist relativ groß und ähnlich der Afterflosse mehr gerundet. Die triangelförmige
Schwanzflosse hat oben und unten spitz
ausgezogene Flossenstrahlen. Die roten
Punkte zwischen den Flossenstrahlen bilden leicht nach außen gebogene Querreihen.

Die Grundfarbe des Weibchens ist hellbraun. Auf dem Körper und den abgerundeten Flossen befinden sich kleine dunkle
Punkte. Die Weibchen der verschiedenen
Populationen sind schwer zu trennen.

Pflege und Zucht: Sie entspricht im wesentlichen der der annuellen *Aphyosemi-
on-* und *Nothobranchius*-Arten. Die Haltung im Artaquarium ist günstig. Als Bodengrund eignet sich eine Torfschicht von
1 bis 2 cm Höhe. Feinfiedrige Pflanzenbüsche dienen als Versteckmöglichkeiten
für die Weibchen. F. thierryi braucht ständig kräftiges Lebendfutter, häufigen Wasserwechsel und eine geringe Salzzugabe,
um sich wohlfühlen zu können. Gelaicht
wird am Boden, gelegentlich auch in den
Pflanzen und im freien Wasser. Die Eier
kleben nicht und fallen sofort zu Boden.
Der Laich kann im Wasser aufbewahrt oder
in Trockenperiode überführt werden. Die
Jungfische schlüpfen nach 2 bis 4 Monaten (Laichkontrolle) und sind mit 6 bis 8
Wochen zuchtfähig. Die Art ist sehr anfällig für den Ektoparasit *Oodinium pillula-
ris.*

Besonderheiten: *F. thierryi* gehört zu der
monotypischen Gattung *Fundulosoma*

AHL, 1924. Die Gattung stellt ein Bindeglied zwischen den Gattungen *Aphyosemion* und *Nothobranchius* dar.

Aphyosemion-Merkmale: Das Farbmuster (deutliche Ähnlichkeiten mit *A. arnoldi, A. filamentosum, A. walkeri*), die Beschuppung, das Seitenlinienmuster, die
Ausbildung der Schwanzflosse mit den verlängerten Spitzen.

Nothobranchius-Merkmale: Verschiedene morphologische Details, der Bau und
die Oberflächenstruktur des Laiches sowie
die allgemeine Verhaltens- und Lebensweise.

Von *F. thierryi* gibt es zahlreiche Populationen mit unterschiedlicher Färbung
und Zeichnung. Die Gesamtverbreitung
der Art ist noch nicht vollständig bekannt.

HYPSOPANCHAX PLATYSTERNUS
(NICHOLS & GRISCOM, 1917)

Lebensraum: Afrika: Kongo, Zaire. Die Fische leben in klaren Waldbächen, teilweise gemeinsam mit *Hylopanchax sticto-
pleuron*. Die Art wurde erstmals im Zufluß
des Tshopo bei Kisangani (früher Stan-
leyville), Nordostzaire, gefunden.

Größe und Färbung: Das Männchen
kann eine Länge von 6 cm erreichen, das
Weibchen bleibt 1 bis 2 cm kleiner. Die
Grundfärbung des Männchens ist gelb-
bräunlich. Ein blauer bis violetter Glanz
überzieht den ganzen Körper. Die Schuppen sind gelegentlich dunkel gesäumt. Es
können auch eine dunkle Längslinie und
mehrere schwache dunkle Querlinien
sichtbar sein. Hinter den Kiemendeckeln
befindet sich eine schattierte Fläche. Die
Augen haben oben einen roten Rand. Die
Flossen sind grau, außen orangefarben und
haben eine blaue Basis. Die Afterflosse
kann dunkel gesäumt sein.

Das kleinere Weibchen ist schlanker. Es
hat keinen metallischen Glanz und und eine nur schwache Flossenfärbung.

Pflege und Zucht: siehe Gattung *Aplocheilichthys.*

Besonderheiten: Eine ähnliche Art ist
Hypsopanchax modestus. Sie wurde schon
erfolgreich gezüchtet. Das war Laichsub-

strat ein feinkörniger Sand, in dem die Fische als Spaltenlaicher ihre Eier ablegten. Sie laichen aber auch in Pflanzen u.ä. Zur Gattung gehört außer den genannten Arten noch *H. catenatus*.

LAMPRICHTHYS TANGANICANUS
(Boulenger, 1898)
Tanganjika-Leuchtauge

Lebensraum: Afrika: nur im Tanganjikasee, gemeinsam mit Cichliden. Die Fische leben dort an Felsküsten, über Geröll und in sandigen Buchten. Das Wasser ist sehr hart (Magnesiumverbindungen).

Größe und Färbung: Das bis 14 cm lange Männchen hat eine mittel- bis grüngelbe Grundfarbe, einen olivgrünen Rücken, fast gelben Bauch und zahlreiche blau bis grünblau schillernde Punkte auf dem Körper, am Schwanzstiel und oberhalb der Mittellinie in etwa 6 Längsreihen, die bis in die Schwanzflosse hineinlaufen. Unterhalb der Mittellinie lösen sich die Punktreihen in einen Punktraster auf. Auffällig ist ein großer blauer Kiemendeckelfleck. Die Rücken- und Afterflosse sind spitz ausgezogen, transparent bis bläulich und zeigen Reihen gelber Punkte und gelbe Flossensäume. Die Schwanzflosse ist transparent bis gelb, basal grünblau mit einem weißlichen hinteren Saum. Die Brustflossen sind farblos, die Bauchflossen gelblich.

Das mehrere Zentimeter kleinere Weibchen ist silbrig und hat einzelne grünblau schillernde Punkte, einen blaugrünen Rücken, fast weißen Bauch und farblose, abgerundete Flossen.

Pflege und Zucht: Wichtige Voraussetzungen sind ein großes Aquarium, möglichst über 200 Liter, kräftige Durchlüftung und Durchströmung, leicht alkalischer pH-Wert, Wasserhärte über 10° dH, Wassertemperatur 26 bis 27°C, Salzzusatz 1g/1 Liter Wasser, häufiger Wasserwechsel, Steinaufbauten mit Spalten. *L. tanganicanus* ist ein ausgesprochener Schwarmfisch und sollte auch so zur Zucht angesetzt werden. Die Paarung verläuft wie bei anderen Eierlegenden Zahnkarpfen. Die Eier werden in schmale, in der Natur meistens vertikale Steinspalten passender Größe gedrückt. Die Eier sind mit fast 3 mm Durchmesser sehr groß und von bräunlichgelber Farbe. Die 8 mm großen Jungfische schlüpfen nach 3 bis 6 Wochen, in der Regel nachts. Die Aufzucht ist problemlos. Als Erstfutter eignen sich Artemia-Nauplien. Eine Vergesellschaftung mit Regenbogenfischen ist möglich. Die Nachzuchten sind oft wesentlich farbschwächer als die Importfische, trotzdem gehört *L. tanganicanus* zu den schönsten Arten der Unterfamilie.

Besonderheiten: Zur Gattung *Lamprichthys* REGAN, 1911 gehört nur die oben beschriebene Art.

Eine enge Verwandtschaft besteht zu den Gattungen *Plataplochilus* und *Procatopus*. Alle sind sie Vertreter der Unterfamilie *Procatopodinae* - Leuchtaugenfische.

PACHYPANCHAX OMALONOTUS
(Dumeril, 1861)
Madagaskar-Hechtling

Lebensraum: Afrika: Madagaskar. Die Art wurde erstmals auf der nordwestlich vorgelagerten Insel Nosy Bé gefunden und in jüngster Zeit wiederum von dort importiert. ARNOULT fand diesen Hechtling auch in der Umgebung von Maevatanana im Einzugsgebiet des Betsiboka an der Nordwestküste Madagaskars.

Größe und Färbung: Die Grundfarbe des bis etwa 9,5 cm lang werdenden Männchens ist grün, blaugrün bis hellblau in Abhängigkeit vom Lichteinfall. Der Kopf und der Rücken sind bräunlich. Ein bronzefarbener Fleck befindet sich zwischen dem Kopf und der Rückenflosse. Der Bauch ist hell. Im vorderen Körperabschnitt zeigen sich gelegentlich bräunliche Querbinden. Ein angedeutetes dunkles Längsband zieht sich vom Auge bis zur Schwanzwurzel. Im Bereich der Brustflossen ist es besonders kräftig ausgebildet. Die rotbraun bis schwarz gerandeten Schuppen auf den Körperseiten bilden unregelmäßige Längs- und Querreihen. Die unpaaren Flossen sind braungrün bis hellgrün. Sie haben eine gelbliche Basis und weiße bis gelbe, gelegentlich auch schwarze Säume, besonders deutlich sichtbar an der Afterflosse und der unteren Schwanzflosse. Die Rücken- und Afterflosse sind etwas zugespitzt, manchmal ein wenig gefranst.

Die Grundfarbe des kleineren Weibchens ist dem Männchen ähnlich, allgemein aber weniger intensiv. Die abgerundeten unpaaren Flossen sind hellbraun und haben dunkle Punkte. Die After- und die untere Schwanzflosse tragen einen hellen Saum.

Pflege und Zucht: siehe Gattungsbeschreibung *Epiplatys* bzw. *Aplocheilus*. Im allgemeinen gibt es mit diesem nichtannuellen Pflanzenlaicher keine Probleme. Die Jungfische schlüpfen bei 24 bis 27°C nach 12 bis 16 Tagen und sind nach etwa 3 Monaten mit einer Länge von 4 cm bereits zuchtfähig. Bemerkenswert ist, daß die Geschlechterverteilung wesentlich von den Haltungsbedingungen abhängt. Bei niedrigen Temperaturen unter 28°C ist der Weibchenüberhang erheblich, manchmal sind es 100%. Erst über 28°C gibt es ein ausgeglichenes Geschlechterverhältnis (nach SCHALLER). Die Art kommt auch in Brackwasser vor.

Besonderheiten: Im Widerspruch zur Erstbeschreibung ist in der älteren Literatur oft der Name *P. homalonotus* zu finden. Von *P. omalonotus* gibt es eine blaue und eine mehr bronzefarbene (rote) Form, die beide bei Nachzuchten auftreten können.

PACHYPACHAX PLAYFAIRII
(GÜNTHER, 1866)
Tüpfelhechtling

Lebensraum: Afrika: Seychellen, Zanzibar. Auf den Seychellen befindet sich der Erstfundort. Die Fische leben dort in schnell- und langsamfließenden Bächen über hellem Bodengrund an der Wasseroberfläche in Bachmitte (kleine Schulen) und auch in Mangrovesümpfen. Wasserwerte an einem Fundort: 27 bis 35°C, dH 1 bis 28°, pH 5,5 bis 8,5.

Größe und Färbung: Die Grundfarbe des maximal 10 cm langen Männchens ist blaugrün bis gelblich mit unregelmäßigen Längsreihen roter Punkte auf den Körperseiten. Kopf und Rücken sind braun, die Schuppen schwarz genetzt. Die unpaaren Flossen haben eine gelbe bis gelbgrüne oder hellbraune Farbe und sind mit Reihen kleiner roter Punkte besetzt. Die After- und die Schwanzflosse zeigen unterschiedlich breite, braunrote oder schwarze Säume. Die Rücken- und Afterflosse sind an der Basis grünlich bis bläulich. Alle Jungfische

133

haben einen schwarzen Fleck auf der Rückenflosse, der bei den Männchen später verschwindet.

Die Grundfarbe des etwa 2 cm kleineren Weibchens ähnelt der des Männchens, ist aber weniger intensiv. Ein dunkler Fleck befindet sich an der Rückenflossenbasis. Die Flossen sind farblos bis leicht gelblich.

Pflege und Zucht: siehe Gattungsbeschreibung *Epiplatys* bzw. *Aplocheilus*. Die Zucht des nichtannuellen Pflanzenlaichers ist unproblematisch. Die Art hat ein großes Wärmebedürfnis, Temperaturen bei oder über 25°C sind optimal.

Besonderheiten: Das Vorkommen der Art auf der Insel Zanzibar ist mit großer Sicherheit auf Fische zurückzuführen, die dort ausgesetzt wurden, Der Nachweis eines Fundortes auf Madagaskar fehlt bisher. *P. playfairii* lebt auch in brackigem Wasser (Mangrovesumpf), dort wurden die größten Exemplare gefangen. Interessant ist, daß die bei adulten Männchen vorhandenen abstehenden Rückenschuppen nicht krankhaft, sondern arttypisch sind.

P. playfairii ist die bestimmende Art der Gattung *Pachypanchax*. In der äußeren Gestalt ähneln die Vertreter der Gattung den *Aplocheilus*- und den *Epiplathys*-Arten. Aus systematischer Sicht stehen sie aber zwischen den *Aplocheilus*- und den *Aphyosemion*-Arten.

Nach PARENTI gehören sie als eigene Artengruppe zur Gattung *Aplocheilus.*

PLATAPLOCHILUS MILTOTAENIA
LAMBERT, 1963

Lebensraum: Afrika: Gabun, unteres Ogovué-Flußsystem.

Größe und Färbung: Die Grundfarbe des etwa 4 bis 5 cm langen Männchens ist ein metallisches Blau, das in der vorderen Körperhälfte schwächer, dagegen am unteren Teil des Schwanzstieles besonders intensiv ist. Vom Brustflossenansatz bis zum Hinterrand der Schwanzflosse zieht sich ein kräftiges rotes Längsband, das nach hinten breiter wird und im Bereich des Schwanzstieles seine maximale Ausdehnung erreicht. Es wird deutlich blau gesäumt. Die unpaaren Flossen sind farblos bis gelblich, gelegentlich rötlich gesäumt. Die Schwanzflosse hat einen geraden Hinterrand und ist oben spitz ausgezogen.

Das kleinere Weibchen ist blasser. Ein rotes Längsband wird nur angedeutet. Die Flossen sind abgerundet.

Pflege und Zucht: siehe Gattung *Aplocheilichthys.*

Besonderheiten: Von der zur Unterfamilie Procatopodinae (Leuchtaugenfische) gehörenden Gattung *Plataplochilus* sind außer der beschriebenen Art noch *P. cabindae, P. loemensis, P. ngaensis* und P. *terveri* bekannt, die bisher aber selten aquaristisch gepflegt worden sind.

PROCATOPUS ABBERANS
AHL, 1927

Lebensraum: Afrika: Nigeria (Süden), Kamerun (Südwesten). Die Fließgewässer des Regenwaldes und der Savannen sind die bevorzugten Aufenthaltsorte dieser Art. Wasserwerte an einem Fundort: pH 5,8 bis 6,1, dH um 1°, 22 bis 25°C. Die Fische leben in oberflächenorientierten Schwärmen vorwiegend in Flüssen und Bächen des Flachlandes mit leicht saurem, weichem Wasser und üppiger Randvegetation. In stagnierenden Resttümpeln zeitweiliger Fließgewässer (Savanne) können die Tiere nicht überleben. Begleitfische sind u.a. *Epiplatys sexfasciatus, Aphyosemion pascheni* und *A. gardneri*. Die Art wurde zuerst bei Ossidinge in der Nähe von Eumojok (Kamerun) gefunden.

Größe und Färbung: Die Grundfarbe des bis 6 cm langen Männchens ist ein stark glänzendes Blaugrün auf dem gesamten Körper mit Ausnahme der weißblauen Bauchregion. Die unpaaren Flossen sind bläulich und tragen zahlreiche rötliche Punkte. Die oberen und unteren Flossenstrahlen der Schwanzflosse sind verlängert und haben bei schönen Exemplaren gelegentlich weiße Spitzen. Die Bauchflossen ähneln der Afterflosse, die Brustflossen sind farblos.

Das deutlich kleinere Weibchen hat eine graublaue Färbung und trägt keine Zeichnung. Seine Flossen sind abgerundet.

Pflege und Zucht: siehe Gattungsbeschreibung *Aplocheilichthys*. Die Arten der Gattung Procatopus haben ein sehr interessantes Balz-, Imponier- und Paarungsverhalten, die Eier werden teilweise in enge Spalten gedrückt und dabei oft deformiert. Trotzdem entwickeln sich die Embryonen normal. Als Laichsubstrat eignen sich Korken mit Rillen, Rindenstücke, Bimsstein, aber auch feinfiedrige Pflanzen und Kunstfasermops. Die Jungfische schlüpfen nach 12 bis 18 Tagen und bewegen sich aalförmig schlängelnd an der Wasseroberfläche. Mittels Durchlüftung muß das Futter an die Wasseroberfläche gebracht werden. Die Fische sind in weichem Wasser relativ krankheitsanfällig, daher ist zumindest für die Haltung hartes Wasser zu bevorzugen. Günstig ist auch eine Zugabe von 1 Eßlöffel Salz pro 10 Liter Wasser.

Besonderheiten: Von *P. abberans* gibt es zahlreiche Populationen, die teilweise als eigenständige Arten beschrieben wurden. Zur Gattung *Procatopus* der Unterfamilie Procatopodinae (Leuchtaugenfische) gehören außerdem die aquaristisch bekannten Arten *P. nototaenia* und *P. similis*.

VALENCIA HISPANICA
(CUVIER & VALENCIENNES 1846)
Valenciakärpfling

Lebensraum: Europa: Spanien, Umgebung von Valencia und Sevilla, Mündungen von Ebro und Guadalquivier, in unterschiedlichsten, meist pflanzenreichen Biotopen. Die Exemplare der Erstbeschreibung wurden im Einzugsgebiet des Albufera-Sees südlich von Valencia gefunden.

Größe und Färbung: Die Grundfarbe des bis 8,5 cm lang werdenden Männchens ist gelb- bis rotbraun mit einem blauen bis grünen Glanz. Die Schuppen sind teilweise dunkel gerandet. Ein großer dunkler Fleck befindet sich über der Brustflossenbasis und schmale dunkelbraune Querstreifen in der hinteren Körperhälfte. Der Bauch hat eine gelblichweiße Färbung. Die Flossen sind gelb bis fast orangefarben mit dunklen Punkten und dunklen Flossenrändern.

Das etwas kleinere Weibchen hat eine

hellbraune Grundfarbe, angedeutete Querstriche, gelegentlich auch einen undeutlichen dunklen Längsstreifen. Die Flossen sind farblos.

Pflege und Zucht: Es gibt bei *V. hispanica* wenig Schwierigkeiten. Die Haltung im Artaquarium ist günstig, weil hier durch Standortverlagerung die Temperaturen im Winter leichter für einige Wochen auf etwa 10 bis 15°C gesenkt werden können. Leicht alkalisches Wasser bis pH 7,5 wird empfohlen. Die Art hat ein interessantes, arttypisches Paarungsverhalten: Das Männchen balzt vor dem Weibchen fast im Kopfstand und vollführt kauende Bewegungen. Dabei ziehen sich zwei helle Streifen vom Maul bis zur Rückenflosse. *V. hispanica* ist ein nichtannueller Pflanzenlaicher. Die Eier sind mit einem Durchmesser von 2,5 mm relativ groß. Der Schlupf der Jungfische vollzieht sich im Zeitraum von 8 bis 15 Tagen. Als Erstfutter eignen sich *Cyclops*- und *Artemia*-Nauplien. Die Männchen färben sich nach 3 bis 4 Monaten aus und sind mit 6 bis 7 Monaten geschlechtsreif. Ihre Lebensdauer beträgt bis zu 3 Jahren. Eine ganzjährige Freilandhaltung ist in geeigneten Gartenteichen möglich.

Besonderheiten: Die Gattung *Valencia* MYERS, 1928 gehört systematisch zur Unterfamilie Aphaniinae. Zu ihr gehören nur zwei Arten aus eng begrenzten Gebieten Spaniens, Griechenlands und Albaniens. Bekannt ist auch ein Einzelfund aus dem äußersten Süden Frankreichs am Fuße der Pyrenäen. Die Fische leben teilweise als Schwärme in unterschiedlichsten Gewässern: Gräben, Sümpfen, Seen, küstenna-

hen Bächen und Flüssen mit Süßwasser, das oft sehr hart, gelegentlich etwas brackig ist. Die Temperaturen schwanken täglich und jahreszeitlich. Neben *V. hispanica* gibt es noch *V. letourneuxi* (SAUVAGE, 1880) von Kérkyra (Korfu) und dem gegenüberliegenden griechischen und albanischen Küstengebiet. Diese Art wird teilweise als Unterart von *V. hispanica* betrachtet.

Der Artenbestand der Gattung ist durch das Aussetzen und Einwandern von dem Lebendgebärenden Zahnkarpfen *Gambusia affinis* ernsthaft bedroht.

Fundorte von *Valencia letourneuxi* auf Korfu

ASIEN

DIE GATTUNG *APLOCHEILUS*
MC CLELLAND, 1839
Hechtlinge

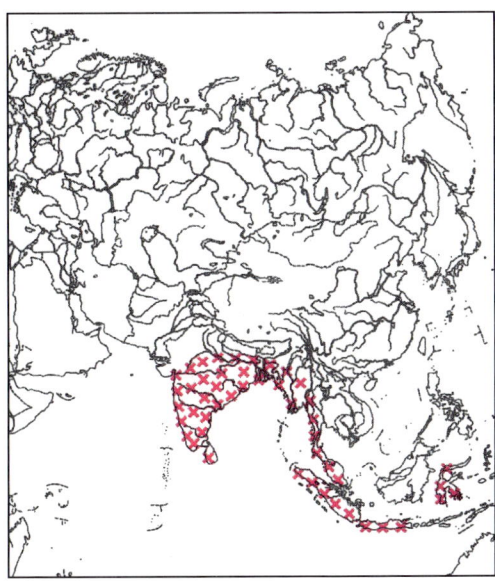

Verbreitungskarte Gattung *Aplocheilus*

Lebensraum: Asien: Die *Aplocheilus*-Arten haben ein sehr großes Verbreitungsgebiet von Vorderindien bis nach Indonesien. Sie leben vorwiegend in besonnten flachen, stehenden bis langsam fließenden Gewässern (Bäche, Reisfelder, Sümpfe) mit dichtem Pflanzenwuchs und halten sich dort an der Wasseroberfläche zwischen den Wasserpflanzen (Schwimmpflanzen) oder unter überhängenden Landpflanzen in Ufernähe auf.

Systematik: Die Typusart der Gattung ist *A. panchax* (HAMILTON-BUCHANAN, 1822). Diese Art gehört zu den ersten bekannten Eierlegenden Zahnkarpfen überhaupt. Die altweltliche, nichtannuelle Gattung *Aplocheilus* ist eine Gattung der Familie Rivulinae. Ihre Vertreter sind hechtlingsförmige Fische von 5 bis 12 cm Länge und sehr eng verwandt mit den *Epiplatys*-Arten, von denen sie sich nur durch

wenige spezielle morphologische Merkmale unterscheiden. Auffällig ist besonders, daß die Weibchen und Jungfische einen dunklen, meistens heller gesäumten Fleck an der Basis der Rückenflosse haben. Wissenschaftlich interessant ist die insgesamt andere Darmstruktur der Aplocheilus-Arten. Die Trennung zwischen den *Aplocheilus*- und den *Epiplatys*-Arten wird durch die geographische Lage der Verbreitungsgebiete (Afrika - Asien) unterstützt. Bei der Gattung *Aplocheilus* sind folgende Merkmale besonders auffallend: hechtförmige gestreckte Gestalt, breiter abgeflachter Kopf, großes oberständiges Maul, silbriger Leuchtfleck auf dem Scheitel (signalisiert in seiner Funktion als „drittes Auge" Gefahr) und große Augen. Die Rückenflosse ist relativ klein. Sie beginnt über den letzten Strahlen der großen und breit angesetzten Afterflosse. Die Bauchflossen sind ebenfalls sehr klein, die Brustflossen verhältnismäßig groß. Die Rücken- und Afterflosse laufen in einer Spitze aus, die mittleren Strahlen der Schwanzflosse sind teilweise lappig verlängert. Der Geschlechtsdimorphismus in der Färbung ist nicht immer sehr deutlich. Die Färbung des Weibchens ähnelt der des Männchens. Die bunten Flossenfarben fehlen aber. Dafür befinden sich besonders bei den Weibchen dunkle Querbinden auf den Körperseiten. Der schwarze Augenfleck an der Basis der Rückenflosse ist mit einem weißen, gelblichen oder blauen Hof umgeben. Bei Erregung zeigt sich auf jeder Körperseite eine dunkle Längsbinde.

Pflege und Zucht: Sie ist allgemein unproblematisch und entsprichten der der *Epiplatys*-Arten (s. Gattungsbeschreibung). Wichtig sind Wassertemperaturen über 25°C, häufige Temperaturschwankungen, Versteckmöglichkeiten durch dichten Pflanzenwuchs (besonders Schwimmpflanzen) und eine kräftige Fütterung mit Insekten und deren Larven. Die Eier der Aplocheilus-Arten sind mit ca. 2 mm relativ groß und färben sich bei der Embryonalentwicklung durch Pigmenteinlagerungen fast schwarz.

Besonderheiten: Bisher sind besonders bei *A. panchax* zahlreiche Unterarten beschrieben worden, die sich als nicht stabil erwiesen haben. Sie basieren vorwiegend auf Farbunterschieden zwischen den verschiedenen Populationen aus dem sehr großen Verbreitungsgebiet. Kreuzungen verschiedener „Unterarten" waren über mehrere Generationen hinweg fruchtbar und erbrachten in gleichen Nachzuchten Männchen unterschiedlicher Färbung. Die *Aplocheilus*-Arten gehörten früher neben den Vertretern der Gattung *Epiplatys* zu den Gattungen *Haplochilus* und *Panchax*, die heute nicht mehr gültig sind. Zur Gattung *Aplocheilus* zählen bisher 6 Arten und Unterarten, die sich alle als Aquarienfische großer Beliebtheit erfreuen: *A. blockii, A. parvus, A. dayi dayi, A. dayi werneri, A. lineatus, A. panchax. A. kirchmeyeri* gehört in die engere Verwandtschaft von *A. blockii*, ihr Artstatus ist noch nicht eindeutig geklärt.

In der amerikanischen Literatur werden nach PARENTI alle Hechtlinge als *Aplocheilus*-Arten bezeichnet. Das sind neben den *Epiplatys* und *Aplocheilus* i.e.S. auch die *Pachypanchax*-Arten.

APLOCHEILUS BLOCKII

ARNOLD, 1911
Madrashechtling
Zwergpanchax

Lebensraum: Asien: Indien (Süden), Sri Lanka (Ceylon). Die Fische leben dort in kleinen Tümpeln mit dichtem Pflanzenwuchs, in Indien gemeinsam mit *A. lineatus* und Fischen aus anderen Familien. Wasserwerte an einem Fundort: 25,5 bis 32°C, pH 5,6 bis 6,5, dH 1 bis 4°. Der Erstfundort ist ein kleines Gewässer bei Cochin, Provinz Kerala (Indien) mit einer Wassertemperatur von 32°C. Die Fundorte auf Ceylon sind stehende, langsam fließende Gewässer (Reisfelder, Kanäle), sehr flach, unbeschattet, stark verkrautet, Wassertemperatur immer zwischen 28 und

36°C, dH 1 bis 3°, pH-Werte tageszeitlich unterschiedlich.

Größe und Färbung: Die Grundfarbe des bis 4,5 cm groß werdenden Männchens ist olivgrün bis braun, auch gelbgrün bis gelbbraun, mit zahlreichen grünlich bis bläulich irrisierenden Glanzschuppen auf dem Körper und den Flossen, die in Querbinden und Längsreihen angeordnet sein können. Auf den Körperseiten befinden sich häufig rote Punktreihen oder unregelmäßige Tüpfel. Der Rücken ist dunkel, Bauch und Kehle sind weiß. Das Maul hat eine rote Umrandung. Die Kiemendeckel schimmern bläulich und zeigen einen grünen Fleck. Die unpaaren Flossen sind transparent bis braungelb. Ein deutlicher dunkler Fleck mit heller Umrandung befindet sich im vorderen Teil der Rückenflossenbasis, ein roter Saum um die Afterflosse.

Die Grundfarbe des wenig kleineren Weibchens ist braun, die Bauchregion weiß. Eine angedeutete Querbänderung überzieht den ganzen Körper. Die Flossen zeigen sich blaß gelblich bis orangefarben. Der Dorsalfleck ist ähnlich dem des Männchens. Bei auffallendem Licht wird eine leuchtende Tüpfelzeichnung sichtbar.

Pflege und Zucht: Bei *A. blockii* gibt es wenig Probleme. Die Art ist kein ausgesprochener Oberflächenfisch. Sie erweist sich als etwas empfindlich und scheu. Die Jungfische sind relativ klein. Ein Artaquarium wird zur extensiven Zucht empfohlen. Eine Zuchttemperatur um 30°C und eine dichte Schwimmpflanzendecke erhöhen das Wohlbefinden. Die Fische ha-

ben ein sehr interessantes Balzverhalten.
Besonderheiten: BOULENGER bezeichnete diese Art als *Haplochilus panchax*, obwohl zu dieser Art deutliche Unterschiede festzustellen sind. Die Identität von *Panchax parvus* ist noch nicht endgültig geklärt. Die Art gehört mit Sicherheit zum Formenkreis um *A. blockii*.

APLOCHEILUS DAYI
STEINDACHNER, 1892
Grüner Streifenhechtling
Ceylonhechtling

Lebensraum: Asien: Sri Lanka (Ceylon). Die Art ist, mit Ausnahme brackiger Gewässer und des Hochlandes über 1000 m, auf der ganzen Insel verbreitet. Häufig findet man die Fische in leicht fließenden Gewässern unter überhängenden Gräsern in Ufernähe. Wasserwerte am Fundort: 18 bis 30°C, dH 1 bis 5°, pH-Wert tageszeitvariabel, um 6 schwankend.
Größe und Färbung: Die Grundfarbe des bis 9 cm lang werdenden Männchens ist grünlich, nach dem Rücken zu goldbraun. Auf den Körperseiten, in Reihen angeordnet, befinden sich goldgelbe Leuchtschuppen, dazwischen rote Tüpfel und einige wenige schwarze Flecken unterschiedlicher Größe. Die Bauchpartie ist blaugrünlich oder rötlich. Die unpaaren Flossen haben eine transparente bis gelbliche Färbung. Sie sind rot getüpfelt, gestrichelt oder mit roten Flossenstrahlen ausgestattet. Den Abschluß bilden unterschiedlich breite rote oder dunkle Flossensäume. Die Afterflosse ist an der Basis mit einer Reihe großer dunkler Punkte versehen. Die Flossenspitzen sind lang ausgezogen. Die Schwanzflosse trägt gelegentlich an dem unteren Flossenrand ein dunkelrotes Band. Die Bauchflossen sind relativ groß und spitz. Junge Männchen haben auf den Körperseiten regelmäßige dunkle Querbinden, die später bis auf wenige Punkte und Flecken zurückgebildet werden.

Die Grundfarbe des etwas kleineren Weibchens ist der des Männchens ähnlich. In der hinteren Körperhälfte befinden sich unterhalb der Mittellinie 6 bis 8 breite, dunkle Querbinden, die manchmal nur als

große dunkle Flecken sichtbar werden. Auf den Körperseiten und an der Basis der Afterflosse zeigen sich gelegentlich schwarze Punkte.

Pflege und Zucht: Die Art eignet sich gut für das Gesellschaftsaquarium. Versteckmöglichkeiten sind für diese Fische wichtig. Sie leben vorzugsweise an der Oberfläche des Aquariums. Ihre Pflege und Zucht weisen keine Probleme auf.
Besonderheiten: Verschiedene Populationen und Farbvarietäten der Art sind bekannt, die an verschiedenen Fundorten auch gemischt vorkommen. Kreuzungen mit der farbschönen Unterart *A. d. werneri* können bei gemeinsamer Haltung der beiden Formen durchaus entstehen.

APLOCHEILUS LINEATUS
CUVIER & VALENCIENNES, 1846
Streifenhechtling

Lebensraum: Asien: Indien. Die Exemplare der Erstbeschreibung wurden in der Umgebung von Bombay gefunden. *A. lineatus* kommt oft gemeinsam mit *A. blockii* und Fischen aus anderen Familien vor.
Größe und Färbung: Die Grundfarbe des bis 12 cm langen Männchens ist helloliv, der Rücken braungrün und der Bauch weißlich. Auf den Körperseiten befinden sich Längsreihen grünlich-goldener Punkte bzw. Glanzschuppen und 6 bis 8 dunkle Querbinden in der hinteren Körperhälfte meistens unterhalb der Mittellinie.

139

Die erste Querbinde beginnt am vorderen Ansatz der Afterflosse, oft nur als Fleck ausgebildet. Die nächsten werden immer größer und die letzte überspannt die gesamte Schwanzflossenbasis. Die unpaaren Flossen sind unterschiedlich breit rot gesäumt und mit roten, goldfarbenen und grünen Punkten, Flecken und Strichen versehen. Die Flossenstrahlen haben eine rote bis rotbraune Färbung, dazwischen befinden sich gelegentlich auch dunkle Flecken, z. T. als Fortsetzung der Querbinden. Die Brust- und Bauchflossen sind gelb mit roten Spitzen, die mittleren Strahlen der Schwanzflosse oft lappig verlängert.

Die Grundfarbe und Zeichnung des etwas kleineren Weibchens ähneln der des Männchens, nur allgemein etwas dunkler und bläulicher. Die Farbbrillanz läßt deutlich nach. Nur die dunklen Querbinden sind allgemein kräftiger, zahlreicher und länger. Sie reichen bis in den Rücken hinein und finden ihre Fortsetzung in der Rücken- und Afterflosse. Die Flossen sind weniger farbig, meistens transparent und abgerundet, die roten Säume wesentlich schmaler.

Pflege und Zucht: siehe Gattungsbeschreibung, unproblematisch. Die gute Färbung der Nachzuchten hängt wesentlich von den Haltungsbedingungen ab. Hierbei ist eine kräftige Fütterung mit Insekten und deren Larven besonders wichtig. Die Eier sind fast 2 mm groß. Die Jungfische wachsen relativ langsam. Erst im Alter von 6 bis 8 Monaten sind sie zuchtreif.
Besonderheiten: Von *A. lineatus* kennen

die Aquarianer zahlreiche Populationen, die sich in ihrer Färbung und Zeichnung unterscheiden. Teilweise fehlen die roten Farbanteile und werden durch Grüntöne ersetzt, so daß eine grün-goldene Gesamtfärbung entsteht. Die in der Literatur genannten Vorkommen auf der Insel Ceylon beziehen sich alle auf *A. dayi werneri*.

APLOCHEILUS PANCHAX
Hamilton-Buchanan, 1822
Gemeiner Hechtling
Zinnkopf

Lebensraum: Asien: Vorderindien, Hinterindien, Indonesien (nicht Ceylon). Die Fische leben in flachen, stehenden oder langsam fließenden Gewässern mit Schwimmpflanzen oder überhängender Ufervegetation, in Süß- und Brackwasser, vergesellschaftet mit Fischen aus der Gattung *Oryzias* und aus anderen Familien. Im Ganges-Einzugsgebiet (Indien) konnten die ersten Exemplare der Art gefangen werden. Wasserwerte am Fundort: 29 bis 35°C, pH-Wert 6,8 bis 8,0, dH 4 bis 7°, im Extremfall 45°.

Größe und Färbung: Die Grundfarbe des bis 8 cm langen Männchens ist graugelb bis graublau mit grünlichen bis bläulichen Glanzschuppen und dunkel getönten Schuppenrändern. Auf den Körperseiten befinden sich unregelmäßige Längsreihen aus roten Punkten. Der Rücken hat eine dunkle Färbung, der Bauch ist weißlich bis gelblich. Ein typischer schwarzer Fleck mit hellem Hof zeigt sich im vorderen Teil der Rückenflossenbasis. Die Färbung der unpaaren Flossen ist, dem sehr großen Verbreitungsgebiet der Fische entsprechend, recht variabel. Die Rückenflosse hat eine bläuliche oder gelbliche Farbe, kann aber auch transparent sein. Sie trägt einen hellblauen, weißlichen oder rötlichen Saum. Der dunkle Basalfleck ist weiß oder gelb gesäumt. Die Afterflosse zeigt sich transparent, bläulich oder gelb, gelegentlich auch rötlich mit hellen oder roten Punkten in Längsreihen und einem roten Saum, gelegentlich mit schwarzer Kante. Die Schwanzflosse ist im mittleren Teil transparent, gelblich oder rötlich. Nach außen schließt sich ein weißes, gelbes oder rotes Band an. Danach folgt ein dunkler bis schwarzer Saum.

Die Grundfarbe des kleineren Weibchens ähnelt der des Männchens, ist aber matter und weniger glänzend. Die Flossen sind abgerundet. Die Rückenflosse zeigt den typischen Fleck an ihrer Basis. Er hat einen geschlechtsspezifischen rötlichen Hof, ist insgesamt aber weniger farbintensiv.

Pflege und Zucht: siehe Gattungsbeschreibung, unproblematisch. *A. panchax* eignet sich sehr gut für das Gesellschaftsaquarium. Eine Wassertemperatur über 25°C und Versteckmöglichkeiten sind

für die Art optimal. Die Jungfische wachsen langsam. Die Fische der Art können bis 5 Jahre alt werden.

Besonderheiten: Von *A. panchax* gibt es zahlreiche Populationen, die teilweise als Unterarten beschrieben worden sind, teilweise den Status von selbständigen Arten erhielten. Farbunterschiede bildeten das Hauptmerkmal für die Separierung. Innerhalb einer Population ist die Färbung der Männchen oft so variabel, daß die Trennung in Unterarten wenig haltbar erscheint. Das trifft auch auf *A. p. siamensis* zu, die mehr rote Farbanteile als die übrigen bekannten Populationen hat.

Fundort von *Aplocheilus panchax siamensis* in West-Sumatra

NORD- UND MITTELAMERIKA

DIE GATTUNG *CYPRINODON*
LACÉPEDÈ, 1803

Wüstenfische
Pupfishes (amerik.)

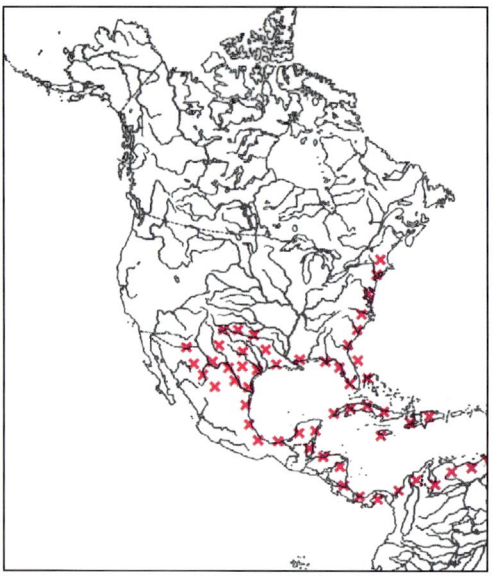

Verbreitungskarte Gattung Cyprinodon

Lebensraum: Das Verbreitungsgebiet der Gattung erstreckt sich vom Staat Massachusetts (USA, 40° n. Br.) nach Süden über die Süd- und Südweststaaten der USA, Mexiko, zahlreiche karibische Inseln bis zu den Küstenregionen Venezuelas (10° n. Br.). Die Vertreter der Gattung leben in sehr unterschiedlichen Biotopen in klimatisch gemäßÌgten bis tropischen Zonen. Ihre Lebensräume sind das offene Meer, sonnenüberflutete Binnengewässer wie Flüsse, Mineralquellen (auch schwefelhaltige Thermalquellen), Sümpfe mit Salz-, Brack- und Süßwasser. Einzelne Arten kommen in Wasser mit einem Gesamtsalzgehalt bis 160°/°° vor (*C. milleri*), das entspricht der 5 bis 6-fachen Konzentration von Meerwasser. Die Wassertemperaturen können zwischen 10°C und über 40°C schwanken.

Der Temperaturanstieg stimuliert die auftretenden Laichperioden der Fische.

Systematik: Die Leitart der Gattung ist *C. variegatus* LACÉPEDÈ, 1803. Zur Gattung gehören etwa 40 nichtannuelle Arten und Unterarten. Sie sind infolge ihrer Entwicklungsgeschichte, die eng mit den erdgeschichtlichen Entwicklungsphasen verbunden ist, biologisch außergewöhnlich interessant. Es gibt unter ihnen Reliktformen, deren Bestand ernsthaft gefährdet ist und die unter strengem Naturschutz stehen (z. B. *C. diabolis*).

Eine enge Verwandtschaft besteht zur neuweltlichen Unterfamilie *Fundulinae*, speziell zu den Gattungen *Floridichthys*, *Megupsilon* und *Cualac*, und zur altweltlichen Unterfamilie *Aphaniinae*. Die Vertreter der Gattung haben einen hochrückigen, karpfenähnlichen, gedrungenen Körperbau (adulte Männchen wirken oft bullig und haben eine steile Stirnpartie). Ihre Gesamtlänge beträgt 3 bis 8 cm. Sie besitzen eine kurze und hohe Rückenflosse mit vergleichsweise wenigen Flossenstrahlen. Die unpaaren Flossen sind abgerundet. Die Weibchen zeigen im Vergleich mit *Fundulus*- und *Aphanius*-Arten keine Verdickung der ersten Afterflossen-Strahlen (Geschlechtstäschchen). Als eine Besonderheit hat die Art *C. diabolis* keine Bauchflossen. Die Färbung und Zeichnung der Arten ist relativ einheitlich. Auf den Körperseiten befinden sich unregelmäßig, z. T. keilförmige oder fleckige, dunkle und helle Querbinden im Wechsel. Diese typischen Vertikalstreifen zeigen besonders junge Fische und erwachsene Weibchen. Bei geschlechtsreifen Männchen zahlreicher Arten verliert sich der Hell-Dunkel-Kontrast teilweise oder ganz und macht einer ansprechenden kräftig blauen oder grünlichen Färbung Platz. Reflektierende Leuchtschuppen im Bereich zwischen Kopf und Rückenflosse oder auf der gesamten vorderen Körperhälfte und gelbe bis orangefarbene Regionen (Schwanzstiel, Bauch), gelegentlich von helleren oder dunkleren Querbinden unterbrochen, tragen zur farblichen Differenzierung der Arten bei. Nur unter ungünstigen Haltungsbedingungen oder bei Unterdrückung durch kräftigere Männchen tritt die „Jugendfärbung" verstärkt wieder auf. Rote Farbtöne fehlen allgemein. Die *Cyprinodon*-Arten können nach genetischen und geographischen Gesichtspunkten in Artengruppen eingeteilt werden. Die Zuordnung einzelner Arten ist aber umstritten, zumal sich die Verbreitungsgebiete der Gruppen verschiedentlich überschneiden. Die Formen der *Eximius*-Artengruppe (echte Wüstenfische) zeichnen sich durch einen endständigen, breiten schwarzen Vertikalstreifen in der Schwanzflosse aus. Verschiedene Arten sind bereits ausgestorben, andere gehören zu bedrohten Reliktarten. Sie leben im Grenzgebiet zwischen den USA und Mexiko. Als Wüstenfische werden auch verschiedene Vertreter der *Macularius*-Artengruppe betrachtet, die im Südwesten der USA im Bereich des Amargosa-Beckens verbreitet sind und äußerst extreme Biotope bewohnen. In Färbung und Zeichnung sehen sie sich alle sehr ähnlich. Weit verbreitet sind die Arten der *Variegatus*-Artengruppe, zu der alle Formen gehören, die im offenen Meer leben, aber auch in Flüssen vorkommen, die ins Meer entwässern. Die Männchen haben auch erwachsen eine Querbänderung.

Pflege und Zucht: Die Haltung der *Cyprinodon*-Arten ist, den unterschiedlichen, z. T. extremen Biotopen entsprechend, nicht unproblematisch. Es gibt ausgesprochene Wasser- und Nahrungsspezialisten, deren Zucht trotz intensiver Bemühungen nicht stabil gelungen ist (z. B. *C. diabolis*) und Arten, die sich als Aquarienfische auch im speziellen Gesellschaftsaquarium gut eingeführt haben (*C. atrorus*, *C. nevadensis amargosae*, *C. eximius*, *C. macularius*). Allgemeine Haltungsbedingungen sind: klares, sauberes, möglichst hartes Wasser, pH-Werte neutral bis alkalisch, fundortspezifische Salzzugaben, schwankende und möglichst hohe Temperaturen bis 30°C, abwechslungsreiche Fütterung mit Lebend- und Flockenfutter einschließlich Algen, Spinat oder gebrühtem Salat.

Zur Zucht wird ein Männchen mit 2 bis 3 Weibchen vergesellschaftet. Die Männchen bilden auch im Aquarium Reviere (z.B. um einen Pflanzenbusch herum), die gegen Artgenossen heftig verteidigt werden. Das laichbereite Weibchen schwimmt in das Revier hinein, das Männchen nähert sich ihm von unten und stupst es stimulierend in die Analgegend. Beide Fische schwimmen parallel, das Männchen umfaßt das Weibchen mit seiner Rücken- und Afterflosse und nach einer s-förmigen Krümmung laichen die Fische am Substrat in Bodennähe oder auch direkt in fein-

In ständig wasserführenden Gewässern des US-Bundesstaates Arizona, in der Nähe der Grenze zu Mexiko, kommen Wüstenfische der Unterart *Cyprinodon macularius eremus* vor.

körnigem Kies ab. Anschließend schwimmt das Weibchen aus dem Revier. Als Substrat eignen sich feinfiedrige Pflanzenbüsche, aber auch Filterwolle oder Mops, besonders wenn diese vom Wasser durchströmt werden. Die Eier haben oft ein weißliches Aussehen und sind trotzdem nicht verpilzt oder unbefruchtet. Die *Cyprinodon*-Arten zeigen sich als sehr produktiv und als große Laichräuber. Eine rationelle Zucht ist nur bei kurzzeitigem Zusammenbringen der Geschlechter oder ständigem Vorhandensein von Lebendfutter möglich. Die Laichentwicklung beträgt 1 bis 2 Wochen. Die Jungfische halten sich am Boden auf und schwimmen in der ersten Zeit ruckartig („bauchrutscherähnlich"). Nach einigen Wochen normalisiert sich die Schwimmweise. Die Fische wachsen ungleichmäßig. Nachzuchten von *Cyprinodon*-Arten aus stark salzhaltigem Wasser (z.B. *C. af. bondi*) verkrüppeln und sterben ab, wenn der Salzgehalt zu gering ist. Zur Aufzucht und Haltung der *Cyprinodon*-Arten können die Aquarien nicht groß genug sein. In kleinen Aquarien unter 50 Liter Wasserinhalt setzt sich am Ende nur ein Männchen durch und unterdrückt alle anderen. Selbst Weibchen werden solange verfolgt, bis sie verendet sind. In der Natur bilden die Männchen Reviere von etwa einen Quadratmeter.

Arten aus Quellen laichen ständig und sind relativ kurzlebig (6 bis 9 Monate), Arten aus anderen Gewässern haben oft Laichperioden (Winterruhe) und leben länger (max. 2 bis 3 Jahre). Die Fische eignen sich gut für eine Haltung im sonnigen Gartenteich. Das Nahrungsangebot entspricht dort durch den Algenreichtum natürlichen Bedingungen, das Sonnenlicht verbessert die Konstitution. Die Nahrung der Fische besteht zu einem großen Teil aus Algen, aber auch aus *Detritus*, Wasserinsekten und deren Larven, *Crustaceen*, *Amphipoden*, Schnecken und deren Laich.

Besonderheiten: Die Gattung *Cyprinodon* ist eine Gattung der Unterfamilie Cyprinodontinae JORDAN & GILBERT, 1882. Zur Unterfamilie gehören ausschließlich neuweltliche Fische, vorwiegend aus dem südlichen Nordamerika, auch aus Mittelamerika einschließlich der karibischen Inseln bis hin zur Nordküste Venezuelas

(Südamerika). Es bestehen 6 Gattungen mit insgesamt etwa 50 Arten und Unterarten. Allein 80% der Arten gehören zur Gattung *Cyprinodon*. Die Gattungen der Unterfamilie sind *Cualac, Cyprinodon, Floridichthys, Garmanella, Jordanella, Megupsilon*. Es gibt Bestrebungen, die Anzahl der Gattungen zu verringern (PARENTI).

CYPRINODON MACULARIUS
BAIRD & GIRARD, 1853
Blauer Wüstenfisch
Stahlbauer Wüstenfisch
Desert pupfish (amerik.)

Lebensraum: Nord- und Mittelamerika: USA (Südweststaaten), Mexiko (Nordwestgebiete). Die ersten Exemplare der Art wurden im Einzugsgebiet des Gila River (bei San Pedro) und des Colorado River im Staat Arizona (USA) gefunden.

Größe und Färbung: Die Grundfarbe des erwachsenen, bis 5 cm langen Männchens ist intensiv blau. Besonders leuchten die Schuppen oberhalb der Brustflossen bis zur Rückenflosse. Der Schwanzstiel hat eine gelbe bis gelborangefarbene Färbung. Die Gelbfärbung geht bis in die Schwanzflossenbasis hinein. Gelegentlich zeigen sich zusätzlich auf den Körperseiten zahlreiche Querbinden, besonders bei Männchen niederer Rangordnung. Die Rücken- und Afterflosse sind bläulich bis dunkelgrau mit dunklen bis schwarzen Rändern. Die Schwanzflosse ist gelblich-transparent mit einem basalen und einem hinterrandparallelen dunklen Band. Auffallend sind die schwarzen Augen mit einem leuchtend blauen bis blaugrünen vorderen Rand.

Die Grundfarbe des kleineren Weibchens ist graubraun. Auf den Körperseiten befinden sich zahlreiche dunkle, meist fleckig oder keilförmig ausgebildete Querbinden, die manchmal auch den Eindruck eines Längsbandes vermitteln, und zahlreiche, silbrig glänzende Schuppen. Die unpaaren Flossen wirken weißlich bis farblos und haben, besonders basal, dunkle Flossenstrahlen, Flecke und schmale Bänder. Im hinteren Teil der Rückenflossenbasis zeigt sich fast immer ein deutlicher dunkler Fleck.

Pflege und Zucht: siehe Gattungsbeschreibung. Die Art eignet sich gut für eine zeitweilige Haltung im Gartenteich. Sie vermehrt sich dort in warmen Sommermonaten reichlich. Die Fische sind gegen Temperaturschwankungen wenig empfindlich und vertragen in ihren Heimatgebieten Temperaturen bis 45°C .

Besonderheiten: Von *C. macularius* gibt es mehrere Unterarten und Populationen, die aquaristisch verbreitet und gezüchtet worden sind: *C. macularius eremus*, *C. macularius* „Salton Sea".

CYPRINODON NEVADENSIS
EIGENMANN & EIGENMANN, 1889
Nevada-Wüstenfisch
Nevadakärpfling
Todestalkärpfling
Saratoga Springs pupfish (amerik.)

Lebensraum: Nordamerika: USA im Grenzgebiet der Staaten California und Nevada im Bereich des Death Valley, Einzugsgebiet des Amargosa River und Ash Meadow, in besonnten, flachen Quellengewässern, Sümpfen, Flußabschnitten mit meist hohen Temperaturen um 30°C und sehr großen Temperaturschwankungen zwischen 10 und 40°C und pH-Werten über 7, z.T. mit stärkerem Salzgehalt (Magnesium, Schwefel, Bor). Die ersten Fische wurden in Sarotoga Springs (Death Valley, California) in einem Quellteich gefunden. Das sehr harte Wasser mit einem pH-Wert von 8 bis 8,5 war dort gleichbleibend 28 bis 29°C warm und enthielt Bor. In den abfließenden Bächen sind die Temperaturen

weniger konstant und schwanken zwischen 10°C im Winter und 35°C im Sommer.

Größe und Färbung: Die Grundfarbe des bis 6,5 cm langen Männchens ist einfarbig tiefblau. Die unpaaren Flossen sind transparent bis schwärzlich. Sie haben unterschiedlich breite, schwarze Säume. Das breite endständige Band in der Schwanzflosse ist besonders markant. Gelegentlich sind auf den Körperseiten schwarze Querbänder sichtbar.

Das deutlich kleinere Weibchen ist graubraun und hat einen dunklen Rücken und einen hellen Bauch. Auf den Körperseiten befinden sich silbrige Glanzschuppen und zahlreiche dunkle, unregelmäßig geformte Flecke entlang der Körpermitte. Auf der hinteren Rückenflossenbasis zeigt sich ein dunkler Fleck. Die Flossen sind transparent, gelegentlich etwas schwärzlich.

Pflege und Zucht: siehe Gattungsbeschreibung. Die Entwicklungszeit des Laichs beträgt bei 28°C nur 5 Tage, die Jungfische sind nach 3 bis 4 Monaten geschlechtsreif. Ein fundortspezifischer Salzzusatz, mindestens aber 10 Gramm pro 10 Liter Wasser, ist wichtig.

Besonderheiten: Die Art stellt ein Bindeglied zwischen der Variegatus- und Macularius-Artengruppe dar, ist aber kein Wüstenfisch, sondern kommt in Gebieten mit wechselnden Niederschlagsmengen vor. Nach Naturbeobachtungen ist die Laichzeit von Februar bis November.

MILLER beschrieb 1948 fünf weitere, geographisch getrennte Populationen aus dem gleichen Vorkommensgebiet als Unterarten: *C. n. amargosae*, *C. n. calidae* (ausgestorben), *C. n. mionectes* (bedroht), *C. n. pectoralis* (bedroht), *C. n. shoshone* (ausgestorben).

Die Biotope der Fische werden durch Wasserabsenkungen, Einsetzen von Raubfischen u. ä. weiter verringert und die Bestände reduziert.

CYPRINODON VARIEGATUS
LACÉPEDÈ, 1803
Edelsteinkärpfling
Sheepshead minnow (amerik.)

Lebensraum: Nord-, Mittel-, Südamerika: Atlantikküste vom USA-Staat Massachusetts bis zu den nördlichen Küstengebieten von Venezuela, auf zahlreichen karibischen Inseln und den Bahamas. Die Art kommt im offenen Meer und in Binnengewässern vor, die mit ihm in Verbindung stehen oder standen und z. T. einen fundortspezifisch hohen Salzgehalt, schwankende Wassertemperaturen, starken Pflanzenwuschs (Algen, Simsen) und flache Wasserstände aufweisen. Mit *C. variegatus* kommen teilweise *C. elegans*, verschiedene *Fundulus*-Arten wie *F. grandis*, *F. confluentus*, *F. jenkinsi*, *F. similis*, *F. pulvereus* sowie *Adinia multifasciata*, *Rivulus marmoratus*, *Lucania parva* und Fische aus anderen Familien vor.
Größe und Färbung: Das bis 8 cm lange Männchen ist olivfarben bis silbergrau mit einem bläulichen Glanz auf dem Rücken und angedeuteten breiten dunklen unregelmäßigen Querbinden auf den Körperseiten. Die unpaaren Flossen sind transparent bis verschwärzlicht und haben dunkle Ränder. Die Brust- und Bauchflossen zeigen sich schwach gelblich. An der Basis der Schwanzflosse befindet sich ein schmaler dunkler Steifen. In Laichstimmung sind die Farben und Körperzeichnung wesentlich intensiver. Gruppen von Schuppen auf dem Rücken leuchten dann stahlblau bis blaugrün. Der Vorderkörper einschließlich der Brust- und Bauchflossen färbt sich hell-orangefarben. Die schwarzen Randsäume der Flossen heben sich deutlich ab, und die insgesamt fast schwarze Rückenflosse hat eine weißliche

vordere Kante.

Das kleinere Weibchen ist graubraun bis silbrig mit keilförmigen breiten und schmalen dunklen Querbinden auf den Körperseiten (Keilspitze nach unten gerichtet). Der Bauch ist weißlich. Die unpaaren Flossen sind transparent, besonders die Rücken- und Afterflosse oft verschwärzlicht. Im basalen hinteren Teil der Rückenflosse befindet sich ein typischer, weiß umrandeter dunkler Fleck, der ohne Umrandung auch in der Afterflosse vorhanden sein kann.

Pflege und Zucht: siehe Gattungsbeschreibung. Bei dieser Art ist es wichtig den Herkunftsort zu wissen, damit die Wasserverhältnisse im Artaquarium darauf eingestellt werden können. Semimarine Wildfänge benötigen unbedingt 1/3 und mehr Seewasserzusatz, bei den Nachzuchter kann der Anteil dann verringert werden Große Aquarien, reichlich Versteckmöglichkeiten, dichte Pflanzenbüsche tragen wesentlich zum Wohlbefinden der Fische bei und verringern die oft beobachtete Schreckhaftigkeit, die zum plötzlichen Tod führen kann. Bei Gefahr wühlen sich die Fische als natürliche Reaktion gelegentlich in den Bodengrund ein.
Besonderheiten: *C. variegatus* ist die Leitart der Gattung. Von ihr gibt es zahlreiche Populationen (sehr großes Verbreitungsgebiet!), die sich im Detail in Färbung und Zeichnung unterscheiden. Neben der beschriebenen Form sind die Unterarten *C. v. artifrons*, *C. v. ovinus* und *C. v. riverendi* bekannt.

DIE GATTUNG *FUNDULUS*
LACÉPEDÈ, 1803

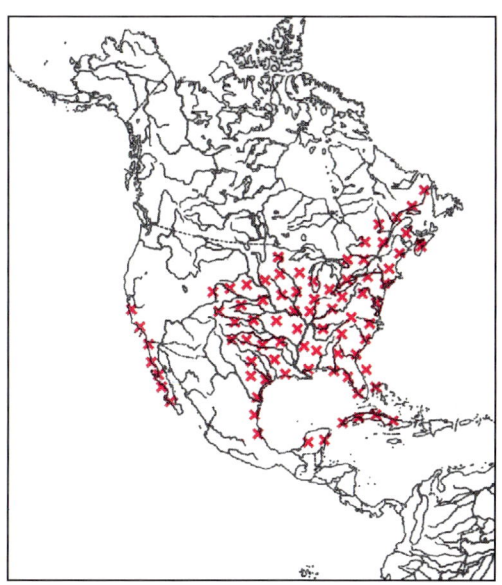

Verbreitungskarte Gattung *Fundulus*

Lebensraum: Die Arten der Gattung *Fundulus* sind in einem Gebiet verbreitet, das sich von Kanada (Südosten) über die USA, Mexiko bis hin zu verschiedenen karibischen Inseln einschließlich der Bermudas erstreckt. Mehr als die Hälfte der Arten sind in den Südoststaaten der USA beheimatet. Sie bewohnen unterschiedlichste Lebensräume wie Küstengebiete, salzige Sümpfe, Seen, Flüsse und Teiche. Die Fische kommen in Süß-, Brack- oder Meerwasser vor und sind gegenüber Temperaturschwankungen des Wassers sehr anpassungsfähig. In der Natur findet man die *Fundulus*-Arten meistens an der Wasseroberfläche und in mittleren Wasserschichten, seltener in Bodennähe.

Systematik: Die Gattung *Fundulus* gehört zur Unterfamilie Fundulinae JORDAN & GILBERT, 1882. Die Unterfamilie umfaßt nur neuweltliche Fische aus Nord- und Mittelamerika und den karibischen Inselgruppen. Sie besteht aus 10 Gattungen mit über 50 Arten und Unterarten. Von ihnen gehören allein etwa 80 % zur Gattung *Fundulus*. Weitere Gattungen sind: *Adinia, Chriopeoides, Chrenichthys, Cubanichthys, Empetrichthys, Leptolucania, Lucania, Oxyzygonectes, Profundulus*. Die Leitart der Gattung *Fundulus* ist *Fundulus heteroclitus* (LINNÉ, 1766). Die 6 bis 20 cm langen Fische der Gattung zeigen eine Reihe morphologischer Merkmale, die sie aus ichthyologischer Sicht von den anderen Gattungen der Unterfamilie deutlich unterscheiden. Innerhalb der Gattung *Fundulus* gibt es Untergattungen und Artengruppen. Interessant ist, daß sich bei einigen Arten, ähnlich den Hechtlingen aus Afrika und Asien, auf dem Kopf Leuchtschuppen zeigen. Die Männchen tragen während der Laichzeit „Kontaktorgane" an den Strahlen der Rücken-und Afterflosse in Form von kleinen Dornen, die nach der Laichzeit wieder zurückgebildet werden. Die Weibchen aller Arten sind mit einem unterschiedlich markant ausgebildeten „Geschlechtstäschchen" an der Genitalöffnung ausgestattet. Dabei wird der erste Strahl der Afterflosse in eine Hautfalte einbezogen. Diese sichtbare Veränderung ist also nicht krankhaft, sondern ganz natürlich.

Die Geschlechter unterscheiden sich durch eine unterschiedliche Färbung, Länge und Flossengröße. Verwandtschaftliche Beziehungen bestehen zu den altweltlichen *Aphanius*-Arten.

Pflege und Zucht: Die *Fundulus*-Arten stellen nur geringe Ansprüche an Wasserchemismus, -temperatur und Fütterung. Sie eignen sich als Anfängerfische, konnten sich aber bisher in der Aquaristik, u.a. wegen mangelnder Farbenpracht gegenüber den Arten aus der Unterfamilie Rivulinae, nicht durchsetzen. Ihre Verbreitung unter den Aquarianern ist gering. Als Folgen einer Nichtbeachtung der artspezifischen Haltungsbedingungen wird nur selten von Nachzuchten über mehrere Generationen berichtet. Ihre Herkunft aus unterschiedlichen klimatischen Gebieten ist bei der

Haltung und der Zucht zu beachten. Die Arten haben in Anpassung an die klimatischen Verhältnisse ihrer Heimatgebiete eine mehr oder weniger deutliche Laichperiode. Sie ist verbunden mit einer farblich attraktiven Laichfärbung der Männchen. Die *Fundulus*-Arten aus den nördlichen Gebieten mit gemäßigtem Klima bedürfen einer kühlen Winterperiode bei Temperaturen zwischen 10 und 15°C. Eine nachfolgende Wassererwärmung und reichliche Fütterung stimulieren die Fische zum Ablaichen.

Haltungsempfehlungen: geräumiges Artaquarium, teils dichte Bepflanzung, teils offener Schwimmraum, sauerstoffreiches Wasser mit neutralem pH-Wert, Meersalzzusatz (10 Gramm pro 10 Liter Wasser), regelmäßiger, wöchentlicher Wasserwechsel, schwankende Tages- und Jahreszeittemperaturen entsprechend dem Fundort, abwechslungsreiche Fütterung mit Lebend- und Flockenfutter, ein möglichst sonniger Standort des Aquariums.

Das Paarungsverhalten ist nicht einheitlich, läuft im Prinzip aber nach dem Grundschema für Pflanzenlaicher ab (s. S.). Die Männchen treiben sehr stürmisch, daher sind Versteckplätze für die Weibchen notwendig. Nach dem Laichen kann man die Geschlechter trennen und später erneut zum Ansatz zusammenbringen. Die Verpaarung eines Männchens mit mehreren Weibchen ist sehr zu empfehlen. Der Laich klebt in den feinfiedrigen Pflanzenbüschen. Ein Absammeln ist günstig, da die Eier oft gefressen werden. Die Jungfische schlüpfen temperaturabhängig nach etwa 2 bis 3 Wochen. Ihre Aufzucht ist einfach. Sie wachsen relativ schnell. Als Erstfutter eignen sich *Cyclops*- und *Artemia*-Nauplien, als Zufütterung Flockenfutter. Verschiedene Arten eignen sich für eine Freilandhaltung in den Sommermonaten. Die Überwinterung im Gartenteich ist dann möglich, wenn der Teich tief genug ist, nicht durchfrieren kann und organische Abfallstoffe wie Laub u. ä. weitestgehend ferngehalten werden. *F. heteroclitus* gehört zu den ersten, in Gefangenschaft gepflegten Eierlegenden Zahnkarpfen. *Fundulus*-Arten haben in den USA Bedeutung als Laborfische und Köderfische für die Angler.

FUNDULUS CHRYSOTUS
(GÜNTHER, 1866)
Goldohr
Goldauge
Golden topminnow (amerik.)

Lebensraum: USA (Staaten South Carolina, Texas, Arkansas, Missouri, Tennessee, Florida), in flachen Gräben, Sümpfen, Buchten von Seen, vorwiegend in Süßwasser, ausnahmsweise in Brackwasser. Die Exemplare der Erstbeschreibung stammen aus Charleston in South Carolina.

Größe und Färbung: Die Grundfarbe des 8 cm langen Männchens ist gelbgrün bis hellolivfarben. Der Rücken hat eine dunkelolivgrüne, der Bauch eine grünliche Farbe. Auf den Körperseiten und unpaaren Flossen befinden sich rote, unregelmäßig verteilte Punkte und Flecken und grünlich goldene, metallisch glänzende Schuppen. In der Schwanzregion können sich die roten Punkte gelegentlich stark verdichten und geben dem Fisch dadurch ein sehr schönes und interessantes Aussehen. Auf dem Kiemendeckel liegt ein dunkler Fleck. Die Augen leuchten golden. Gelegentlich zeigen sich auf dem Körper angedeutete Querbinden.

Das kleinere Weibchen ist leicht bräunlich, hat auf den Körperseiten eine dunkle Marmorierung und zahlreiche, unregelmäßig verstreute, glänzende Punkte.

Pflege und Zucht: siehe Gattungsbeschreibung *Fundulus*. Ein gelegentlicher Salzzusatz von 3 bis 8 Gramm pro Liter Wasser erhöht das Wohlbefinden der Fische. Der Schlupf der Jungfische erfolgt bei

27°C nach 10 bis 12 Tagen. Die Lebenserwartung der Fische der Art beträgt etwa 2 Jahre.

Besonderheiten: Von *F. chrysotus* gibt es schwarz gefleckte oder gesprenkelte Exemplare, die auch in der Natur vorkommen. Eine Anerkennung als Unterart *F. chrysotus maculatus* blieb bisher aus.

FUNDULUS CINGULATUS
CUVIER UND VALENCIENNES, 1846
Gürtelkärpfling
Banded topminnow (amerik.)

Lebensraum: USA (Staaten Alabama, Georgia, Florida). Die Fische leben in weichen, leicht sauren Süßgewässern des Flachlandes, oft gemeinsam mit *F. dispar*, *F. olivaceus* und zahlreichen Arten aus anderen Familien.

Größe und Färbung: Die Grundfarbe des bis 7 cm langen Männchens ist gelbgrün. Die Körperseiten sind bläulich und haben 10 bis 12 schmale dunkelbraune Querbänder. Die Schuppen in der hinteren Körperhälfte sind rot gepunktet, der Rücken ist olivgrün und der Bauch gelb. In der Laichzeit ist die Bauchregion des Männchens rot und die Flossen orangerot mit roten Punkten. Die Rückenflosse zeigt einen hinteren schwarzen und davorliegenden weißen Fleck. Die Kiemendeckel, der Bereich oberhalb der Brustflossenansätze und die Flossensäume sind in Laichstimmung schwarz gesäumt.

Das kleinere Weibchen ähnelt in der Färbung dem Männchen, ist aber mehr bräunlich und insgesamt farbschwächer. Junge

Weibchen zeigen deutliche Querbänder, aber keine Leuchtschuppen wie *F. chrysotus*.

Pflege und Zucht: siehe Gattungsbeschreibung.

Besonderheiten: Die orangerote Färbung der Flossen des Männchens bleibt auch außerhalb der Laichzeit erhalten. Das macht diese Art besonders attraktiv.

FUNDULUS CONFLUENTUS
GOODE & BEAN, 1880

Lebensraum: USA (Staaten Maryland, Virginia, North Carolina, South Carolina, Georgia, Florida, Alabama). Die Fische leben dort in Flüssen und Einzugsgebieten von Flüssen, die unmittelbar zum Meer hin entwässern.

Größe und Färbung: Das Männchen wird etwa 6 cm lang. Es hat eine olivbraune Grundfarbe, die sich vom Rücken her in Querstreifen über die Körperseiten zieht. Dazwischen befinden sich silbrige Querbinden und zahlreiche, unregelmäßig verstreute, silbrige Punkte, die zur Schwanzflosse hin dichter werden. Auf dem Rücken zeigt sich unmittelbar vor dem Ansatz der Rückenflosse ein großer weißer Fleck. Die unpaaren Flossen sind ebenfalls olivfarben und haben zahlreiche silbrigweiße Punkte, Flecken, Streifen. In Laichstimmung ist die untere Körperhälfte einschließlich des Kopfes und der Flossen rötlich getönt.

Das kleinere Weibchen ist einfarbig braun mit einzelnen dunklen Querstreifen. Die abgerundeten Flossen sind transparent und gelegentlich etwas gelblich. Im hinteren Teil der Rückenflosse befindet sich ein dunkler Fleck.

Insgesamt ist die Färbung der Art sehr variabel. Das zeigen die verschiedenen Populationen deutlich.

Pflege und Zucht: siehe Gattungsbeschreibung. Diese Art frißt mit besonderer Vorliebe ihren eigenen Laich, daher müssen die Tiere gut gefüttert werden und sich im Zuchtaquarium überdurchschnittlich viele Pflanzen oder Ablaichmops befinden. Die Eier sollten nach dem Ablaichen abgelesen und separat aufbewahrt werden. Ein Daueransatz ist nur in einem großen

Aquarium mit vielen Versteckmöglichkeiten sinnvoll, da das Männchen stark treibt.
Besonderheiten: *F. confluentus* ist eine sehr schöne Killifischart, die zu Unrecht bisher wenig Verbreitung fand. Ein Problem liegt sicher bei der notwendigen Temperaturabsenkung im Winter.

FUNDULUS HETEROCLITUS
LINNÉ, 1766
Blaubandkärpfling
Mummichog (amerik.)

Lebensraum: Kanada (Golf of St. Lawrence), atlantische USA-Staaten bis Nordostflorida (Matanzas), in Süß-, Brack- und Meerwasser. Begleitfische sind u. a. *Cyprinodon variegatus*, *F. grandis*, *F. diaphanus*.
Größe und Färbung: Das Männchen kann 12 cm lang werden. Es hat eine hellgrüne bis olivgrüne Grundfarbe und etwa 12 blaue bis grünblaue Querstreifen. Die Kehle ist bläulich, der Bauch orangefarben, die Flossen orangegelb. Die Rückenflosse hat einen roten Saum. Die unpaaren Flossen sind an ihrer Basis bläulich und golden marmoriert oder gefleckt. Die Marmorierung greift gelegentlich auf den Körper über.
Das kleinere Weibchen ist mehr bräunlich und hat gelegentlich einige kleine dunkle Punkte. Querbinden sind nur sehr schwach angedeutet.
Pflege und Zucht: siehe Gattungsbeschreibung. *F. heteroclitus* ist eine sehr anpassungsfähige, unempfindliche Art mit deutlichen Laichperioden. In der Natur

wandern die Fische im Frühjahr stromaufwärts in das Binnenland, paaren sich dort und wandern im Herbst zu den Flußmündungen in das Brack- und Meerwasser zurück.
Besonderheiten: *F. heteroclitus* hat Bedeutung als Labor- und Köderfisch und wurde für Weltraumexperimente benutzt. Die Unterart *F. heteroclitus bermudae* ist auf den Bermudas verbreitet und unterscheidet sich durch einen schmaleren Schwanzstiel und eine etwas andere Färbung und Zeichnung. Von *F. heteroclitus* sind etwa 20 Synonyme bekannt, u. a. *Poecilia fasciata* BLOCH, 1801, *Cobitis killifish* WALBAUM, 1792, *Fundulus mudfish* LACÉPEDÈ, 1803, *Esox pisciculus* MITCHILL, 1815 und *Hydrargira swampina* LACÉPEDÈ, 1803. *F. heteroclitus* ist der erste beschriebene Killifisch überhaupt, wenngleich sie von LINNÉ als Schmerlenart bestimmt wurde.

FUNDULUS NOTTI
(AGASSIZ, 1854)
Kommakärpfling
Starhead topminnow (amerik.)

Lebensraum: USA (Staaten Florida-West, Georgia, North Carolina, Alabama, Mississippi, Louisiana, Texas-Ost), in Sumpfgebieten und flachen Gewässern.
Größe und Färbung: Das Männchen wird etwa 7 cm lang. Es hat eine hellbraune, graue oder gelblichweiße Grundfarbe und einen bläulichen Schimmer. Auf den Körperseiten befinden sich 6 bis 7 dunkle Längsstreifen, die teilweise in Punktreihen

aufgelöst sind und 12 bis 15 schmale schwarze Querbinden. Der Rücken ist dunkeloliv gefärbt, der Bauch silbrig oder gelblich. Auffallend sind der orangefarbene Kopf- und Kehlbereich und der breite dunkle Augenstrich. Die Flossen zeigen sich farblos. Nur die Rücken- und Afterflosse haben dunkle Punkte.

Das kleinere Weibchen ähnelt dem Männchen. Die Querbinden fehlen.

Bauch durchgehend, befinden sich etwa 16 schmale dunkle Querbänder. Die Kiemendeckel und die Iris sind goldfarben, die Flossen farblos bis grau und gelegentlich mit rötlichen Rändern.

Das kleinere Weibchen ähnelt dem Männchen. Die Querbänder sind wesentlich schwächer, teilweise nur als kleine dunkle Punkte ausgebildet.

Pflege und Zucht: siehe Gattungsbeschreibung. *F. notti* ist eine oberflächenorientierte Art und bereitet dem Züchter wenig Probleme. Die Jungfische schlüpfen nach 9 bis 12 Tagen.
Besonderheiten: Auch für diese Art gibt es zahlreiche Synonyme. Ursache dafür wird auch die spezielle Färbung zur Laichzeit sein, die nur dann sichtbar ist.

Pflege und Zucht: siehe Gattungsbeschreibung. Die Jungfische schlüpfen nach 12 bis 15 Tagen. Sie wachsen relativ langsam.

FUNDULUS ZEBRINUS
JORDAN & GILBERT, 1882
Streifenkärpfling
Rio Grande killifish (amerik.)

Lebensraum: USA (Staaten New Mexico, Wyoming, Texas), besonders in verkrauteten Buchten flacher Süßwasserflüsse, gelegentlich gemeinsam mit *Cyprinodon rubrofluviatilis*. Die Erstfundorte der Art befinden sich im Einzugsgebiet des Rio Grande zwischen Forte Defiance und Forte Union im Staat New Mexico.
Größe und Färbung: Das etwa 8 cm lange Männchen hat eine hellbraune, gelbweiße bis olivfarbene Grundfärbung. Auf den Körperseiten, vom Rücken bis zum

Fundort von *Fundulus zebrinus*

151

AUSWAHL INTERESSANTER ARTEN AUS VERSCHIEDENEN GATTUNGEN

CHRIOPEOIDES PENGELLEYI
FOWLER, 1939
Chriopeoides pengelleyi
Jamaikakärpfling

Lebensraum: Mittelamerika: Die Art kommt nur auf der Insel Jamaika vor. Die Fische leben in flachen verkrauteten Quellgewässern und Sümpfen gemeinsam mit verschiedenen Lebendgebärenden Zahnkarpfen, insbesondere *Limia*-Arten und Vertretern anderer Familien. Nach LUNG enthielt ein Vorkommensgewässer im Westteil Jamaikas nördlich der Stadt Blackriver kristallklares, alkalisches Quellwasser, leicht salzhaltig, dH 6 bis 8°, 24°C.
Größe und Färbung: Das Männchen erreicht eine Länge von 4,5 cm. Seine Grundfarbe ist oberhalb der Mittellinie goldgelb, unterhalb gelblichweiß. Auf der Körperseite befindet sich entlang der Mittellinie ein intensiv goldgelbes, darunter ein dunkles Längsband, das vom Maul bis zum Brustflossenansatz besonders kräftig ausgebildet ist und sich danach als breite Zickzacklinie fortsetzt, die im Bereich des Schwanzstieles wieder kräftiger dunkel wird. Die Schuppen in der ins olivgrüne gehenden Rückenregion sind tiefschwarz gesäumt (Netzmuster). Oberhalb der Afterflosse schimmert der Körper stahlblau. Die After-und Schwanzflosse und die Bauchregion haben dagegen einen schwach bläulichvioletten Schimmer. Die unpaaren Flossen haben eine gelbliche Grundfarbe. Die Flossenstrahlen der Rücken- und Afterflosse sind bei erwachsenen Männchen etwas verlängert. Außerdem bildet sich mit zunehmendem Alter ein attraktiver Rückenbuckel.
Das kleinere Weibchen ist braun- bis gelbgrau, am Rücken dunkler, am Bauch heller. Entlang der Mittellinie bis zur Schwanzwurzel zeigt sich ein dunkles, voll durchgezogenes Längsband und bildet dort einen schwarzen Punkt, über und unter dem sich ein schwach irrisierender heller Fleck abbildet. Ein kurzes goldgelbes Längsband befindet sich über dem mittleren Teil der Mittellinie. Die Schuppen am Rücken sind dunkel gesäumt, gelegentlich sieht man ein schwaches dunkles Band an der Basis von Rücken- und Afterflosse. Die Flossen haben keine Färbung. Das schwarze Längsband verschwindet beim Laichen völlig.

Pflege und Zucht: Die Art ist einzeln gehalten sehr scheu und schreckhaft, in Gesellschaft mit ähnlichen Fischen lebhaft und friedlich. Hartes Wasser mit einem pH-Wert um 7, einer Wassertemperatur von 22 bis 24°C, ggf. einem geringen Salzzusatz (10 Gramm pro 10 Liter) und üppiger Bepflanzung sind optimale Haltungsbedingungen. Neben Lebendfutter wird auch gern Flockenfutter gefressen. Der Zuchtansatz erfolgt paarweise oder im Schwarm. Gelaicht wird an feinfiedrigen Pflanzen (Haftlaicher), die Eier werden nach elegantem Balz- und Ablaichverhalten einzeln abgesetzt. Die Fische stellen dem Laich sehr nach, daher sollten die Geschlechter nur kurzzeitig zusammengebracht oder bei Daueransatz in dicht bepflanzten Aquarien die Eier täglich abgelesen werden. Die Laichausbeute erhöht sich, wenn die Fische ständig besonders mit *Cyclops* kräftig gefüttert werden und „im Futter stehen". Der Schlupf der Jungfische erfolgt nach 12 bis 14 Tagen. Als Erstfutter eignen sich *Cyclops*- oder *Artemia*-Nauplien.
Die Art wurde erst nach 1974 aquari-

stisch verbreitet. Ihre Haltung in reinem Süßwasser ist nach anfänglichen Schwierigkeiten von Generation zu Generation problemloser geworden.

Besonderheiten: *Chriopeoides* ist eine monotypische Gattung der Unterfamilie Fundulinae. Eine enge Verwandtschaft besteht zu *Cubanichthys cubensis*.

GARMANELLA PULCHRA
HUBBS, 1936
Schönflossenkärpfling
Schlangenhaut-Killi

Lebensraum: Mittelamerika: Mexiko, Halbinsel Yucatan, mit einem eng begrenzten Verbreitungsgebiet in küstennahen Brackwassertümpeln der Halbinsel Yucatan und vorgelagerten Inseln, z.B. Cozumel bis nach Honduras. Die Lebensräume im Bereich von Flußmündungen, Küstenlagunen und -sümpfen zeichnen sich durch einen oft extremen Wechsel zwischen Brack- und Süßwasser aus, der durch Regenfälle und Sturmfluten verursacht wird. Teilweise kommt die Art gemeinsam mit *Cyprinodon variegatus*, Gambusen und *Poecilia velifera* vor. Der Erstfundort war ein etwa 5 km östlich von Progresi liegender Tümpel.

Größe und Färbung: Das Männchen wird 4 bis 5 cm lang. Es hat eine undeutliche graue bis graubraune Grundfarbe. Auf den Körperseiten befinden sich zahlreiche silbrig irrisierende Schuppen und dunkle Punkte bzw. Linien, die meistens vertikal orientiert sind und insgesamt ein labyrinthartigen Eindruck vermitteln. Der Körper ist orangefarben getönt, Kopf, Kehle, Rücken- und Afterflosse intensiv orangerot gefärbt und die übrigen Flossen mehr gelb. Dunkle Punktreihen befinden sich zwischen den Strahlen der Rückenflosse und an der Afterflossenbasis. Die Schwanzflosse ist blaß dunkel gesäumt. Auf der Körpermitte zeigen sich 1 bis 2 große schwarze Punkte. Die Jungtiere und Weibchen haben eine Querbänderung. Unterhalb des Auges wird ein schräger dunkler Streifen auf bläulichem Grund sichtbar.

Das Weibchen ist silbriggrau, der Rücken dunkel, der Bauch hell. Auf den Körperseiten befinden sich etwa 7 unregelmäßige, unterschiedlich breite, dunkelgraue bis schwarze Querbinden und auf der Mittellinie ein oder mehrere große schwarze Punkte in Reihe. Eine schwarze Binde zieht sich schräg über das Auge nach vorn-unten. Die Flossen sind farblos. Die Rückenflosse und die Basis der Schwanzflosse sind dunkel gepunktet und gefleckt. Die Färbung ist insgesamt variabel.

Pflege und Zucht: Sie entspricht im wesentlichen den *Cyprinodon*-Arten. Zur Zucht eignet sich hartes Wasser mit einem neutralen pH-Wert. Ein Salzzusatz von 5 bis 6 Gramm pro Liter oder 1/5 bis 1/10 Meerwasserzusatz erhöhen das Wohlbefinden der Fische, obwohl sie auch in reinem Süßwasser vorkommen sollen. Die Wassertemperaturen können 16 bis 28°C und darüber betragen. Schwankende Temperaturen sind vorteilhaft. Die Fische sind Allesfresser. Pflanzliche Nahrung in Form von kurzfasrigen Algen, feinfiedrigen Pflanzen, Salat oder Spinat ist unbedingt notwendig. Eine Vergesellschaftung von Arten mit ähnlichen Pflegebedürfnissen, z.B. *Fundulus majalis*, *Aphanius fasciatus*, *Poecilia velifera* kann erfolgen. Zur Zucht wird ein Männchen mit mehreren Weibchen angesetzt. Die Temperatur liegt bei 24 bis 26°C. Die Männchen bilden Reviere und treiben sehr stark, Versteckmöglichkeiten für Weibchen sind notwendig. Die Fische laichen an Pflanzen in Bodennähe, die Klebkraft der Eier ist gering. Aus den weißlich und milchig-trüb aussehenden Eiern schlüpfen die silbrigweiß glänzenden Jungfische bei 24°C nach 10 bis 12 Tagen.

Sie sind vergleichsweise klein, fressen erst nach einigen Tagen und bewegen sich mehrere Wochen „bauchrutscherähnlich" am Boden. Als Erstfutter eignen sich *Artemia*- und *Cyclops*-Nauplien. Die Nachzuchten werden gewöhnlich nur 4 cm groß. Die Geschlechtsreife tritt nach 5 bis 6 Monaten ein.

Besonderheiten: Die Gattung *Garmanella* HUBBS, 1936 enthält nur die oben beschriebene Art und gehört zur neuweltlichen Unterfamilie *Cyprinodontinae*.

Enge Verwandtschaft besteht zu den Gattungen *Jordanella* und *Floridichthys*, die Unterschiede zur Gattung *Cyprinodon* sind dagegen größer. PARENTI löste 1981 die Gattung *Garmanella* auf und stellte die Typusart zu *Jordanella*, bisher fehlt aber eine allgemeine Anerkennung, da es zahlreiche Gegenargumente gibt.

JORDANELLA FLORIDAE
GOODE & BEAN, 1879
Floridakärpfling
Amerikanischer Flaggenkilli
American Flag killie (amerik.)

Lebensraum: Nordamerika: USA, Florida (Süden), in einem eng begrenzten Verbreitungsgebiet. Das Vorkommen beschränkt sich auf stehende bis langsam fließende Gewässer mit vorwiegend reinem Süßwasser, reichlichem Pflanzenwuchs, relativ starken täglichen und jahreszeitlichen Temperaturschwankungen. In den gleichen Biotopen kommen *Cyprinodon variegatus*, *Fundulus grandis*, *Gambusia*- und *Mollinesia*-Arten und Fische aus anderen Familien vor. Die Exemplare der Erstbeschreibung stammen aus dem Lake Monroe.

Größe und Färbung: Das etwa 7 cm lange Männchen hat eine grüne bis olivfarbene Grundfarbe. Auf den Körperseiten zeigen sich 9 bis 10, aus roten Punkten unregelmäßig zusammengesetzte, schmale Längsstreifen und zahlreiche, in Abhängigkeit vom Lichteinfall, grüne, blaue und goldfarbene Glanzschuppen. In der Körpermitte befindet sich ein großer, fast schwarzer Fleck, gelegentlich auch ein zweiter dahinter und zahlreiche undeutli-

che Flecken in unregelmäßiger bis schachbrettartiger Anordnung, besonders oberhalb der Mittellinie und im Bereich des Schwanzstieles. Der Rücken und Kopf sind grün- bis dunkelbraun, der Bauch hell. Die Rückenflosse trägt auf grünem bis grünbraunem Grund zahlreiche rote Punkte, die bandförmig oder rasterartig angeordnet sind, und rote flossenstrahlenparallele Striche bis zur Flossenkante. Die Afterflosse ist überwiegend rotbraun bis rotorangefarben mit basalen roten Punktlinien, z.T. in Einzelpunkte aufgelöst. Die Schwanzflosse macht insgesamt einen transparenten Eindruck. Sie ist grau oder grün getönt.

Das kleinere Weibchen ist einfarbig hell- bis dunkelgrau mit einigen grüngolden glänzenden Schuppenreihen entlang der Mittellinie, einem großen, fast schwarzen Fleck in der Körpermitte und weiteren, mehr oder weniger deutlichen, größeren Flecken in schachbrettartiger Verteilung auf den Körperseiten. Der Rücken hat eine schwärzliche Farbe, der Bauch ist hell. Die unpaaren Flossen sind bedeutend kleiner als beim Männchen, farblos bis grau oder gelblich. Im hinteren Teil der Rückenflosse befindet sich ein dunkler Fleck, der mit zunehmendem Alter verblaßt.

Pflege und Zucht: ähnlich Gattung *Cyprinodon*. Die Art benötigt Aquarien über 50 Liter Wasserinhalt, eine reichliche Bepflanzung, schwankende Temperaturen von 17 bis 25°C (auch 10° oder 30°C werden gut vertragen), einen neutralen pH-Wert, möglichst Einfall von Sonnenlicht und pflanzliche Nahrungsanteile in Form von Algen, Salat, Haferflocken u.ä. In Gemeinschaftshaltung können Laichperioden von etwa 8 Tagen beobachtet werden. Zur Zucht gibt man 1 Männchen und 1 bis 2 Weibchen in ein Aquarium von etwa 10 l Wasserinhalt mit einigen Pflanzenbüschen oder einem Laichmop, die am Boden liegen sollen. Das Männchen bildet ein Revier, das ggf. gegen andere Männchen verteidigt wird. Der Laichvorgang wird vom Weibchen ausgelöst, indem es eine fast weiße Färbung annimmt, die Genitalpartie leicht anschwillt und das in seinem Revier befindliche Männchen rückwärts im rechten Winkel anschwimmt (T-Stellung). Das Pärchen schwimmt auf einer Kreisbahn, das Männchen wird ebenfalls blasser und nach Berührung mit der Schwanzflosse des Weibchens kommt es sofort zum Ablaichen an die Pflanzen. Bei vorher getrennten Geschlechtern können innerhalb von 90 Minuten 200 bis 300 Eier auf kleinstem Raum abgelegt werden. Das Männchen befächelt, bewacht und verteidigt den Laich als eine einfache Form der Brutpflege gewöhnlich nur am ersten Tag. Die Jungfische schlüpfen nach 5 bis 10 Tagen, manchmal auch früher, und lassen sich mit einem Anteil pflanzlicher Nahrung problemlos aufziehen. Die halbwüchsigen Fische sehen alle wie Weibchen aus, erst nach mehreren Monaten färben sich die Männchen um und sind mit 6 Monaten laichreif.

J. floridae ist ein beliebter Aquarienfisch und für Anfänger geeignet. In den Sommermonaten ist eine Freilandhaltung möglich. Aquarienstämme zeigen als Folge falscher Haltungsbedingungen oft Degenerationserscheinungen in Form von fehlender Größe und blassen Farben.

Besonderheiten: Die Gattung *Jordanella* GOODE & BEAN, 1879 ist eine Gattung der neuweltlichen Unterfamilie Cyprinodontinae mit nur einer Art. Eine enge Verwandtschaft besteht zu den Gattungen *Garmanella* und *Floridichthys*. PARENTI zog die Gattung *Garmanella* ein und stellte *G. pulchra* als zweite Art zur Gattung *Jordanella*, eine allgemeine Anerkennung fehlt bisher.

LUCANIA GOODEI
Jordan, 1879
Rotschwanzkärpfling
Blue fin (amerik.)

Lebensraum: Nordamerika: USA, Staaten Florida und Georgia, vorwiegend in Süßwasser. Alle Arten der Gattung leben oberflächenorientiert als Schwärme in langsam fließenden oder stagnierenden, stark verkrauteten, flachen Biotopen mit Brack- und Süßwasser und meiden offene Wasserflächen. Gemeinsam mit ihnen kommen gelegentlich *Gambusia affinis*, *Fundulus*-Arten, *Jordanella floridae* und *Elassoma evergladei* vor. In den Everglades bei Miami (Florida) wurden die ersten Exemplare zur Bestimmung gefunden.

Größe und Färbung: Die Grundfarbe des etwa 5 cm langen Männchens ist grau- bis braungrün, der Rücken dunkler, der Bauch heller. Auf den Körperseiten befinden sich metallisch gelbe Glanzzonen. Die Schuppen, mit Ausnahme der Bauchpartie, sind schwarz gerandet (netzartige Zeichnung). Ein schwarzes Zickzackband läuft entlang der Mittellinie vom Maul über das Auge bis zur Schwanzflossenbasis. Es wird aber nicht immer deutlich gezeigt. In der Schwanzwurzel befinden sich zwei hellgelb leuchtende Punkte unterschiedlicher Intensität. Rücken- und Afterflosse sind gerundet. An der Basis zeigt sich ein tiefschwarzer Fächer, darüber eine leuchtend blaue Zone mit gelegentlich größeren gelben oder orangefarbenen Flecken. Die Schwanzflosse ist von der Basis ausgehend bis zur Hälfte kräftig rot gefärbt und hat einen angedeuteten dunklen Saum. Die Bauchflossen sind schwarz gesäumt.

Das kleinere Weibchen ist braungelb bis -grau, hat einen dunklen Rücken und einen weißen Bauch. Die Mittellinie wird durch ein kräftiges schwarzes Band deutlich markiert. Ein zweites schmaleres schwarzes Längsband befindet sich unterhalb der Brustflossen bis zur Afterflossenbasis. Die Leuchtflecken in der Schwanzwurzel sind meistens deutlicher als beim Männchen, die Flossen farblos und ohne Zeichnung.

Pflege und Zucht: unproblematisch. Empfohlen wird die Haltung eines kleinen Schwarmes von 5 bis 10 Fischen (z. B. 3

Männchen, 4 Weibchen als Zuchtgruppe). Das Aquarium sollte mindestens 20 l Inhalt haben. Die Fische bevorzugen mittelhartes Wasser, möglichst schwankende Temperaturen von 15 bis 25°C und einen pH-Wert um 7. Ein wöchentlicher Wasserwechsel ist unerläßlich. Die Bepflanzung kann sehr reichlich sein, das entspricht den natürlichen Verhältnissen. Ein geringer Salzzusatz (10 Gramm pro 10 Liter Wasser) erhöht das Wohlbefinden der Fische. Die Vergesellschaftung mit gleichgroßen Fischen hat Vorteile, da die Art relativ scheu ist. Bei der Zucht ist zu beachten, daß die Fische starke Laichräuber sind. Sie können entweder nur kurzzeitig nach vorheriger Trennung der Geschlechter zusammengebracht werden oder müssen beim Daueransatz ständig im Futter stehen (*Cyclops*). Der Laich wird aus den Pflanzenbüschen abgelesen oder diese ausgewechselt. Die Eier werden nach interessantem Balz- und Ablaichverhalten einzeln oder in Gruppen in den Pflanzen abgesetzt. Gelegentlich hängen sie noch kurze Zeit an der Genitalöffnung

des Weibchens mittels Schleimfaden fest und werden an den Pflanzen abgestreift oder von den treibenden Männchen gefressen. Die Jungfische schlüpfen nach 8 bis 14 Tagen und fressen sofort *Cyclops*- und *Artemia*-Nauplien. Sie wachsen relativ langsam. Eine Freilandhaltung der Art in den Sommermonaten ist sehr günstig. Die Fische sind anpassungsfähig und vertragen Temperaturen bis unter 10°C.

Besonderheiten: Die Gattung *Lucania* GIRARD, 1859 ist eine Gattung der Unterfamilie Fundulinae mit nur wenigen Arten. Neben der oben beschriebenen Art sind *L. parva* und *L. interioris* bekannt. *L. goodei* ist eine sehr attraktive Art, die unter Wohnzimmerbedingungen problemlos gehalten werden kann. Verschiedene Populationen sind bekannt, die in ihrer Zeichnung und Färbung variieren. Bei Freilandhaltung färben sich die Männchen besonders schön aus. Die Art wurde auch als *Chriopeops goodei* oder *Fundulus goodei* bezeichnet.

PROFUNDULUS PUNCTATUS
(GÜNTHER, 1866)
Punktierter Kärpfling

Lebensraum: Mittelamerika: Guatemala (Süden), Mexiko (Süden). Die Fische leben in Bächen und Flüssen, die direkt zum Atlantik oder zum Pazifik entwässern, teilweise vergesellschaftet mit Lebendgebärenden Zahnkarpfen. In der Küstenlagune „Chiapam" bei Champerico (Guatemala) wurden die Exemplare der Erstbeschreibung gesammelt.

Größe und Färbung: Die Grundfarbe des bis 12 cm langen Männchens ist bräunlich, olivgrün, gelblich, zum Rücken hin mittelbraun. Der Bauch ist weiß bis hellgrau oder gelblich. Vom Maul bis zur Schwanzwurzel, nach hinten zunehmend breiter, zieht sich ein dunkles, unscharf begrenztes Band. Die Kiemendeckel tragen metallisch-goldglänzende Flecken. Ein weiterer ähnlicher Fleck befindet sich über dem Brustflossenansatz. Der Hinterkörper unterhalb der Mittellinie ist hellgrau bis metallisch grün, nach vorn gelblich. Die Flossen sind grüngelb bis bräunlich oder mehr transparent. Die Rücken- und Afterflosse haben eine dunkle Basis, ein bräunliches

Band und einen gelben Rand. Die Schwanzflosse hat eine dunkle Basis und ist nach außen hin farblos. In Laichstimmung wird die Grundfarbe gelber und kräftiger.

Das meistens größere Weibchen ähnelt dem Männchen in Farbe und Zeichnung, ist aber blasser. Bei erwachsenen Weibchen kann der dunkle Längsstreifen völlig verschwinden.

Pflege und Zucht: problemlos. Die Fische lieben geräumige Aquarien mit einem Wasserinhalt von über 50 Liter, eine Temperatur von 20 bis 27°C und einen pH-Wert möglichst über 7. Die Härte des Aquarienwassers ist von untergeordneter Bedeutung, es muß nur klar und gut durchlüftet sein. Die Art frißt mit Vorliebe größeres Lebendfutter, wie beispielsweise Mückenlarven, aber auch Flockenfutter. Die Zucht ist im Artaquarium extensiv möglich, die El-

terntiere stellen den Jungfischen kaum nach. Die Fische laichen nach stürmischen und lebhaften Balzspielen an die Wasserpflanzen. Die Eier sind vergleichsweise groß, die Jungfische schlüpfen nach etwa 10 bis 12 Tagen. Als Erstfutter eignen sich *Cyclops*- und *Artemia*-Nauplien. *P. punctatus* kann über die Sommermonate im Freilandteich gehalten und gezüchtet werden. Die Art verträgt Temperaturschwankungen ohne Schwierigkeiten. Die Jungfische sind erst nach etwa einem Jahr laichreif.

Besonderheiten: Die Gattung *Profundulus* HUBBS, 1924 ist eine Gattung der Unterfamilie Fundulinae mit nur wenigen Arten, die außer der beschriebenen aquaristisch bisher kaum bekannt geworden sind.

SÜDAMERIKA

DIE GATTUNG *CYNOLEBIAS*
STEINDACHNER, 1876
Fächerfische

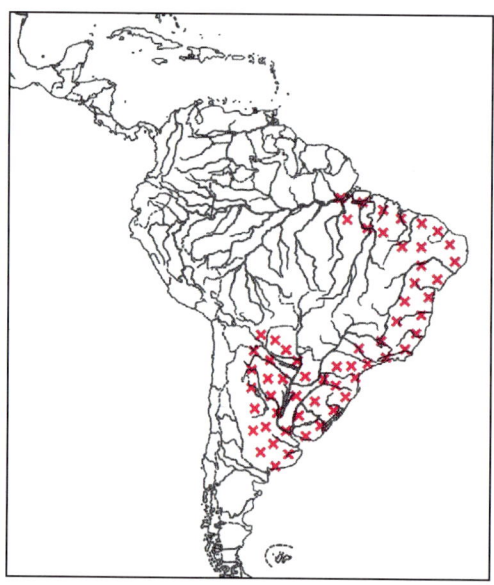

Verbreitungskarte Gattung *Cynolebias*

Lebensraum: Südamerika: Hauptverbreitungsgebiet der *Cynolebias*-Arten ist der östliche Teil des südamerikanischen Subkontinents von ca. 5° s. B. bis 38° s. B. Sie bewohnen zeitweilig wasserführende, vorwiegend stehende und abflußlose Gewässer in Brasilien, Paraguay, Uruguay und Argentinien. Entsprechend der dort herrschenden Klimate werden diese Fische in tropischen, subtropischen und nahezu gemäßigten Gebieten gefunden. Sie sind in ihren Ansprüchen an die Wassertemperaturen sehr plastisch und vertragen klimatisch bedingte, stark schwankende Temperaturen problemlos. Die flachen Vorkommensgewässer liegen völlig in der Sonne, haben einen reichen Pflanzenwuchs und eine üppige, ins Wasser hineinragende niedrige Ufervegetation.

Systematik: Bisher gab es schon verschiedene Versuche, die Gattung *Cynolebias* weiter zu unterteilen und die Arten zu gruppieren. 1981 kannten die Aquarianer etwa 20 Arten, die HUBER nach dem Körperbau und anderen Merkmalen in 5 Artengruppen zusammenfaßte. Heute sind doppelt soviel Arten bekannt und noch immer werden neue gefunden. Nach dem von BROUSSEAU 1994 veröffentlichten Material über die südamerikanischen annuellen Killifische können die *Cynolebias*-Arten nach geographischen Gesichtspunkten auf 7 Regionen aufgeteilt werden:

1. Nordostteil Brasiliens: 5 Arten
2. Zentralbrasilien: 9 Arten
3. Küstenregion Brasiliens nördlich von Rio de Janeiro: 4 Arten
4. Küstenregion südlich von Rio de Janeiro bis in den Norden Uruguays: 4 Arten
5. Küstenregion im Osten Uruguays: 7 Arten
6. West und zentrales Norduruguay, Paraguay: 4 Arten
7. Argentinien (Rio Plata) bis hinein nach Paraguay: 6 Arten.

Die Länge der *Cynolebias*-Arten schwankt zwischen 3,5 cm (*C. boitonei*) und 15 cm (*C. elongatus*). Neben den zahlreichen Arten der Gattung Aphyosemion und ihrer Verwandten aus der Alten Welt sind sie die wohl bekanntesten Eierlegenden Zahnkarpfen. Sie sind ausgesprochene Saisonfische (annuelle Arten) und typische Bodenlaicher-Bodentaucher. Ihre hochinteressante Fortpflanzungsbiologie hat zur Beliebtheit und Verbreitung unter den Aquarianern wesentlich beigetragen.

Die Gattung *Cynolebias* ist bemerkenswert durch die geschlechtsdifferenzierte Anzahl der Flossenstrahlen in Rücken- und Afterflosse. Beim Männchen ist die Anzahl wesentlich höher als beim Weibchen. Die Vertreter der Gattung sind kleinere, mittlere und einzelne größere, meist etwas hochrückige Fische mit abgerundeten (*C. bellottii*) oder spitz ausgezogenen Rücken-

und Afterflossen (*C. whitei*). *C. boitonei* fehlen sogar die Bauchflossen. Engste verwandtschaftliche Beziehungen bestehen zu den Gattungen *Campellolebias*, *Cynopoecilus*, *Leptolebias*, *Plesiolebias* und *Terranatos*. Diese Gattungen werden von manchen Autoren auch als Untergattungen zu *Cynolebias* gesehen. Die Arten der Gattung *Cynolebias* haben entsprechend ihrem großen Verbreitungsgebiet zahlreiche Populationen und somit auch Farbvarianten. Das führte in der Vergangenheit zu Fehlbestimmungen. Die in tropischen Klimaten vorkommenden Populationen sind in ihrer Grundfarbe brauner und kontrastärmer als die Populationen aus subtropischen Gebieten, die sich durch blaue und schwarze Farbtöne, häufig helle Glanzpunkte auf den Körperseiten und den Flossen sowie kontrastreichere Zeichnung hervorheben. Für den Aquarianer ergibt sich die Notwendigkeit, die *Cynolebias*-Arten relativ kühl bei schwankenden Temperaturen (10°C bis 25°C) zu halten, um über mehrere Generationen hinweg erfolgreich züchten und die volle Schönheit der Fische erhalten zu können.

Pflege und Zucht: Sie erfordert vom Aquarianer Geschick und Einfühlungsvermögen. Die Arten eignen sich, bedingt durch ihre Fortpflanzungsbiologie, nicht für eine ständige Haltung in einem Gesellschaftsaquarium. Das Artbecken ist zu bevorzugen. Der Bodengrund besteht aus abgekochtem Torf. Die Höhe der Torfschicht sollte der Länge der Fische entsprechen. Zusätzlich werden mehrere Büsche feinfiedriger Pflanzen eingebracht, um den Weibchen genügend Versteckmöglichkeiten zu bieten. An die chemische Beschaffenheit des Wassers stellen die Fische geringe Ansprüche. PH-Werte um den Neutralpunkt 7 und eine Härte von 5 bis 15 Grad dH sind optimal. Temperaturschwankungen sind für ihr Wohlbefinden unerläßlich. Daneben kommt der ausreichenden Fütterung mit Lebendfutter große Bedeutung zu. Zur Zucht werden die kräftigsten und farblich schönsten Fische ausgesucht, zwei Weibchen und ein Männchen sind eine gute Kombination. Das Ablaichverhalten beginnt, indem das Männchen das laichbereite Weibchen mit flatternden Flossen und tanzenden Bewegungen auf einer kreisförmigen Bahn umschwimmt. Folgt das Weibchen dem Männchen zu einer ausgewählten Ablaichstelle, dann stellt sich das Männchen nahezu senkrecht darüber auf, Kopf nach unten,

Der südamerikanische Fächerfisch *Cynolebias elongatus* fühlt sich in Aquarien mit stärkeren Temperturschwankungen des Wassers besonders wohl.

und wartet, bis das Weibchen Körperkontakt mit ihm sucht. Mit kräftigen Flossenschlägen tauchen dann beide Partner in das Bodensubstrat ein und laichen dort ab. Das Männchen taucht gewöhnlich zuerst wieder auf. Alle Arten der Gattung sind Dauerlaicher. Ihre Laichperiode beginnt mit der Laichreife, 6 bis 8 Wochen nach dem Schlupf der Jungfische, und endet mit dem Tod der Fische. Der Stoffwechsel der Fische ist darauf eingestellt, was einen häufigen Wasserwechsel und Austausch des Laichsubstrates aller ein bis zwei Wochen bedingt. Das Torf-Laich-Gemisch wird leicht angetrocknet (Ausdrücken in einem Kescher oder Einwickeln in saugfähiges Papier) und in verschlossenen Kunststoffbeuteln oder Gläsern aufbewahrt. Wichtig ist die Sichtkontrolle des Laiches in regelmäßigen Abständen (einzelne Laichkörner sind aus dem Torf herauszusuchen), um den Entwicklungszustand der Embryonen feststellen zu können. Sind diese nach mehreren Wochen oder Monaten (artspezifisch) schlupfreif entwickelt, kann man sie deutlich in der Eihülle liegen sehen. Besonders eindrucksvoll sind die großen Augen, die den Betrachter durch die transparente Eihülle „anschauen". Unter gleichzeitigem Einbringen von feinstem Lebendfutter (Rotatorien, Nauplien) wird kühles Wasser von etwa 15°C aufgegossen. Nach wenigen Stunden erfolgt der Schlupf der Jungfische, deren Aufzucht meist problemlos ist. Nach allgemeinen Erfahrungen verkürzt sich die Lagerzeit des Laichs mit der Erhöhung der Aufbewahrungstemperatur. So sollen nach BROUSSEAU z. B. die Jungfische von *C. adloffi* bei 25 bis 27°C nach 4 Wochen, bei 21 bis 24°C nach 7 Wochen und bei 20 bis 21°C nach 3 Monaten schlüpfen. Wichtig ist dabei auch die entsprechende Feuchtigkeit des Substrats. In der Natur sind besonders im Süden des Verbreitungsgebietes die Temperaturen während der Trockenzeit recht niedrig, so daß durch Einschub von Diapausen relativ lange Entwicklungszeiten entstehen, die zumindest so lang sind, bis sich die Bodenvertiefungen wieder mit Wasser füllen können.

Besonderheiten: In Argentinien und Uruguay bezeichnen die Einheimischen Fische aus der Gattung *Cynolebias* als „Fische, die vom Himmel fallen". „Der Tümpel ist trocken, nichts außer Dreck und trockenem Unkraut ist darin zu finden, aber wenn es regnet, sind die Fische da...".

CYNOLEBIAS ADLOFFI
AHL, 1922
Gebänderter Fächerfisch

Lebensraum: Südamerika: Brasilien (Südosten), Uruguay, in zeitweiligen Wasseransammlungen, z. T. gemeinsam mit *C. wolterstorffi* und *Cynopoecilus melanotaenia*. Die Exemplare der Erstbeschreibung kamen aus der Umgebung von Porto Alegre (Staat Rio Grande do Sul, Brasilien).

Größe und Färbung: Die Grundfarbe des 5 cm langen Männchens ist hell- bis dunkelbraun. Auf den Körperseiten und den basalen Teilen der Rücken- und Afterflosse befinden sich etwa 9 deutlich ausgebildete schwarze Querbänder. Bei einzelnen Populationen sind nicht alle Querbänder voll durchgezeichnet, manche nur als Teilstücke sichtbar. Die Körperseiten und die Flossen schimmern grünlich bis bläulich, die Kiemendeckel und die Kehle türkisblau. Alle Flossen sind abgerundet und mehr oder weniger schwarz gesäumt. Durch das Auge läuft ein markantes schwarzes Querband. Die Schuppen sind allgemein dunkel abgesetzt. Es entsteht ein netzartiger Eindruck.

Die Grundfarbe des kleineren Weibchens ist braun. Auf den Körperseiten befinden sich zahlreiche schmale dunkle

Querbinden. Die Schwanzwurzel trägt zwei deutliche schwarze Punkte.

Pflege und Zucht: siehe Gattungsbeschreibung. Allgemein handelt es sich um eine gegenüber Wasserverschmutzung etwas empfindliche Art, daher ist ihre aquaristische Verbreitung noch nicht groß. Die Jungfische schlüpfen nach 7 Wochen, wenn die Trockenperiode bei Temperaturen zwischen 22 und 24°C erfolgte. Bei 25 bis 27°C soll die Entwicklungszeit der Embryonen nur etwa 4 Wochen betragen, bei 20 bis 21°C dagegen 3 Monate und mehr.

CYNOLEBIAS BELLOTTII
STEINDACHNER, 1881
Blauer Fächerfisch

Lebensraum: Südamerika: Argentinien. Die ersten Fische kamen aus dem La-Plata-Stromgebiet (Argentinien). Sie leben dort in zeitweiligen Wasseransammlungen, oft gemeinsam mit *C. elongatus* und *C. nigripinnis*.

Größe und Färbung: Die Grundfarbe des 7 cm langen Männches ist graublau bis dunkelblau, manchmal mehr grünblau, in der Balz fast schwarz. Der Rücken erscheint braungrau. Auf dem Körper und den Flossen verteilen sich unregelmäßig kleine weißliche bis hellblaue Punkte. Gelegentlich bilden sie Querreihen. Die Färbung der Flossen ist ähnlich der Körpergrundfarbe, grauschwarze Flossensäume können auftreten. Durch das Auge zieht sich ein unterschiedlich ausgebildeter schwarzer Querstreifen. Die unpaaren Flossen sind groß und abgerundet. Die Rücken- und Afterflosse beginnen übereinander. Die Bauchflossen sind vergleichsweise klein, die Brustflossen oft hellblau gefärbt.

Die Grundfarbe des kleineren Weibchens ist gelbgrau bis olivfarben. Bräunliche Flecken befinden sich auf dem Körper, die gelegentlich in Querbinden angeordnet sind und bis in die Rücken- und Afterflosse hineinreichen; oft sind sie aber auch unregelmäßig verteilt (Marmorierung). Ein besonders großer dunkler Fleck befindet sich auf der Seitenmitte, manchmal ist er gedoppelt.

Pflege und Zucht: siehe Gattungsbeschreibung. Biotopuntersuchungen erbrachten den Nachweis, daß die Fische selbst bei Temperaturen um 13°C noch voll aktiv sind. Wasserhärte und pH-Wert (günstig um den Neutralpunkt) sind allgemein von untergeordneter Bedeutung. Die Entwicklung des Laichs in Trockenperiode kann bei 20 bis 21°C nach 3 Monaten, bei 22 bis 24°C nach 6 Wochen abgeschlossen sein (Kontrolle), im Biotop sind Trockenzeiten von 6 bis 8 Monaten normal (Provinz Buenos Aires). Den Sommer über können die Fische im Gartenteich gehalten werden, ihre Lebensdauer beträgt insgesamt nur etwa 10 Monate.

Besonderheiten: Die Art wurde wissenschaftlich besonders dadurch bekannt, daß nach ihrer Entdeckung Männchen und Weibchen wegen der unterschiedlichen Flossenstrahlenzahlen als getrennte Arten in die Literatur eingingen.

CYNOLEBIAS BOITONEI
DE CARVALHO, 1959
Brasilianischer Leierflosser

Lebensraum: Südamerika: Brasilien (Hochland von Brasilien). Die Erstfunde kamen aus zeitweilig austrocknenden Gewässern in der Umgebung der Stadt Brasilia im Staate Goi·s, Höhenlage 1000 m.

Größe und Färbung: Die Grundfarbe des nur 3,5 cm langen Männchens ist dunkelbraun, zum Bauch hin heller werdend. Die Oberseite ist dunkelolivfarben, der mittlere und untere Bereich der Körperseiten kräftig rotbraun mit vielen schmalen, glänzend blauen Querbinden, die im hinteren Körperbereich in blaue Punktreihen aufgelöst sind. Die Flossen sind rötlich, mit zahlreichen blauen Punkten besetzt, besonders in den basalen Teilen. Der hintere Saum der Schwanzflosse ist blau. Die Rücken- und Afterflosse sind spitz ausgezogen.

Die Grundfarbe des etwa gleichgroßen Weibchens ist olivfarben. Auf dem Körper befinden sich mehrere helle Querbinden, die sich im hinteren Körperbereich in Punktreihen auflösen. Auf der Seitenmitte zeigt sich ein großer dunkler Fleck und oft ein wesentlich kleinerer Fleck davor und dahinter. Die Flossen sind durchscheinend.

Pflege und Zucht: siehe Gattungsbeschreibung. Die Laichentwicklung im Torf dauert bei 20 bis 21°C etwa 3 Monate. Das Torfsubstrat sollte relativ feucht gehalten werden.
Besonderheiten: *C. boitonei* wurde früher in eine monotypische Untergattung von *Cynolebias* gestellt und erhielt sogar den Rang der Typart der Gattung *Simpsonichthys*. Wichtigstes morphologisches Kennzeichen für die Abtrennung ist das Fehlen der Bauchflossen. Allgemein sind außerdem die Flossen relativ kleiner als bei allen anderen *Cynolebias*-Arten. Von einzelnen Autoren werden diese Merkmale als Berechtigung zur Bildung einer selbständigen Gattung oder Untergattung angezweifelt, da es in den Gattungen *Aphanius*, *Cyprinodon* und *Orestias* ebenfalls Arten ohne Bauchflossen gibt.

CYNOLEBIAS CONSTANCIAE
MYERS, 1942
Constance's Fächerfisch

Lebensraum: Südamerika: Brasilien, im Küstentiefland des Bundesstaates Rio de Janeiro, in zeitweilig austrocknenden Tümpeln. Erstfundort ist ein kleines abflußloses Wasserloch bei Cabo Frio, das leicht salzig schmeckendes Wasser enthielt. Im Wasser wuchsen grasähnliche Pflanzen.
Größe und Färbung: Die Grundfarbe des 8 cm langen Männchens ist bräunlich bis grau. Auf den Körperseiten befinden sich vier Reihen dunkler Punkte ähnlich einem Schachbrettmuster. Je nach Erregungszustand treten diese Punkte stärker oder schwächer in Erscheinung. Die unpaaren Flossen sind ebenfalls mit großen unregelmäßig angeordneten Punkten und Flecken bedeckt. Am Kopf und auf den Kiemendeckeln befinden sich einige silbrig bis goldfarben schimmernde Schuppen.

Das etwa 6 cm lange Weibchen hat auf bräunlichem Grund dunkle Flecken, die bei Erregung Querbänder andeuten können. Auf der Körpermitte befinden sich ein oder zwei große dunkle Punkte. Die Flossen sind transparent und farblos.

Pflege und Zucht: Die Art ist untereinander ausgesprochen friedlich, so daß man mehrere Paare miteinander vergesellschaften kann. Die Eier liegen bei 24°C etwa 6 Wochen in Trockenperiode, auch nach 9 Monaten können bei niedrigen Temperaturen noch Jungfische schlüpfen. Die Jungfische wachsen rasch, aber sehr ungleichmäßig, so daß eine Sortierung nach

Größengruppen erfolgen sollte. Es bleibt zu vermuten, daß in der Natur die zurückbleibenden Jungfische von ihren größeren Geschwistern gefressen werden.

Im bepflanzten und mit Bodengrund versehenen Artbecken können sich nach aquaristischen Beobachtungen Jungfische auch ohne Trockenperiode des Laichs entwickeln. Die erwachsenen Pärchen laichen wie *Nothobranchius* am Boden.

Besonderheiten: Über viele Jahre hinweg war *C. constanciae* auf der Liste der bedrohten Arten. Inzwischen sind aber genügend Fundorte bekannt, die diesen Status nicht mehr notwendig machen.

CYNOLEBIAS ELONGATUS
STEINDACHNER, 1881
Gestreckter Fächerfisch

Lebensraum: Südamerika: Argentinien (Provinz Buenos Aires), Uruguay, in zeitweiligen Wasseransammlungen, oft gemeinsam mit *C. bellottii* und *C. nigripinnis*. Erste Funde der Art wurden aus dem La-Plata-Stromgebiet (Argentinien) bekannt.

Größe und Färbung: Das Männchen dieser Art wird 20 cm groß. Seine Grundfarbe variiert von graublau bis dunkelblau. Bei zu warmer Haltung treten mehr bräunliche Farbtöne auf. Kopf und Rücken sind gelegentlich olivbraun, der Bauch hellbraun gefärbt. Die abgerundeten Flossen zeigen bei einer gelblichen bis blaugrauen Grundfarbe eine dunkelblaue Basis. Über den gesamten Körper zieht sich bei Wohlbefinden ein blauer Schimmer, der die feinen erhabenen Punkte auf der Oberfläche besonders deutlich hervortreten läßt. Durch das Auge zieht sich ein dunkles Band populationsspezifischer Ausbildung.

Die Grundfarbe des wesentlich kleineren Weibchens ist hellbraun bis gelbbraun mit blauem Schimmer. Auf den Körperseiten und in den unpaaren Flossen zeigt sich eine aus unregelmäßigen Flecken und Punkten bestehende Marmorierung.

Pflege und Zucht: siehe Gattungsbeschreibung. *C. elongatus* ist eine sehr widerstandsfähige Art, die an die Wasserverhältnisse keine Ansprüche stellt. Wichtig

sind dagegen starke Temperaturschwankungen. Als Laichsubstrat eignet sich Torf, nach Beobachtungen von BÖHM laichen die Fische auch auf dem blanken Glasboden der Aquarien. Die Lebensdauer der Art beträgt maximal 10 Monate. Die Jungfische schlüpfen nach einer 2-monatigen Trockenperiode bei etwa 22°C. Vor dem Aufgießen sollte der Entwicklungsstand des Laichs geprüft werden. Die Jungfische wachsen sehr schnell und brauchen relativ große Futtermengen. Dementsprechend ist der Stoffwechsel der Fische erheblich und die Notwendigkeit eines häufigen Wasserwechsels gegeben.

Besonderheiten: Da diese Art unverträglich ist, bullig wirkt und farblich eine geringe Attraktivität zeigt, findet sie aquaristisch wenig Verbreitung. Auffallend ist der große und kräftige Kopf erwachsener Exemplare, im Jungfischstadium wirkt der Körper mehr gestreckt.

CYNOLEBIAS NIGRIPINNIS
REGAN, 1912
Schwarzflossiger Fächerfisch
Sternhimmelfisch

Lebensraum: Südamerika: Argentinien, in zeitweiligen Wasseransammlungen der Grassteppen, gemeinsam mit *C. bellottii* und *C. elongatus*. Die Art wurde im La-Plata-Stromgebiet gesammelt.

Größe und Färbung: Das Männchen soll eine Länge von 8 cm erreichen. Seine Grundfarbe ist blauschwarz bis schwarz, gelegentlich ins grünliche gehend. Auf dem gesamten Körper einschließlich der

Pflege und Zucht: siehe Gattungsbeschreibung. Die Jungfische schlüpfen nach einer Trockenperiode des Laichs von etwa 3 Monaten bei 20 bis 21°C (Laichkontrolle). Der Laich der Art soll bis 3 Jahre lebensfähig bleiben.

Besonderheiten: *C. nigripinnis* gehört zu den aquaristisch bekanntesten Saisonfischen überhaupt und erfreut sich nach wie vor großer Beliebtheit. Die Art ist eng verwandt mit *C. alexandri*. Beide Arten können gekreuzt werden. *C. alexandri* wurde von einigen Autoren bisher als Unterart von *C. nigripinnis* betrachtet. Von C. nigripinnis sind zahlreiche Populationen bekannt, die sich in Färbung und Zeichnung geringfügig unterscheiden.

unpaaren Flossen und der Bauchflossen befinden sich hellglänzende grünliche oder bläuliche Punkte und Tüpfel, die an den Rändern der unpaaren Flossen Bänder bilden können und auf den Körperseiten teilweise Querlinien andeuten. Die unpaaren Flossen sind groß und abgerundet. Die wie ein Fächer aufgespannte Schwanzflosse ist fast kreisförmig. Die Brustflossen befinden sich in ständig paddelnder Bewegung, besonders beim Balzen, und dadurch entsteht der Eindruck einer ruckartigen Schwimmweise.

Die Grundfarbe des kleineren Weibchens ist blaugrau bis graubraun. Auf den Körperseiten befindet sich keine deutliche Querstreifung und kein auffallender Seitenfleck wie bei *C. bellottii*-Weibchen. Die Körperseiten einschließlich der Rücken- und Afterflosse sind durch unregelmäßige Flecken und Punkte bräunlich marmoriert.

Cynolebias alexandri

CYNOLEBIAS WHITEI
MYERS, 1942
Perlmutt-Fächerfisch
Eleganter Fächerfisch

Lebensraum: Südamerika: Brasilien, Umgebung von Rio de Janeiro. Erste Funde wurden bei „Pantano secandose", etwa 20 km nördlich von Cabo Frio in kleinen, zeitweiligen Wasseransammlungen gemacht.

Größe und Färbung: Die Grundfarbe des bis 8 cm langen Männchens ist kräftig rotbraun. Die Körperseiten und Flossen sind bedeckt mit leuchtenden grünlichen bis blaugrünen Punkten, Strichen und Flecken. Im Bereich des Rückens bilden sie Längsreihen (Punkte), sonst unregelmäßige Querreihen. Die Rücken- und Afterflosse haben ausgezogene Spitzen, die fast bis zum Ende der Schwanzflosse reichen. Zwischen den Flossenstrahlen befinden sich grünblaue Striche und Punkte, die in der Afterflosse ein breites, nach oben und unten dunkel abgesetztes, und orangefarben unterlegtes Band bilden. Die Schwanzflosse ist fein grünblau punktiert, abgerundet und mit einem bläulichen Band um den gesamten Flossenrand verziert. Manchmal ist das Band nur am unteren Rand vorhanden.

Die Grundfarbe des kleineren Weibchens ist hellbraun. In der Körpermitte befinden sich zwei dunkle runde Flecken und zwei kleinere vor der Schwanzflossenwurzel, gelegentlich tritt aber nur ein dunkler Fleck in Körpermitte auf. Die Körperseiten sind marmoriert.

besteht. Von C. whitei ist eine albinotische Form bekannt. Außerdem gibt es Populationen, denen die vielen attraktiven Leuchtschuppen auf den Körperseiten völlig fehlen.

Pflege und Zucht: siehe Gattungsbeschreibung. Kammförmige Kontaktorgane, die sich auf den Brustflossen des Männchens befinden, ermöglichen die Orientierung des Weibchens beim Ablaichen im Substrat. Temperaturschwankungen sind notwendig, wenn auch nicht so deutlich wie bei *C. bellottii.* Die Jungfische schlüpfen bei 20 bis 21°C nach einer Trockenperiode von 3 Monaten (Laichkontrolle). Ihr Wachstum ist bei reichlicher Fütterung sehr schnell. Ihre Lebensdauer beträgt etwa 10 bis 12 Monate.

Besonderheiten: Enge verwandtschaftliche Verbindungen bestehen zur Gattung *Cynopoecilus. C. whitei* wurde an den ursprünglichen Fundorten nicht mehr entdeckt, die Gefahr des Aussterbens der Art

Fundort von *Cynolebias nigripinnis* in einem Straßengraben 80 km nördlich von Buenos Aires, Argentinien.

DIE GATTUNG *RIVULUS*
POEY, 1858
Bachlinge

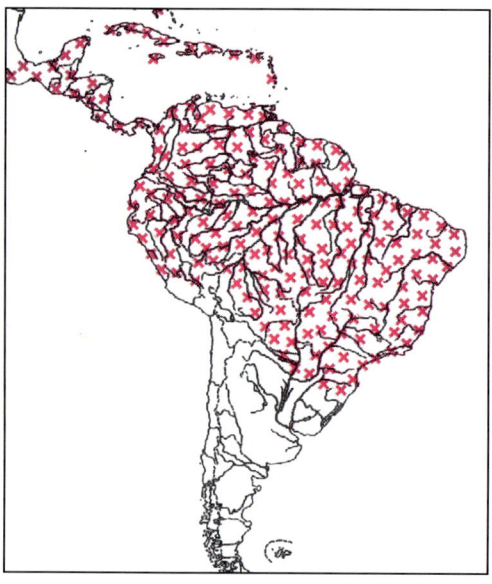

Verbreitungskarte Gattung *Rivulus*

Lebensraum: Amerika: Die Gattung *Rivulus* hat ein sehr großes Verbreitungsgebiet von Nordamerika (Halbinsel Florida) über Mittelamerika mit den Karibischen Inseln bis in das Mato Grosso- und Gran-Chaco-Gebiet Südamerikas. Die Fische leben dort in kleinräumigen, pflanzenbestandenen Biotopen verschiedener Höhenlagen. Es ist ihnen möglich, kleinste Wasseransammlungen zu bewohnen (Ausbildung hermaphroditer Formen). Sie sind ausgezeichnete Springer und können bei Verschlechterung ihrer Lebensbedingungen über Land (feuchte Böden und Pflanzen) in benachbarte Gewässer gelangen. Sie leben vorzugsweise im Süßwasser, einige Arten halten sich auch in Brackwasser auf.

Systematik: POEY begründete die neuweltliche Gattung *Rivulus* nach der Typusart *R. cylindraceus* POEY, 1861, die aus heutiger Sicht mit den meisten anderen Vertretern der Gattung keine direkte Verwandtschaft im Sinne einer Artengruppen-

zugehörigkeit hat. Alle *Rivulus*-Arten kennzeichnet ein nahezu einheitlicher Körperbau. Sie haben einen langgestreckten, schlanken Körper mit rundlichem Querschnitt, eine kleine Rückenflosse, die nach dem Ansatz der Afterflosse beginnt und weit hinten sitzt, eine fächerförmige Schwanzflosse, ein oberständiges Maul und meistens abgerundete Flossen (Ausnahmen: *R. rectocaudatus*). Auffällig ist der sogenannte „Rivulusfleck" im Bereich der Schwanzflossenbasis.

Er tritt bei Jungtieren und Weibchen zahlreicher Arten auf und hebt sich durch seine dunkle Pigmentierung deutlich ab. Die *Rivulus*-Arten zeigen einen deutlichen Farbdimorphismus. Die Männchen sind in der Regel farbiger. In den letzten Jahren wurden einige recht bunte *Rivulus*-Arten gefunden, die in ihrer Farbenpracht den *Aphysemion*-Arten Afrikas nicht nachstehen und sicher dazu beitragen werden, diese Fische unter den Killifischfreunden stärker zu verbreiten.

Die Gattung *Rivulus* ist innerhalb der Unterfamilie *Rivulinae* nach der Gattung *Aphyosemion* am artenreichsten. HUBER beschreibt in seiner umfangreichen Monographie 110 *Rivulus*-Arten. Es gab bisher verschiedene Versuche einer Artengruppierung. Bekannt wurde besonders die Einteilung von HOEDEMAN, die hauptsächlich auf der Untersuchung des Einzelmerkmals „Kopfbeschuppungsmuster" basiert. Nach Meinung verschiedener Autoren ist dieses Gruppierungssystem mehr künstlich als auf Verwandtschaft begründet.

In der Vergangenheit erweiterte sich die Gattung um Arten, die nur mit Schwierigkeiten oder gar nicht eingeordnet werden können. Nach HUBER (1992) kann man die Rivulus-Arten nahezu komplett in 18 Artengruppen („Superspecies") einteilen, die den Artengruppen der Prachtkärpflinge entsprechen: *Hartii-, Peruanus-, Urophthalmus-, Santensis-, Limonchochae-, Elegans-, Isthmensis-, Micropus-, Rectocaudatus-, Breviceps-, Frenatus-, Geayi-,*

Ein Biotop von _Rivulus birkhahni_ in der Cordillera Central Panama. Die Fische leben in kleinsten Wasseransammlungen mit nur 1 cm Wasserstand.

Punctatus-, _Cylindraceus-_, _Fuscolineatus-_, _Ornatus-_, _Beniensis-_, _Compactus_-Artengruppe. 4 Arten nehmen eine isolierte Stellung ein: _R. ocellatus_, _R. robustus_, _R. obscurus_, _R. atratus_. Nach 1992 sind schon wieder neue Arten entdeckt und wissenschaftlich beschrieben worden.

Pflege und Zucht: Sie entspricht im wesentlichen den pflanzenlaichenden, nicht-annuellen _Aphyosemion_-Arten. Spezielle Hinweise werden bei den einzelnen Arten gegeben. Besonders wichtig ist, daß die Aquarien gut abgedeckt sind, da alle Rivulus ausgezeichnete Springer sind. Es wurde schon beobachtet, daß sie Fliegen vom Aquarienrand holen. Sie liegen manchmal auf Schwimmblättern der Wasserpflanzen oder kleben an der Deckscheibe des Aquariums. Auffällig ist außerdem die oft bogenförmige oder schräge Haltung der Fische in Ruhestellung, die für den Aquarianer kein Grund zur Besorgnis ist, sondern ein ganz normales Verhalten darstellt. Die _Rivulus_-Arten eignen sich gut für das Gesellschaftsaquarium. Sie bewohnen alle Lebensräume im Aquarium und

sind bei ausreichender Fütterung sehr friedlich zu den Mitbewohnern aus anderen Fischfamilien. Allerdings muß eingeräumt werden, daß die Männchen einzelner _Rivulus_-Arten ein ausgesprochenes Revierverhalten aufweisen und in ihrer Umgebung keine Rivalen dulden. Das zeigt sich besonders in einem mit mehreren Paaren besetzten Artaquarium. Die „Bachlinge" fressen alle Arten von Lebendfutter, gelegentlich aber auch Flockenfutter. Mückenlarven (bevorzugt Culex) und Stummelfliegen (Eingewöhnungszeit für dieses Futter beachten!) sind besonders anregend für einen guten Laichansatz der Weibchen. Die Nachzucht der Fische ist meistens einfach. Nur einige Arten, zu denen auch die sehr farbenprächtigen gehören, bereiten durch ihre geringe Produktivität Schwierigkeiten. Von besonderer Bedeutung ist offensichtlich die Wassertemperatur im Zuchtaquarium. Nach verschiedenen Beobachtungen sind relativ hohe Temperaturen von 25° bis über 30°C günstig für ein ausgewogenes Geschlechtsverhältnis. Der hohe Männchenanteil bei manchen Nachzuchten wird auf eine zu niedrige Temperatur zurückgeführt (ein experimenteller Nachweis konnte z. B. bei *R. agilae* und *R. holmiae* erbracht werden). Die Fische laichen an feinfiedrigen Pflanzen an der Wasseroberfläche oder am Boden ab, auch ein Ablaichmop aus Wollfäden wird angenommen. Die Laichkörner sind relativ groß (1,5 bis fast 3 mm), hartschalig und können mit den Fingern aus dem Ablaichsubstrat gesammelt werden. In Abhängigkeit von der jeweiligen Art und der Wassertemperatur schlüpfen die Jungfische innerhalb von 2 bis 3 Wochen. Es sind aber auch Diapausen möglich, und dadurch wird der Schlupf der Jungfische verzögert. In der Natur passiert das bei akutem Wassermangel, aquaristisch bei der Aufbewahrung des Laichs in feuchtem Substrat. Die Aufzucht der Jungfische ist problemlos und entspricht den nichtannuellen *Aphyosemion*-Arten. Sie werden im Alter von 6 bis 10 Monaten geschlechtsreif.

Interessant ist bei den *Rivulus*-Arten das Vorkommen von *Hermaphroditen*, d.h. Artexemplaren, die in Anpassung an den Lebensraum Männchen als auch Weibchen sind und selbstbefruchtete Eier abgeben können. Es kommt aber auch vor, daß echte Männchen und Weibchen ausgebildet werden und normales Ablaichverhalten auftritt (siehe Artbeschreibung *R. ocellatus*).

RIVULUS AGILAE

HOEDEMAN, 1954
Agila-Bachling

Lebensraum: Südamerika: Suriname, Französisch-Guayana, Brasilien (Nordostteil), in kleinen, stagnierenden oder langsam fließenden, ständig wasserführenden Gewässern, teilweise vergesellschaftet mit R. geayi. Die Exemplare der Erstbeschreibung wurden 45 km südlich von Paramaribo in einem kleinen Bach zwischen Agila am Surinam-Fluß und Berlijn am Para-Fluß in felsiger Umgebung gefunden.
Größe und Färbung: Die Grundfarbe des 5 cm langen Männchens ist in der vorderen Körperhälfte überwiegend blaugrün, in der hinteren orangefarben bis rot. Der

Rücken hat eine braunschwarze, der Bauch eine weißliche Farbe. Die Grundfärbung der Körperseiten ist populationsabhängig. Es zeigen sich blaugrüne, orangefarbene oder rotorangefarbene Muster und helle Glanzschuppen. Kleine orangefarbene bis rotorangefarbene Punkte hinter den Brustflossen verstärken sich zu kopfwärts gewinkelten Bändern oberhalb der Afterflosse und bilden im Bereich des Schwanzstieles eine fast einheitliche Farbfläche. Die Rückenflosse ist blaugrün bis orangefarben gemustert, die After- und Schwanzflosse orange- bis orangerotfarben, gelegentlich mit gelbgrünem oder gelbem Saum. Die Schwanzflosse hat eine schwarze untere Kante in unterschiedlicher Breite.

Die Grundfarbe des kleineren Weibchens ist graubraun. Die Körperseiten tragen helle Flecken. Die Rückenflosse ist farblos, die Afterflosse gelegentlich rötlich, die Schwanzflosse dunkel gefleckt. Ein „Rivulusfleck" befindet sich im Bereich der Schwanzwurzel.

Pflege und Zucht: siehe Gattungsbeschreibung. Die jungen Weibchen zeigen den Schwanzwurzelfleck sehr früh.
Besonderheiten: R. agilae ist eng mit R. geayi verwandt. Beide gehören in eine gemeinsame Artengruppe. Es gibt von der Art verschiedene Populationen (etwa 50 Fundorte) mit einer im Detail unterschiedlichen Färbung und Zeichnung. Dadurch entsteht ein insgesamt mehr blauer oder mehr roter Farbeindruck.

RIVULUS BIRKHAHNI
BERKENKAMP & ETZEL, 1992
Birkhahn's Bachling

Lebensraum: Mittelamerika: Karibikseite Panamas, in der Provinz Bocas del Toro bei Chiriqui Grande, in der bewachsenen Uferzone sonnenreicher Gewässer, in Gesellschaft von Lebendgebärenden Zahnkarpfen und anderen Fischen.

Größe und Färbung: Das Männchen erreicht eine Länge von etwa 5 cm. Es hat einen hellbläulichen bis grünlichen Schimmer auf dem Körper. Der Rücken ist dunkelbraun. Vom Brustflossenansatz bis zum Schwanzstiel zieht sich eine dunkelbraune bis schwärzliche Fleckenreihe. Danach folgt ein breites gelbes bis goldfarbenes Band, das bis in die Schwanzflosse reicht. Schließlich kommt unterhalb eine kürzere zweite dunkelbraune Fleckenreihe vom Ansatz der Brustflosse bis zum Ansatz der Afterflosse. Die unpaaren Flossen tragen auf bräunlichem bis grünlich-blauem Grund rote Punkte, Flecken, Striche, die sich zu Bändern vereinigen können. Die Afterflosse zeigt ein breites rotes Band und einen schwarzen Saum.

Das gelegentlich sogar größere Weibchen hat eine braune Grundfarbe, einen gelblich unterlegten schwarzen „Rivulusfleck", dunkelbraune Flecken auf dem vorderen Rücken und dunkelbraun gerandete Schuppen auf den Körperseiten. Die Flossen sind bläulich getönt und transparent.

RIVULUS CRYPTOCALLUS
SEEGERS & HUBER, 1980
Martinique-Bachling

Lebensraum: Mittelamerika: Antilleninsel Martinique, erstmals gesammelt bei Ravine Vilaine in unterschiedlichen Gewässern mit stehendem oder langsam fließendem Wasser, teilweise stark veralgt, mit Graswuchs an den Rändern, beschattet, Wassertemperatur 22 bis 28°C, oft mit Lebendgebärenden Zahnkarpfen vergesellschaftet.

Größe und Färbung: Die Grundfarbe des bis 8,5 cm langen Männchens ist im Bereich des Rückens und der Flossen rötlichbraun. Die Körperseiten glänzen blaugrün. Längsreihen kleiner roter Punkte ziehen sich vom Kopf bis in die Schwanzwurzel. Die unpaaren Flossen haben eine blaugrüne Basis und einen dunklen Saum, der an dem hinteren Rand der Schwanzflosse meistens unterbrochen ist. Es gibt von der Art zahlreiche Populationen mit unterschiedlicher Färbung (grün, rot) und Farbintensität. Die Rücken- und Afterflosse sind sehr weit hinten angesetzt.

Die Färbung des etwas kleineren Weibchens entspricht der des Männchens, wenn auch deutlich abgeschwächt. Der Schwanzwurzelfleck ist in unterschiedlicher Ausbildung vorhanden, gelegentlich auch an der Rückenflossenbasis. Die Rückenflosse hat oft dunkelbraune Punkte und Striche.

Pflege und Zucht: siehe Gattungsbeschreibung.

Pflege und Zucht: siehe Gattungsbeschreibung.

Besonderheiten: Nach Untersuchungen von SEEGERS und HUBER gehören alle auf Martinique gefundenen *Rivulus* zu R. *cryptocallus* und sind als Populationen zu betrachten.

RIVULUS CYLINDRACEUS
POEY, 1860
Kuba-Bachling

Lebensraum: Mittelamerika: Die Art kommt nur auf der Insel Kuba in unterschiedlichen Gewässern vor.
Größe und Färbung: Das bis etwa 5,5 cm lange Männchens ist im oberen Teil des Körpers glänzend grün bis grünbraun, im unteren Teil rötlich bis orangefarben gefärbt. Auf den Körperseiten befinden sich unregelmäßig verteilte rote Punkte. Ein leuchtend blauer Schuppenfleck oberhalb des Brustflossenansatzes und ein mehr oder weniger deutliches, breites dunkles Längsband verleihen dem Fisch ein interessantes Aussehen. Die Rückenregion hat eine dunkelbraune Farbe. Die unpaaren Flossen sind gelblich bis orangefarben und mit kleinen roten Punkten und Strichen zwischen den Flossenstrahlen besetzt. Die Schwanzflosse trägt meistens einen kräftigen blauen Saum und eine dunkle Unterkante. Die Färbung der Art ist allgemein variabel. Aquaristisch sind mehrere Populationen bekannt. Es gibt bläuliche, fast schwarze, mehr rote Formen mit Übergängen. Junge Männchen haben den typischen Rivulusfleck, der sich mit zunehmendem Alter verliert. Die Flossen sind abgerundet, nur die Afterflosse leicht zugespitzt.

Die Grundfarbe des nahezu gleichgroßen Weibchens ähnelt der des Männchens, ist aber allgemein brauner und blasser. Der Rivulusfleck im oberen Teil des Schwanzstieles ist sehr markant und mit einem hellen Hof versehen. Gelegentlich sind die Körperseiten unregelmäßig rotbraun punktiert. Die Rückenpartie zeigt einen feinen dunkelbraunen Punktraster.
Pflege und Zucht: siehe Gattungsbeschreibung. Sie ist insgesamt unproblematisch. R. *cylindraceus* gehört zu den aquaristisch bekanntesten Arten der Gattung.

Sie paßt sich nahezu allen Verhältnissen an. Eine Haltung im Gesellschaftsaquarium bereitet keine Schwierigkeiten, wenn das Aquarium gut abgedeckt ist. Die Art bevorzugt untere und mittlere Wasserschichten, „sonnt" sich aber auch auf Blättern von Wasserpflanzen, die sich an der Oberfläche befinden. Die Jungfische schlüpfen bei 25°C nach etwa 12 Tagen.
Besonderheiten: R. *cylindraceus* ist die Typusart der Gattung *Rivulus*. Der vorhandene Aquarienstamm ist schon über 40 Jahre in Obhut der Killifischfreunde.

RIVULUS DERHAMI
FELS & HUBER, 1985
De-Rham-Bachling

Lebensraum: Südamerika: Peru. Die Art lebt in flachen Gewässern und meidet fließendes Wasser. Sie ist gelegentlich vergesellschaftet mit *Pterolebias peruensis* und Fischen aus anderen Familien. Der Erstfundort liegt in Tingo Maria (Zentralperu) auf dem Gelände der Universidad Agraria.
Größe und Färbung: Das bis 5 cm lange Männchen ist in Abhängigkeit von der jeweiligen Population und Verfassung dunkelbraun mit bläulichen oder bläulich mit dunkelbraunen bis braunroten Flecken und Marmorierungen. Die unpaaren Flossen sind bläulich bis grünlich mit braunen bis braunroten, zur Basis hin größer werdenden Punkten und kurzen Strichen zwischen den Flossenstrahlen. Ein breiter schwärzlicher Saum an der Schwanzflosse zeigt sich nur gelegentlich. Am oberen

Rand der Schwanzflosse, nahe der Basis, befindet sich ein angedeuteter dunkler Pigmentfleck. Bekannt sind auch gelblichgrüne Exemplare mit orangefarbener Färbung der Flossen und orangefarbene Punktreihen auf dem Körper, die teilweise zusammenfließen.

Das nahezu gleichgroße Weibchen ist in der Färbung und Zeichnung dem Männchen ähnlich. Ein „Rivulusfleck" ist vorhanden.

Pflege und Zucht: siehe Gattungsbeschreibung. Versteckmöglichkeiten sind wichtig, da das Männchen stark treibt und besonders Rivalen energisch attakiert. *R. derhami* ist eine nichtannuelle bis semiannuelle Art. Die Fische laichen in Torf und in Wollmops, sowohl am Boden als auch an der Wasseroberfläche. Die Eier werden periodisch abgegeben. Die Jungfische schlüpfen nach etwa 20 Tagen. Der Laich kann auch über längere Zeit in feuchtem Substrat aufbewahrt werden, Diapausen sind möglich, Laichkontrolle ist wichtig.

Besonderheiten: *R. derhami* ist bisher nur vom Typenfundort Tingo Maria und seiner unmittelbaren Umgebung in einer Höhenlage von 700 m bekannt. Die Art ist ein echter Saisonfisch, denn von Juni bis Dezember ist ihrem Heimatgebiet die Trockenzeit. Einzelne Vorkommensgewässer trocknen dann aus. Der Tau feuchtet die Eier im Boden jeden Tag an, so daß sie nicht absterben.

Die Art wurde früher als *R. beniensis* angesehen.

RIVULUS FROMMI
BERKENKAMP & ETZEL, 1993
Fromm's Bachling

Lebensraum: Mittelamerika: Zentralpanama, Provinz Coclé nördlich von El Valle, in den flachen Randzonen mäßig bis schnell fließender Waldbäche, unter Laub und zwischen Ästen auf schlammigem Grund.

Größe und Färbung: Das Männchen erreicht fast 7 cm Länge, das Weibchen bleibt etwas darunter. Die Grundfarbe des Männchens ist bräunlich, zum Rücken zu dunkler, zum Bauch heller bis hin zu einer orangeroten Färbung. Auf den Körperseiten befinden sich zahlreiche braunrote Punkte und Flecken, die sich in Richtung Schwanzflosse verdichten. Der hintere Teil des Körpers zeigt gelegentlich einen grünen Glanz, die Schuppen sind bräunlich gerandet. Auffällig ist ein dunkler, bläulicher Fleck auf dem hinteren Kiemendeckel und davor einige goldfarbene Schuppen. Die unpaaren Flossen haben auf bräunlichem Grund ebenfalls rote Punkte und Striche, die sich in der Afterflosse zu einem Band verdichten können, und schwärzliche Flossensäume mit hellen Kanten. In der unteren Schwanzflosse befindet sich ein deutlich breiteres dunkles Band.

Das Weibchen hat eine hellbraune Grundfarbe, einen dunklen Kiemendeckelfleck und auf den Körperseiten einige kleine, unregelmäßig verteilte, braune Punkte. Die Flossen sind transparent und leicht schwärzlich. Die Rückenflosse trägt einige Reihen kleiner dunkler Punkte.

Pflege und Zucht: siehe Gattungsbeschreibung. Eine kühle Haltung mit Tem-

peraturen zwischen 18 und 20°C, sowie häufiger Wasserwechsel sind bei dieser Art angebracht. Die Jungfische schlüpfen nach 18 bis 30 Tagen. Ihre Aufzucht bereitet keine Schwierigkeiten.

Besonderheiten: *R. frommi* konnte von der ebenfalls aus Panama stammenden Art R. brunneus deutlich abgegrenzt werden.

RIVULUS GEAYI
VAILLANT, 1899
Guayana-Bachling

Lebensraum: Südamerika: Französisch-Guayana (Oyapock-System). Der Erstfundort sind die Gewässer bei Carsevenne in der Nähe von Cachipour. Die Fische leben dort in schmalen Bächen, pH-Wert 6 bis 6,5, geringe Härte, beschattet, Kiesboden mit Laub bedeckt, teilweise gemeinsam mit *R. xiphidius* und *R. igneus*.

Größe und Färbung: Die Grundfarbe des bis 5 cm langen Männchens ist auf dem Rücken braun, auf den Körperseiten blau bis blaugrün mit roten bis orangeroten Punkten und Flecken, die zu schmalen Querbändern, ähnlich breiten kopforientierten Pfeilspitzen, zusammenlaufen können. Die Bauchregion zeigt sich weißlich. Die Rücken- und Schwanzflosse sind in ihrer Färbung und Zeichnung etwa gleich: hellblau bis grünlich mit rotbraunen Querbinden, teilweise in Striche und Flecke aufgelöst und mit weißlichem Saum. Die Unterkante der Schwanzflosse trägt einen dunklen Saum. Die Afterflosse ist orangefarben bis gelb, hat eine zarte rotbraune Strich- und Punktzeichnung und eine hellblaue Basis.

Die Grundfarbe des kleineren Weibchens ist graubraun mit netzartiger Marmorierung. Die Bauchseite bleibt hell. Die Afterflosse hat eine schwach orangefarbene bis gelbliche Färbung. Die Rücken- und Schwanzflosse sind bräunlich mit rotbraunen Querbinden, Strichen, Flecken und Punkten.

Pflege und Zucht: siehe Gattungsbeschreibung. Die Zucht ist aus Mangel an ausreichenden Beobachtungen noch nicht erfolgreich. Die Färbung eines balzenden Männchens ist wesentlich attraktiver als

oben beschrieben. Insgesamt stellt *R. geayi* eine sehr schöne Art dar, die den farbigsten *Aphyosemion*-Arten durchaus ebenbürtig ist. Nach interessanten Balzspielen, bei denen das Männchen mit dem Kopf nickende Bewegungen ausführt, wird in Bodennähe am Substrat oder an Pflanzen abgelaicht. Die Laichabgaben sind meistens gering. Die Jungfische wachsen langsam, die Laichreife wird erst nach 10 bis 12 Monaten erreicht.

Besonderheiten: Die Art wurde auch unter dem Synonym *R. strigatus* verbreitet. Sie steht in enger Beziehung zu *R. agilae*.

RIVULUS HARTII
(BOULENGER, 1890)
Riesenbachling
Hart's Bachling

Lebensraum: Mittel- und Südamerika: Südliche Karibikinseln wie Trinidad, Tobago, Margarita, Küstenflachland von Venezuela und Kolumbien (Norden).

Größe und Färbung: Die Grundfarbe des bis 10 cm langen Männchens ist auf der vorderen Körperhälfte grünlichbraun, auf der hinteren mehr bläulich. Auf den Körperseiten befinden sich Längsreihen dunkelroter Punkte. Die unpaaren Flossen sind grünlich oder orangefarben, teilweise mit dunklen Punkten und Strichen versehen, orangefarben oder auch schwarz gesäumt. Häufig ist in der Schwanzflosse der Saum oben und unten weiß, gelblich oder gelborange.

Das Weibchen ist mehr bräunlich und hat auf den Körperseiten dunkle Tüpfel.

Die unpaaren Flossen sind gelb bis orange-farben, die Schwanzflosse ist schwarz ge-säumt. Am Schwanzstiel befindet sich ein „Rivulusfleck", eine helle Umrandung fehlt aber.

Pflege und Zucht: siehe Gattungsbe-schreibung. Trotz ihrer Größe ist die Art für die Haltung im Gesellschaftsaquarium geeignet, sofern stets ausreichend gefüttert wird. Die Fische sind sehr sprungkräftig und können in ihren Heimatgebieten bei feuchter Witterung über Land die Gewäs-ser wechseln.

Besonderheiten: Von *R. hartii* gibt es zahlreiche Populationen, die in ihrer Fär-bung und Zeichnung variieren. Die Art wurde früher auch unter den Namen *R. micropus* und *R. holmiae* aquaristisch ver-breitet.

RIVULUS OCELLATUS
HENSEL, 1868
Augenfleck-Bachling

Lebensraum: Süd- und Mittelamerika: Brasilien, Guayana, Venezuela, Mittelame-rika, Karibische Inseln einschließlich Ku-ba, Florida. Erstfunde wurden aus der Um-gebung von Rio de Janeiro (Brasilien) be-kannt. Die Fische kommen in unter-schiedlichen Gewässern, teilweise mit sehr geringem Wasserstand und äußerst be-schränktem Lebensraum vor. Auf Florida leben sie gelegentlich gemeinsam mit Fun-dulus grandis bei Wassertemperaturen von 30 bis 35°C und mit starkem Pflanzen-wuchs (Algen) in brackwasserbeeinflußten Gräben unmittelbar an der Küste. Die Nah-rung in der Natur besteht aus kleinen Krab-ben, Schnecken, Insekten und deren Lar-ven.

Größe und Färbung: Die Fische sind bis 7,5 cm lang. Dem großen Verbreitungsge-biet entsprechend gibt es eine Vielzahl von Populationen. Ihre Färbung weicht nur unerheblich voneinander ab, so daß eine gemeinsame Beschreibung gegeben wer-den kann.

Biologisch bemerkenswert ist, daß über-wiegend nur hermaphroditische Fische der Art gefunden werden, die sowohl Weib-chen als auch Männchen sind und das Aus-sehen eines Weibchens haben.

Die Grundfarbe des Hermaphroditen ist graubraun bis braunschwarz mit einer un-terschiedlich intensiven Marmorierung (helle und dunkle Flecken, angedeutete Querbinden) und zahlreichen kleinen dun-klen Punkten in unregelmäßiger Anord-nung auf den Körperseiten. Ein deutlicher Schwanzwurzelfleck mit hellem Hof und große dunkle, mehr oder weniger ausge-prägte Flecken am Brustflossenansatz er-gänzen die Körperzeichnung. Die unpaa-ren Flossen sind durchsichtig oder ein we-nig grau mit vereinzelten dunklen Punkten und Strichen zwischen den gut sichtbaren Flossenstrahlen. Die Afterflosse hat gele-gentlich einen weißen Saum.

Unter bestimmten Temperatur- und Um-weltbedingungen können sich auch Männ-chen entwickeln. Die Färbung eines Männ-chens unterscheidet sich von der des Weib-chens. Es hat einen grauen, grünen oder braunen Rücken. Die Körperseiten sind

braun oder gelb, orangefarben marmoriert bis gefleckt. Die unpaaren Flossen tragen eine schwach orangefarbene Tönung. Der Rivulusfleck kann fehlen.

Pflege und Zucht: siehe Gattungsbeschreibung. Zur Nachzucht genügt ein Fisch. Hohe Wassertemperaturen von 30 bis 35°C sind zu empfehlen. Die Eier werden im Körper des Fisches befruchtet und in unterschiedlichen Entwicklungstadien abgesetzt. Sie haben keinen oder einen unterentwickelten Haftfaden, so daß sie teilweise zu Boden fallen. Der Schlupf der Jungfische vollzieht sich im Zeitraum von etwa 1 bis 4 Wochen. Bei der Haltung im Aquarium ist ein Salzzusatz von 10 Gramm pro 10 Liter Wasser empfehlenswert.

RIVULUS SANTENSIS
KÖHLER, 1906
Santos-Bachling

Lebensraum: Südamerika: Brasilien. Die ersten Exemplare der Art wurden bei Santos im Südosten Brasiliens gefangen.

Größe und Färbung: Das Männchen wird 7 cm lang. Seine Grundfarbe ist dunkelgrün, der Rücken schwärzlich, der Bauch hellgelb. Auf den Körperseiten befinden sich kleine rote Punkte in Längsreihen. Die Flossen sind allgemein rauchig gefärbt, die Rücken- und Schwanzflosse oben weiß abgesetzt. Die After- und die Schwanzflosse unten tragen einen breiten schwarzen Saum.

Die Grundfarbe des kleineren Weibchens ist bräunlich. Die Körperseiten sind mit kleinen, bläulich glänzenden Punkt-

reihen versehen, der Rücken marmoriert. Die Rückenflosse zeigt an der Basis eine schmale dunkle Binde. Die Flossen sind sonst farblos. Die Schwanzflosse ist relativ groß, der Schwanzwurzelfleck deutlich ausgebildet. Auf dem Hinterkopf befindet sich ein Leuchtfleck.

Pflege und Zucht: siehe Gattungsbeschreibung, unproblematisch.

RIVULUS TENUIS
(MEEK, 1904)
Mexiko-Bachling

Lebensraum: Mittelamerika: in küstennahen Gebieten von Mexiko bis Honduras, oft vergesellschaftet mit *R. robustus* und Lebendgebärenden Zahnkarpfen. Die ersten Fische kamen vom Rio Papaloapan bei El Hule (heute Papaloapan) im Staat Oaxaca.

Größe und Färbung: Die Grundfarbe des 6,5 cm langen Männchens ist bräunlich bis gelbbraun mit einem hellen Bauch. Auf den Körperseiten bilden dunkle Punkte und helle Glanzschuppen unregelmäßige Muster, ein blaugrüner Schimmer bedeckt die hintere Körperhälfte. Die Kiemendeckel sind bläulich, zwischen den Brust- und Bauchflossen befindet sich ein roter Fleck. Die Rückenflosse hat eine grünliche Färbung und dunkle Punkte, die teilweise bandförmig angeordnet sind, und eine grünorangefarbene bis gelbe Kante. Die Afterflosse ist grüngelb und mit kleinen rötlichen Punkten und Flecken versehen. Die Basis ist hell, der Flossensaum dunkel. Die Schwanzflosse hat eine bräunliche Färbung, oben einen hellen Außensaum und unten und hinten einen dunklen Saum.

Die Grundfarbe des kleineren Weibchens ist dunkelbraun bis hell ockerfarben. Gelegentlich zeigt sich ein dunkles Längsband. Der Schwanzwurzelfleck markiert sich deutlich. Die Afterflosse hat einen gelbbraunen Saum und eine dunkle Kante. Die Schwanzflosse ist im oberen Teil braun marmoriert, im unteren durchgängig braun.

Pflege und Zucht: siehe Gattungsbeschreibung, unproblematisch.

Besonderheiten: Die Beschreibung der Art erfolgte nach einem einzelnen Exem-

plar. Inzwischen sind verschiedene Populationen mit unterschiedlichem Farbmuster bekannt.

RIVULUS XIPHIDIUS
HUBER, 1979
Blaustreifen-Bachling

Lebensraum: Südamerika: Französisch Guayana. Die ersten Vertreter der Art wurden im Einzugsgebiet des Oyapock in der Nähe von Saint Georges, in stagnierenden Ausständen langsam fließender Bäche in dichtem Wald gefunden. Der Bachboden war sandig und mit abgestorbenen Blättern bedeckt. Wasserwerte am Fundort: Wasser bräunlich, unter 1° dH, pH 5, 25°C. Als ein Begleitfisch kam *R. geayi* vor.

Größe und Färbung: Das Männchen erreicht eine Länge von maximal 4,5 cm. Seine Grundfarbe ist braunorangefarben. Ein markantes Längsband zieht sich vom Maul bis zum Ende der Schwanzflosse. Das Band ist vor der Brustflosse schwarz, im mittleren Teil dunkelblau. Im Bereich des Schwanzstieles und der Schwanzflossenmitte ist es schwarz und oben und unten hellblau eingefaßt. Die übrigen Teile der Schwanzflosse zeigen sich rotorangefarben, gelegentlich befindet sich oben und unten eine unterschiedlich breite weiße Kante. Die Kehle und der Bauch sind weißlich. Hinter dem Auge liegt ein blauer Fleck. Die Rückenflosse ist auf bräunlichem bis grünen Grund rot gepunktet, gelegentlich gelb bis orangefarben gesäumt. Die Afterflosse ist dreifach gebändert: basal schwarz, dann schmal hellblau, danach folgt ein breites orangefarbenes Band.

Das deutlich kleinere Weibchen hat eine graue bis hellbraune Grundfarbe. Ein schwarzes Band erstreckt sich von der Schnauze bis in die Schwanzflosse. Die Flossen sind fast farblos, gelegentlich befinden sich in der Rücken- und Schwanzflosse einzelne dunkle Punkte. Die Schuppen im Rückenbereich sind dunkel gesäumt. Ein Schwanzwurzelfleck fehlt.

Pflege und Zucht: Die Art zeigt ein etwas abweichendes Verhalten vom *Rivulus*-Typ: keine bogenförmige Haltung, eine salmlerhafte Schwimmweise. Die Männchen sind untereinander sehr agressiv. Das Balzverhalten ist recht interessant. Die Jungfische schlüpfen nach 2 bis 3 Wochen und wachsen äußerst langsam. Oft gibt es einen starken Männchenüberschuß. Insgesamt ist *R. xiphidius* ein sehr farbenprächtiger Killifisch. Seine Nachzucht bereitet aber größere Schwierigkeiten, da noch nicht genügend Erfahrungen vorliegen.

AUSWAHL INTERESSANTER ARTEN AUS VERSCHIEDENEN GATTUNGEN

AUSTROFUNDULUS LIMNAEUS
SCHULTZ, 1949
Venezolanischer Kärpfling

Lebensraum: Südamerika: Venezuela, Kolumbien, Guayana, in zeitweiligen Gewässern.

Größe und Färbung: Von *A. limnaeus* sind verschiedene Populationen mit unterschiedlicher Färbung bekannt. Die Grundfärbung des etwa 6 cm langen Männchens der Population aus dem Maracaibo-Becken Venezuelas ist braun bis blau. Dunkel genetzte Schuppen bedecken die Körperseiten. Die Rücken- und Afterflosse haben eine dunkelblaue bis braune Färbung, zahlreiche braunschwarze Punkte und leicht ausgezogene Flossenspitzen. Die Schwanzflosse ist blaugrau, hat einen schwarzen Saum und ein breites orange-rotes Querband. Sie zeigt oben und unten eine lappige Verlängerung.

Das 5 cm lange Weibchen ist braun, hat teilweise eine helle Bauchpartie und dunkle Flecken an der Basis von Rücken- und Afterflosse.

Pflege und Zucht: siehe Gattung *Cynolebias*, nicht schwierig. Abgelaicht wird in Torf oder Sand. Es liegen bzgl. Art und Höhe des Ablaichsubstrates unterschiedliche Erfahrungen vor. Beim Laichen dringen die Fische in den Bodengrund voll, teilweise oder kaum ein (Bodentaucher oder Bodenpflüger). Das Weibchen bestimmt den Ablaichplatz, das Männchen folgt. Teilweise „reitet" das Männchen auf dem Weibchen, um es zum Ablaichen zu bewegen. Beim Laichen umfaßt das Männchen das Weibchen mit der Rückenflosse (ähnlich den *Nothobranchius*-Arten Afrikas). Die Eier sind groß (1,5 mm), die Jungfische schlüpfen nach einer temperaturabhängigen Trockenperiode von 3 bis 10 Monaten (Laichkontrolle). Ihre Aufzucht ist problemlos. Nach 6 Wochen ist die Laichreife erreicht, wenn stets kräftig und abwechslungsreich gefüttert wurde.

Besonderheiten:. Die Gattung *Austrofundulus* MYERS, 1932 ist eine südamerikanische Gattung annueller bodenlaichender Rivulinae mit nur 2 Arten. Außer der beschriebenen gibt es noch *A. transilis* aus dem gleichen Verbreitungsgebiet. Auffallend ist das hochrückige, bullige Aussehen der erwachsenen Männchen.

CYNOPOECILUS MELANOTAENIA
(REGAN, 1912)
Zweibandfächerfisch

Lebensraum: Südamerika: Brasilien, Uruguay, in zeitweiligen Wasseransammlungen, oft gemeinsam mit *Cynolebias adloffi* und *Cynolebias* wolterstorffi.

Größe und Färbung: Die Grundfarbe des nur maximal 4 cm langen Männchens ist bräunlich, der Rücken dunkelbraun bis schwarz, der Bauch- und Kehlbereich hell. Auf den grünlich schimmernden Körperseiten befinden sich leuchtende grüne oder rote Punkte. Über den Körper zieht sich von der Schnauze über das Auge bis in die Schwanzflosse (dort nur angedeutet) ein breites schwarzes Band. Ein zweites schwarzes Band beginnt unterhalb der Brustflossen und verläuft an der Bauchkante bis zum Basisende der Afterflosse. Gelegentlich deutet sich ein drittes Band unterhalb der Rückenflosse an. Die Rücken- und Afterflosse sind spitz ausgezogen, die Schwanzflosse abgerundet. Alle unpaaren Flossen zeigen auf rötlichbraunem Grund eine schwarze Punktierung von unterschiedlicher Intensität und dunkle Flossensäume.

Die Grundfarbe des maximal 3,5 cm langen Weibchens ist mittel- bis hellbraun. Eine angedeutete Bänderung befindet sich auf den Körperseiten. Die Flossen sind abgerundet, die Rückenflosse manchmal etwas gespitzt. Das Aussehen des Weibchens ähnelt dem des Männchens.

Pflege und Zucht: siehe Gattungsbeschreibung *Cynolebias*. Die Fische laichen am Bodengrund. Das Männchen drückt das Weibchen in die Torffasern, ein vollständiges Eindringen in den Bodengrund ist selten. Die Art zeigt ein sehr interessantes Imponier- und Balzverhalten. Die Jungfische schlüpfen bei einer Aufbewahrung des Laichs in Wasser nach 5 bis 6 Wochen, in Torf (Trockenperiode) bei 24°C nach frühestens 6 Wochen, meistens aber nach 2 bis 3 Monaten.

Besonderheiten: Die Gattung *Cynopoecilus* REGAN, 1912 besteht nur aus der einen oben beschriebenen Art. Sie gehört ebenso wie die Vertreter der Gattung *Cynolebias* zu den Fächerfischen. Im Gegensatz zu den *Cynolebias* haben die Männchen und Weibchen in Rücken- und Afterflosse etwa die gleiche Anzahl Flossenstrahlen.

LEPTOLEBIAS AUREOGUTTATUS
CRUZ, 1974

Lebensraum: Südamerika: Brasilien (Südosten), Staaten Sao Paulo und Paran·, in zeitweiligen Wasseransammlungen im Küstenflachland.

Größe und Färbung: Das Männchen erreicht eine Länge von 3,5 bis 5 cm, das Weibchen nur 3 bis 4 cm. Auf dem rotbraun gefärbten Körper des Männchens befinden sich zahlreiche blaugrün schimmernde Punkte und Flecken, die sich gelegentlich zur kurzen Längsbändern zusammenfügen. Die Rücken- und Afterflosse, beide laufen etwas spitz zu, sind goldgelb und haben besonders in Basisnähe und am Hinterrand rotbraune Punkte und Flecke. Der untere Rand der Afterflosse trägt ein breites rotbraunes Band und eine schwärzliche Kante. Die Schwanzflosse hat auf blaugrünem Grund zahlreiche, fast waagerechte, unregelmäßig ausgebildete, rotbraune Bänder und wenige Punkte.

Das Weibchen ist einfarbig hellbraun und hat transparente Flossen.

Pflege und Zucht: siehe Gattung *Cynolebias*. Die Fische tauchen beim Laichen nicht in den Bodengrund ein.

Besonderheiten: Zur Gattung *Leptolebias* gehören neben den beschriebenen Arten noch *L. citrinipinnis*, *L. cruzi*, *L. fluminensis*, *L. fractifasciatus*, *L. marmoratus*, *L. nanus*, *L. sandrii*, die alle aus küstennahen Biotopen stammen und relativ klein sind. Die Weibchen aller Arten haben kaum eine Zeichnung oder Flecken auf dem Körper und ähneln den *Nothobranchius*-Weibchen.

LEPTOLEBIAS MINIMUS
(MYERS, 1942)
Zwergfächerfisch

Lebensraum: Südamerika: Brasilien, Staat Rio de Janeiro, in zeitweiligen Wasseransammlungen.

Größe und Färbung: Die Grundfarbe des 4 bis 5 cm langen Männchens ist variabel, meistens smaragdgrün, bräunlich oder grünlich mit einem rötlichen bis rötlichbraunen Glanz auf den Körperseiten, der durch rötliche bis bräunliche Punkte auf den einzelnen, meistens dunkelgesäumten Schuppen entsteht. Auf den Körperseiten befinden sich zahlreiche dunkle Querstreifen. Die Rücken- und Afterflosse haben eine angedeutete abgerundete Spitze, die Schwanzflosse ist gerundet. Helle und dunkle Streifen befinden sich auf der Rücken- und Afterflosse winklig, auf der Schwanzflosse parallel zur Flossenbasis. Die Streifen sind mehr oder weniger gebogen bis wellenförmig ausgebildet. Die Rücken- und Afterflosse können auch punktiert oder gefleckt (grün, gelb, rot) sein.

Die Grundfarbe des kleineren Weibchens ist grau bis braun. Eine Zeichnung fehlt. Die Flossen sind transparent und farblos.

Pflege und Zucht: siehe Gattungsbeschreibung Cynolebias. Die Fische dringen beim Ablaichen nicht in den Boden ein. Die Höhe des Ablaichsubstrats Torf kann daher mit 1 bis 2 cm gering sein. Interessante Balzspiele leiten das Ablaichen ein. Das Männchen umschwimmt das Weibchen ruckartig und tänzelnd mit leicht angelegter Rücken- und Afterflosse und lockt es zur Ablaichstelle. Das Ablaichen vollzieht sich, in dem das Männchen seine Rücken- und Afterflosse zum Weibchen hin krümmt, sich beide Fische s-förmig biegen und voneinander abstoßen. Das Ei wird in das Ablaichsubstrat gewirbelt. Nach einer Trockenperiode bei 21 bis 24°C schlüpfen die Jungfische nach 1 bis 3 Monaten, manchmal auch wesentlich später (Laichkontrolle notwendig). Die kleinen Jungfische müssen mit Rotatorien und gesiebten *Cyclops*-Nauplien angefüttert werden. Nach 8 bis 10 Wochen sind sie laichreif.

Besonderheiten: siehe *L. aureoguttatus*. Zu *L. minimus* gehört die unter den Aquarianern weit verbreitete Population mit dem zum Synonym gewordenen Namen *Cynolebias* (*Leptolebias*) *ladigesi* FOERSCH, 1958 - Ladiges' Fächerfisch.

MOEMA PIRIANA
COSTA, 1989

Lebensraum: Südamerika: Venezuela (Süden), Guayana, Brasilien (äußerster Norden), in zeitweiligen Gewässern der Überschwemmungsgebiete. Die Art kam zuerst aus Primavera, Par·.

Größe und Färbung: Das Männchen erreicht eine Länge von über 10 cm, das Weibchen bleibt nur wenig zurück. Auf den Körperseiten befinden sich 5 Längsreihen dunkler braunrötlicher Punkte auf hellem grauvioletten bis metallisch-grünem Grund. Die spitz ausgezogene Rücken- und Afterflosse haben zahlreiche dunkle Punkte in rasterartiger Verteilung. Die Punkte sind an der Flossenbasis am größten. Die Afterflosse trägt einen rotorangefarbenes Längsband und einen schwarzen Saum. Die Schwanzflosse ist mehr spatelförmig als rund, hat ebenfalls dunkle Punkte, die in Flossenstrahlenrichtung angeordnet sind und ein rötlichbraunes Band in der unteren Flossenhälfte sowie eine schwarze Kante.

Das Weibchen ist dem Männchen ähnlich, aber wesentlich blasser. Seine Flossen sind abgerundet.

Pflege und Zucht: siehe Gattung *Tri-gonectes.* Die Art ist ein annueller Saison-fisch. Bei 24 bis 27°C dauert die Eient-wicklung in Trockenperiode 3 bis 4 Mo-nate. Nach etwa 6 Wochen sind die Jung-fische laichreif.

Besonderheiten: Zur Gattung *Moema* COSTA, 1989 gehören weiterhin *M. portu-galli* und *M. staecki.* Eine Verwandtschaft besteht zu den Gattungen *Rivulus, Pituna, Pterolebias, Neofundulus* und besonders eng zu *Trigonectes. M. piriana* wurde schon unter den Namen *Pterolebias* NSC-1 und *Rivulichthys rondoni* bekannt.

NEOFUNDULUS PARAGUAYENSIS
(EIGENMANN & KENNEDY, 1903)

Lebensraum: Südamerika: Brasilien und Paraguay, im Einzugsgebiet des oberen Pa-raguay und im Mato-Grosso- bzw. Gran-Chaco-Gebiet. Die Art wurde in Gewässern bei „Arroyo Trementina" in Paraguay erst-mals gefunden.

Größe und Färbung: Die Grundfarbe des bis 8 cm langen Männchens ist hellbraun bis gelblich mit grünlichen Glanzzonen. Auf den Schuppen der Körperseiten be-finden sich braune, in Längsreihen ange-ordnete Punkte. Die Rücken- und After-flosse sind grünlich und haben 2 bis 4 dun-kle Streifen aus braunen Punktreihen. Die Afterflosse ist schwarz gesäumt und mit ei-nem gelben Band an der Basis ausgestat-tet. Der basale Teil der Schwanzflosse be-sitzt braune Punkte. Ihr unterer Teil ist in Längsrichtung gelb oder weiß gebändert, das Band kann nach innen und außen

braun oder schwarz abgesetzt sein. Den Abschluß unten bildet eine rote Kante, die um die ganze abgerundete Flosse laufen kann. Die Bauchflossen sind bräunlich, die Brustflossen farblos und klein gepunktet.

Die Färbung und Zeichnung des etwa 7 cm langen Weibchens ist der des Männ-chen ähnlich.

Pflege und Zucht: siehe Gattung *Cynole-bias.* Bei der Art handelt es sich um Bo-dentaucher, die völlig im Bodensubstrat verschwinden. Die Entwicklungsdauer des Laichs beträgt in Trockenperiode bei Tem-peraturen um 27°C 2 bis 3 Monate (Laich-kontrolle).

Besonderheiten: Die Gattung *Neofundu-lus* MYERS, 1924 mit der oben beschrie-benen Leitart ist erst in den letzten Jahren durch verschiedene neue Arten und Im-porte stärker in das Interesse der Killi-fischfreunde gerückt. Zu dieser südameri-kanischen Gattung der Rivulinae zählen 4 Arten. Außer der genannten sind das *N. guaporensis, N. ornatipinnis* und *N. par-vipinnis.* Die langgestreckte Körperform erinnert an *Pterolebias-* und *Rivulus*-Arten. Verwandtschaftliche Beziehungen beste-hen zu den Gattungen *Trigonectes* und *Moema.*

PITUNA PORANGA
COSTA, 1989

Lebensraum: Südamerika: Zentralbrasilien. Der Fundort der Erstbeschreibungsexemplare liegt bei Aruana im Bundesstaat Goias im Becken des Rio Araguaia. Die Fische leben in temporären Gewässern.

Größe und Färbung: Die Grundfarbe des etwa 7 cm lang werdenden Männchens ist unterschiedlich und kann rotbraun bis blauviolett sein. Auf dem Körper befinden sich zahlreiche grünlich leuchtende Schuppen, die gelegentlich eine Querbänderung andeuten. Die unpaaren Flossen haben eine grünlich-schwärzliche Grundfärbung. Die Rückenflosse ist kleiner als die Afterflosse, spitz ausgezogen und mit roten und gelblichen Flecken und Strichen bedeckt. Die ebenfalls spitz ausgezogene Afterflosse zeigt basal eine Reihe großer goldfarbener Punkte. Am Flossenrand befindet sich ein dunkles Band. Die runde Schwanzflosse ist einfarbig schwärzlich-braun. Auffallend ist ein Schulterfleck über dem Brustflossenansatz. Auf rotbraunem Grund liegen dort einige große blaugrüne Schuppen.

Das mit 6 cm etwas kleinere Weibchen ist wenig kontrastreich. Es hat gelegentlich einen „Rivulusfleck".

Pflege und Zucht: Die Fische sind annuell. Sie laichen in Torf. An den Eiern haften keine Torfpartikel, so daß sie in dem Substrat erkannt werden können. In Trockenperiode und bei Temperaturen von 24 bis 27°C sind die Embryonen nach etwa 2 Monaten entwickelt und können aufgegossen werden. Nach 5 Wochen haben sich die Geschlechter deutlich differenziert.

Besonderheiten: Zur Gattung *Pituna* COSTA, 1989 gehört nur die eine Art. Es besteht eine enge Verwandtschaft zur Gattung *Pterolebias*. *P. poranga* erinnert sehr an *Rivulus*-Arten.

PLESIOLEBIAS BITTERI
COSTA, 1989
Tintenkilli
Bitter's Fächerfisch

Lebensraum: Südamerika: Paraguay? Der Fundort dieses Fisches konnte bisher nicht exakt ermittelt werden.

Größe und Färbung: Die Grundfarbe des bis über 5 cm langen Männchens ist grüngrau, der Rücken dunkel, der Bauch heller, fast gelblich. Rotbraune Punkte und Flecken in unterschiedlicher Anzahl und Anordnung vereinigen sich auf dem Körper zu teilweise unregelmäßigen Querbändern. Oberhalb des Brustflossenansatzes befindet sich ein deutlicher Schulterfleck aus grünblau glänzenden großen Schuppen mit braunrotem Zentrum. Die Kiemendeckel tragen ein wabenförmiges Muster. Die Augenringe sind intensiv rot gefärbt. Ober- und unterhalb des Auges verläuft ein schwarzer Querstrich. Die unpaaren abgerundeten Flossen sind in Abhängigkeit von den Verhaltensphasen manchmal rötlichbraun, dann mehr tintenblau oder blauschwarz bis schwarz. An ihrer Basis und am Hinterrand von Rücken- und Afterflosse befindet sich eine helle, graugrüne Streifung mit unregelmäßigen braunroten Flecken. Die Rückenflosse ist wesentlich kleiner als die Afterflosse. Die Brustflossen sind schwach orangefarben.

Die Grundfarbe des bis 4 cm langen Weibchens ist hellbraun bis grau. Die abgerundeten Flossen haben keine Farbe und sind ohne Zeichnung.

Pflege und Zucht: siehe Gattungsbeschreibung *Cynolebias*. *P. bitteri* ist ein ausgesprochen annueller Saisonfisch. Beim Balzen erinnern die Männchen mit ihren Flossenbewegungen an *C. nigripinnis*. Das Männchen legt sich in schräger Haltung auf

den Bodengrund (Torf), flattert mit den Flossen und wartet, bis ein Weibchen in den „Tunnel" hineinschwimmt. Das Ablaichen geschieht nach „Nothobranchius-Art". Das Weibchen wird dabei mit Rücken- und Afterflosse fest umfaßt. Die Fische laichen sogar im freien Wasser. Die Regel ist aber das Eintauchen rückwärts in den Bodengrund. Die Eier haben auf ihrer Oberfläche wenige Fortsätze, können daher Torfpartikel kaum festhalten und sind so leicht im Torf zu finden. Sie können sich bei schwankenden Temperaturen mit einem Maximum bei 30°C innerhalb von 4 bis 6 Wochen entwickeln, zeigen bei gleichbleibenden Temperaturbedingungen um 20°C nach 5 Monaten noch keine nennenswerte Entwicklung. Die Jungfische wachsen z.T. sehr schnell und haben in kurzer Zeit die doppelte bis dreifache Länge ihrer Geschwister, die dann wahrscheinlich ein willkommenes Futter darstellen.

Besonderheiten: Zur Gattung *Plesiolebias* COSTA, 1988 gehören außer der oben beschriebenen Art *P. aruana*, *P. damascenoi*, *P. lacerdai*, *P. glaucopterus* und *P. xavantei*.

PTEROLEBIAS LONGIPINNIS
GARMAN, 1895
Schleierkärpfling

Lebensraum: Südamerika: Brasilien, Venezuela, Paraguay, in zeitweiligen Wasseransammlungen und im Uferbereich langsam fließender Bäche in den Überschwemmungsebenen (Varzea) der

großen Flüsse. Die Exemplare der Erstbeschreibung wurden bei Santarém am unteren Amazonas (Brasilien) gefunden.

Größe und Färbung: Die Grundfarbe des bis 10 cm langen Männchens ist dunkelbraun bis rotbraun mit einem grünlichen, bläulichen oder rötlichen Schimmer. Die Rückenpartie zeigt sich einheitlich dunkler, der Bauch heller. Glänzende helle Punkte, Striche oder Flecken befinden sich auf den Körperseiten. Sie laufen teilweise in schmalen schrägen Binden zusammen. Auffallend ist der bei einigen Populationen sehr deutlich ausgebildete Fleck („Wundmal") aus leuchtend roten und schwarzen Schuppen hinter dem Ansatz der Brustflossen. Die langen, spitz ausgezogenen After-, Rücken-, Bauchflossen sind dunkel gemustert, die Punkte werden nach der Basis zu größer, besonders deutlich sichtbar auf der Afterflosse. Die Schwanzflosse ist sehr groß, fahnenartig ausgebildet, dunkel gemustert und am Ende gefranst.

Die Grundfarbe des mit 7 bis 8 cm deutlich kleineren Weibchens ist einfarbig grau bis braun mit Reihen kleiner dunkler Punkte in Längsrichtung. Die Flossen sind farblos. Nur die Rücken- und Afterflosse zeigen an ihrer Basis dunkle Punkte. Die unpaaren Flossen sind abgerundet. Das Weibchen hat keinen Schulterfleck.

Von *P. longipinnis* gibt es zahlreiche Populationen mit unterschiedlicher Färbung und Zeichnung, die als grüne, blaue oder rote Farbformen bezeichnet werden.

Pflege und Zucht: siehe auch Gattungsbeschreibung *Cynolebias*. Die *Pterolebias*-Arten sind ausgesprochene annuelle Saisonfische. Sie eignen sich nur für ein

Artaquarium. Einige Schwimmpflanzen erhöhen das Wohlbefinden der Fische sehr. Es werden ein Paar oder Trio (1,2) zum Ansatz gebracht. Als Ablaichsubstrat wird ausgekochter Torf verwendet. Die Höhe der Torfschicht soll der Länge der Fische entsprechen, da diese in das Substrat vollständig eintauchen und dort ablaichen. Das Weibchen taucht nach Balzspielen zuerst ein, das Männchen folgt unmittelbar. Im Gegensatz zu den *Cynolebias*-Arten schwimmt das Männchen stets hinter oder unter dem laichwilligen Weibchen. Nach 2 Wochen werden die Fische für etwa 10 Tage zur Erholung in ein anderes Aquarium ohne Laichmöglichkeit gebracht. Erst dann ist ein erneuter Zuchtansatz ratsam, um eine Erschöpfung der Zuchttiere zu vermeiden.

Die Entwicklungsdauer des Laichs beträgt in Abhängigkeit von der Temperatur und Substratfeuchtigkeit 4 bis 7 Monate, bei Temperaturen um 24 bis 27°C etwa 2 Monate (Kontrolle des Entwicklungsstandes des Laiches notwendig). Die Jungfische schlüpfen nach dem imitierten „Regenzeitbeginn" innerhalb weniger Stunden und fressen sofort *Cyclops*- und *Artemia*-Nauplien. Nach etwa 3 Tagen kann der Torf erneut in Trockenphase überführt in Abständen bis 8 mal aufgegossen werden. Die Aufzucht der Jungfische bereitet keine Schwierigkeiten. Sie sollten aber jedesmal aus dem Torf pipettiert und in ein gesondertes Aufzuchtaquarium gebracht werden.

Bei den Nachzuchten verschwindet manchmal der markante Schulterfleck, vermutlich liegt das an ungeeigneten Haltungsbedingungen der Zuchttiere und des Laichs.

Besonderheiten: *P. longipinnis* ist die Typusart der Gattung *Pterolebias* GARMAN, 1895 (Schleierkärpflinge). Zu dieser Gattung gehören die neben den *Cynolebias*-Arten bekanntesten bodentauchenden annuellen Rivulinae. Sie werden nach verschiedenen Merkmalen in zwei Gruppen eingeteilt. Zur Gruppe A gehören *P. bokermanni*, *P. hoignei*, *P. longipinnis*, *P. zonatus*, zur Gruppe B gehören *P. peruensis*, *P. phasianus*, *P. rubrocaudatus*, *P. wischmanni*, *P. xiphophorus*.

Enge verwandtschaftliche Beziehungen bestehen zu den Gattungen *Cynolebias* und *Rachovia*.

PTEROLEBIAS PERUENSIS
MYERS, 1954
Peru-Schleierkärpfling,
Gebänderter Schleierkäpfling

Lebensraum: Südamerika: Peru (Osten). Die ersten Exemplare stammen aus zeitweiligen Gewässern im östlichen Teil der Provinz Loreto am oberen Amazonas.

Größe und Färbung: Die Grundfarbe des bis 10 cm langen Männchens ist braungrau bis gelbgrün mit einem matten bläulichen bis violetten Glanz. Auf den Körperseiten verteilen sich 10 bis 12 schmale hellgrüne, in Abstand und Ausbildung variable Vertikalstreifen, die teilweise auch über den Rücken hinweggehen. Die Rückenflosse ist gelblich mit schmalen dunklen Bändern oder Flecken. Die Afterflosse hat eine orangegelbe bis hellbraune Färbung und dunkle Bänder und Flecken. Die Schwanzflosse ist wabenförmig genetzt und hat helle, meist gelbbraune bis gelbgrüne und rot bis dunkelbraune Flecke bzw. Striche in Richtung der Flossenstrahlen. Der untere Flossenlappen zeigt teilweise eine breite orangefarbene Zone und ist nach innen gelb abgesetzt oder gelb bis gelbgrün gefärbt bzw. von der Gesamtflosse farblich nicht getrennt. Die unpaaren Flossen sind spitz ausgezogen, die Schwanzflosse mehr lappig oder oben und unten zipfelförmig verlängert. Die Schwanzflosse ist sehr groß und kann bis 40 % der Gesamtlänge des Fisches ausmachen.

Die Färbung und Zeichnung des wesentlich kleineren Weibchens ähnelt der des Männchens. Sie ist aber wesentlich blasser und undeutlicher. Die Flossen sind abgerundet und farblos.

Pflege und Zucht: siehe Gattungsbeschreibung *Cynolebias* bzw. Artbeschreibung *P. longipinnis*. Ein Trioansatz (1,2) ist günstig, Versteckmöglichkeiten für die Weibchen sind notwendig. Der Laich braucht nach allgemeinen Erfahrungen eine sehr lange Trockenperiode bis etwa 9 Monate, selten nur 3 Monate.

Besonderheiten: *P. peruensis* ist eine langgstreckte und elegante Art, die auch in ihrer Haltung und Schwimmweise an Rivulus-Arten erinnert. Es sind mehrere Populationen der Art bekannt. Am gleichen Fundort kommen oft verschiedene Farbformen vor. Die Unterschiede zeigen sich besonders in der Färbung und Zeichnung der Schwanzflosse. *P. peruensis* gehört zu den annuellen *Rivulinae*, lebt aber nachweislich nicht immer als Saisonfisch.

RACHOVIA BREVIS
(REGAN, 1912)
Spitzschwanzkärpfling

Lebensraum: Südamerika: Kolumbien, Venezuela. Die Fische leben dort in zeitweiligen Wasseransammlungen der Überschwemmungsgebiete großer Flüsse.

Gemeinsam mit ihnen kommen *Austrofundulus-*, *Pterolebias-*, *Rivulus*-Arten und *Terranatos dolichopterus* vor.

Größe und Färbung: *R. brevis* ist eine sehr variable, weitverbreitete Art. Das bis 7,5 cm lange Männchen hat eine grünlichblaue oder braune bis fahlgraue Grundfarbe. Der Rücken ist olivbraun, der Bauch hell. Die Körperseiten tragen dunkle Punkte, Striche, Flecke, die zu schrägen Vertikalbändern zusammenlaufen können. Teilweise entsteht ein genetzter Eindruck. Am Kopf befinden sich grüne Tupfen. Die Rückenflosse ist spitz ausgezogen, hellgrau oder blau. Sie hat 4 oder 5 angedeutete Reihen rötlicher Punkte, die an der Basis besonders groß sind. Gelegentlich befindet sich am Flossenansatz ein dunkler Fleck. Die Afterflosse ist bräunlich und hat hellblaue

bis weiße Punkte und goldfarbene bis hellblaue Flecken an der Basis. Sie ist spitz ausgezogen. Die Schwanzflosse zeigt eine hell- bis grünblaue Punktierung in halbkreisförmiger Anordnung. Sie ist schwarz eingefaßt, der Rand oben und unten oft rötlich gefärbt und lappig verlängert, der hintere Rand gefranst.

Von *R. brevis* sind verschiedene Populationen bekannt. Sie unterscheiden sich durch ihre Form (gedrungen und bullig oder elegant und schlank), ihre Zeichnung und Farbe (blaue, orange oder schwarze Spezies).

Das bis 6 cm lange Weibchen ist gelbbraun gefärbt und hat keine Zeichnung auf dem Körper, die Kiemendeckel sind leicht grünlichblau, die Flossen abgerundet, farblos bis leicht grau. Die Rücken- und Schwanzflosse zeigen gelegentlich graue Punkte.

Pflege und Zucht: siehe Gattung *Cynolebias*. Für die Zucht ist eine Torfschicht von etwa 3 cm ausreichend. Beim Ablaichen dringen die Fische nicht vollständig in das Bodensubstrat ein (Bodenpflüger). Das laichbereite Weibchen sucht den Ablaichplatz aus, das Männchen folgt. Die Entwicklungsdauer des Laichs beträgt in Trockenperiode bei Temperaturen von 21 bis 22°C 3 bis 6 Monate (Laichkontrolle). Die Aufzucht der Jungfische ist problemlos. Die Lebensdauer der Fische geht kaum über 1 Jahr hinaus.

Besonderheiten: Zur Gattung *Rachovia* MYERS, 1927 gehören außer der beschriebenen noch 3 weitere Arten: *R. hummelincki*, *R. maculipinnis* und *R. pyropunc-*

tata aus dem gleichen Verbreitungsgebiet.

TERRANATOS DOLICHOPTERUS
(WEITZMAN & WOURMS, 1967)
Flügelflosser
Säbelflosser

Lebensraum: Venezuela, Kolumbien (Osten), in periodisch austrocknenden Gewässern. Die ersten Exemplare wurden 40 km südlich von El Pao, im Süden des Cano Benito (State of Cojedes) in einem nur zeitweilig mit Wasser gefüllten Teich gefunden. Regenzeit ist im Verbreitungsgebiet von Mai bis Dezember. Werte am Fundort: Wasserstand bis 70 cm, Bodengrund schlammig, bedeckt mit faulendem Laub und Zweigen, wenig Pflanzen an den Rändern, Wasser klar, bernsteinfarben, 24 bis 27°C, 2° dH, pH 6,4 bis 6,9.
Größe und Färbung: Die Grundfarbe des 5 cm langen Männchens ist braun mit dunkelbraunen Flecken und Punkten als Körperzeichnung. Auf den Körperseiten liegt ein zartvioletter Schimmer. Durch das Auge zieht sich ein markanter senkrechter Strich. Die unpaaren und die Brustflossen sind lang ausgezogen, blaugrün bis grünbraun gefärbt und haben dunkelbraune Flecke und Striche zwischen den Flossenstrahlen. Die Enden der unpaaren Flossen sind häufig rötlich. Bei Wohlbefinden werden die Rücken- und Afterflosse aufrecht stehend getragen.
Das etwa 3,5 cm lange Weibchen ist hellbraun gefärbt. Seine Flossen sind farblos. Auf dem Körper befinden sich keine Punkte.

Pflege und Zucht: Die Zucht ist meistens nicht sehr erfolgreich. Die Aquarien sollten genügend Versteckmöglichkeiten haben. Beim Ablaichen dringen die Fische nicht in den Boden (Torf) ein, das Männchen drückt das Weibchen nur wenig in das Substrat. Eine Torfschicht von 1 bis 2 cm genügt vollständig (Bodenpflüger). Die Laichmenge kann beträchtlich sein, bei der Laichentwicklung in Trockenperiode, die bei 21 bis 24°C 5 bis 6, manchmal auch 9 Monate dauert, vermindert sich aus noch unbekannter Ursache die Anzahl der Eier sehr. Die Aufzucht der Jungfische ist prinzipiell nicht schwierig, oft treten aber sogenannte „Bauchrutscher" auf, die nicht lebensfähig bleiben. Die Zucht ist bei dieser Art im Gruppenansatz möglich.
Besonderheiten: Nach SEEGERS müßte die Art bzw. Gattung richtig *Terranatus* - der Erdgeborene - heißen. Die Gattung *Terranatos* TAPHORN & THOMERSON, 1978 hat nur die oben beschriebene eine Art. Sie wurde ursprünglich als eine Art der Gattung *Austrofundulus* beschrieben. Der markanteste Unterschied zu allen anderen Rivulinae der Neuen Welt besteht in der deutlich ausgebildeten starken Verlängerung von Rücken- und Afterflosse bei beiden Geschlechtern. Außerdem hat die Art nichtklebende Eier, deren Oberfläche regelmäßig strukturiert ist und spitze, steife Fortsätze trägt. Ein weiteres abgrenzendes morphologisches Merkmal ist die vorhandene Beschuppung der Flossen.

TRIGONECTES STRIGABUNDUS
MYERS, 1925
Grasgrüner Trigonectes

Lebensraum: Südamerika: Brasilien, im nördllichen Mato-Crosso-Gebiet, dem Einzugsgebiet des Amazonas und des Rio Tocantins, in periodisch austrocknenden Gewässern der Überschwemmungsgebiete.
Größe und Färbung: Die Grundfarbe des über 10 cm langen Männchens ist gelbgrün bis blaugrün mit Übergängen. Der Rücken erscheint dunkelgrün bis olivfarben, der Bauch gelbweiß. Auf den Körperseiten befinden sich Längsbinden, die sich aus dunkelbraunen bis schwarzen, auch dunkel-

roten Punkten und Strichen zusammensetzen. Von ihnen sind vier besonders markant, die dazwischenliegenden abgeschwächt. Die Rückenflosse ist leicht zugespitzt, grünlichgelb und mit dunkelroten Punkten sowie Punktreihen in Längsrichtung versehen, die an der Flossenbasis besonders deutlich sind. Die Afterflosse ist größer als die Rückenflosse, zugespitzt und ihr in Färbung und Zeichnung ähnlich. Die Schwanzflosse zeigt sich gerundet, Grüntöne als Grundfarbe sind vorherrschend. Der Rand ist dunkelrot, bogenförmig angeordnete Punktreihen und Punkte befinden sich im inneren Flossenraum. Die Bauchflossen sind ausgezogen, lang, schmal und rötlich.

Das bis 9 cm lang werdende Weibchen ist dem Männchen in Farbe und Zeichnung ähnlich. Die Bauchflossen sind aber deutlich kürzer.

Pflege und Zucht: siehe *Pterolebias lon-gipinnis*. Die Eier sind über 2 mm groß. Nach einer Trockenperiode bei Temperaturen von 24 bis 27°C schlüpfen die Jungfische nach etwa 3 Monaten. Sie wachsen bei guter Fütterung sehr schnell. Nach 4 Wochen kann man die Geschlechter deutlich unterscheiden. Mit dem Zuchtansatz sollte man noch etwa 1 bis 2 Monate warten.

Besonderheiten: Zur Gattung *Trigonectes* MYERS, 1925 gehören neben der beschriebenen folgende Arten: *T. balzanii, T. macrophthalmus, T. rogoaguae, T. rubromarginatus*. Die meisten dieser Arten sind aquaristisch bisher wenig verbreitet.

Verwandschaftliche Beziehungen bestehen zu den Gattungen *Neofundulus, Moema, Pituna, Pterolebias* und *Rivulus*. Auffallend sind der schlanke, rivulusähnliche Körperbau und die relativ weit hinten angesetzte Rücken- und Afterflosse.

REISFISCHE UND SCHAUFELKÄRPFLINGE
FAMILIE OKRYZIATIDAE, NEUERDINGS ORYZIIDAE

ROSEN, 1964

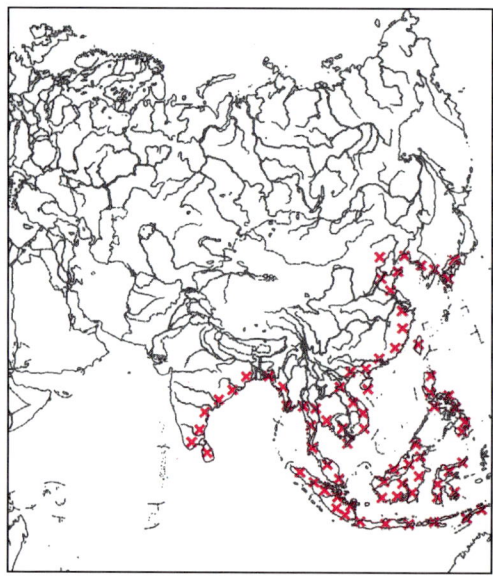

**Verbreitungskarte Reisfische, Schaufel-
kärpflinge**

Lebensraum: Tropisches und subtropi-
sches Asien.

Systematik: Die Familie gehört systematisch zur Unterordnung Cyprinodontoidei
(Zahnkarpfenverwandte), speziell zu den
Adrianichthyoidea (Schaufelkärpflinge
und deren Verwandte) und in einer Ebene mit
den Familien Adrianichthyidae und Horaichthyidae (nach ROSEN, 1964). In der Literatur wurden die Reiskärpflinge bis in die
80er Jahre als Unterfamilie Oryziatinae zu
der Familie Cyprinodontidae (Eierlegende
Zahnkarpfen) gestellt und ihnen aber dort
eine Sonderstellung eingeräumt.

Sie werden auch von den Freunden Eierlegender Zahnkarpfen häufig gepflegt,
gezüchtet und auf Ausstellungen gezeigt.
Zwar haben sie nach PARENTI mit den
Killifischen wissenschaftlich nichts mehr
zu tun, sollen aber aus traditionellen Gründen hier mit angeführt werden.

Verwandtschaftliche Beziehungen bestehen zu den afrikanischen Leuchtaugenfischen (Procatopodinae) und den asiatischen Kärpflingen der Gattung Aplocheilus aus der Unterfamilie Rivulinae. ROSEN
begründete die Trennung von den Cyprinodontidae mit dem abweichenden Ske-
lettaufbau und dem nicht vorstreckbaren
Oberkiefer. Vergleichende Untersuchungen von LABHARDT und ZISWILER, die
sich mit dem Verdauungstrakt von Eierlegenden Zahnkarpfen beschäftigten, unter-
stützen die Trennung.

Der Geschlechtsdimorphismus ist bei
den Reisfischen vorhanden, wenn auch
nicht so deutlich wie beispielsweise bei
den Prachtkärpflingen. Die Geschlechter
sind in Länge und Aussehen nur wenig
voneinander unterschieden. Das Männchen hat etwas kräftigere Farben und
größere, gefranste Flossen. Dagegen sind
die Weibchen der *Oryzias*-Arten länger als
die Männchen. Insgesamt ist die Färbung
transparent und zart. Graue, blaue und gelbe Farbtöne herrschen vor. Die Zeichnung
auf dem Körper und den Flossen zeigt sich
als wenig auffällig. Die Augen sind groß
und auffallend, aber nicht so leuchtend,
wie das bei den *Aplocheilichthys*-Arten der
Fall ist. Eine besonders attraktive Art ist O.
matanensis mit blaugelben Farbtönen und
einer schwarzen Zeichnung. Bei allen Reisfischen handelt es sich um sonnenlieben-
de, schwimmfreudige Schwarmfische, die
sich vorwiegend in „Schulen" an der Wasseroberfläche aufhalten. Nur O. *profundicola* soll vorwiegend tiefere Wasserschichten aufsuchen. Die Hauptnahrung der
Oryzias-Arten sind Moskitolarven und auf
das Wasser gefallene Insekten.
Pflege und Zucht: siehe Gattungsbeschreibung *Oryzias*.

DIE GATTUNG *ORYZIAS*

JORDAN & SNYDER; 1906
Reisfische

Lebensraum: Asien: Die Vertreter der Gattung sind in Süd- und Südostasien, von Indien über Burma und Indonesien bis Japan verbreitet. Selbst im Südosten Rußlands und in China wurden diese Fische gefunden. Sie leben in überschwemmten Reisfeldern (Name!), Unterläufen und Mündungsgebieten von Flüssen, Binnenseen und kleinen Wasseransammlungen mit geringer Wassertiefe von 20 cm bis 1 m. Das Wasser ist weich bis mittelhart, seineTemperaturen erreichen 30°C. Fast alle Arten leben in Süßwasser, *O. javanicus* mehr in Brackwasser. Etwa die Hälfte der bekannten *Oryzias*-Arten kommt nur auf der Insel Sulawesi (früher Celebes) vor.

Systematik: Die Leitart der Gattung ist *O. latipes* (TEMMINCK & SCHLEGEL, 1850). Zur Gattung gehören etwa 10 Arten, von denen bisher aber noch nicht alle aquaristische Bedeutung erlangten: *O. celebensis, O. javanicus, O. latipes, O. marmoratus, O. matanensis, O. melastigmus, O. minutillus, O. orthognathus, O. nigrimas, O. profundicola*. Hinzu kommen vermutlich noch weitere Arten aus China und anderen asiatischen Gebieten, deren Identität noch nicht geklärt ist.

Männchen von *Oryzias marmoratus*

Pflege und Zucht: Zur Haltung eignen sich geräumige, möglichst sonnig stehende Aquarien mit ausreichendem Schwimmraum für einen Schwarm von mindestens 10 Exemplaren. Einzeltiere kümmern und zeigen kaum Farbe. Die Bedingungen für ein gutes Gedeihen sind wöchentlicher Teilwasserwechsel (50 %), ein mittelhartes, zur Zucht weiches Wasser, ein geringer Salzzusatz und schwankende Temperaturen zwischen 18 und 30°C. Eine kräftige Durchlüftung trägt zum Wohlbefinden der Fische bei. Sie gedeihen bei abwechslungsreichem Futter in Form von Insekten und deren Larven, *Cyclops, Daphnien* und gutem Flockenfutter recht gut. Verschiedene Arten eignen sich für eine Freilandhaltung in den Sommermonaten. Die Fortpflanzung (s. u.) ist sehr interessant und weist trotz umfangreichen Beobachtungsmaterials noch ungeklärte Probleme auf. Das Ausreifen der Eier im Weibchen ist, nach ROBINSON und RUGH, von den Lichtverhältnissen abhängig. Die Tiere sind auf einen täglichen Zyklus eingestellt, und innerhalb von 24 Stunden werden über Nacht (Ruhepause) bis zu 30 Eier zur Reife gebracht und mit Einsetzen des Tageslichts abgelegt, sofern genügend Männchen zum Ablaichen bzw. zur Stimulierung vorhanden sind. Die Männchen umschwimmen die Weibchen bei der Balz auf einer kreisförmigen Bahn. Bei der Paarung, die bis zu 20 Sekunden dauern kann, berühren sich die Geschlechter mit ihrer Analgegend. Das Männchen schlägt seine große Afterflosse von unten um das Weibchen und unter Erzittern der Fische werden Eier und Spermien abgegeben. Die Laichtraube bleibt mittels Haftfäden vorerst an der Genitalöffnung des Weibchens hängen und wird nach Stunden oder Tagen an den Wasserpflanzen abgestreift oder bis zum Schlupf der Jungfische getragen. Eine Laichperiode kann unter optimalen Bedingungen einige Wochen andauern. Von verschiedenen Autoren sind, im Gegensatz zu der beschriebenen und als normal zu bezeichnenden Fortpflanzungsart, andere Verhaltensweisen angeführt worden, die auf eine innere Befruchtung hindeuten.

Die dunkel pigmentierten Jungfische schlüpfen in Abhängigkeit von der Temperatur nach 10 bis 18 Tagen und bewegen sich ständig schlängelnd an der Wasseroberfläche. Nur dort nehmen sie Pantoffel- oder Rädertierchen, später *Cyclops*-Nauplien auf. Sie wachsen trotz bester Fütterung langsam und werden nur bei optimaler Pflege nach 3 bis 5 Monaten geschlechtsreif und zuchttauglich.

Besonderheiten: Die *Oryzias*-Arten wurden, bedingt durch einen Irrtum, lange Zeit als Vertreter der Gattung *Aplocheilus* angesehen.

Der Zwergreisfisch *Oryzias minutillus*, der in Thailand vorkommt, wird nur 2,5 cm lang.

ORYZIAS LATIPES

TEMMINCK & SCHLEGEL, 1850)
Japanreisfisch
Medaka
Japanischer Goldhecht

Lebensraum: Asien: Japan, China, Korea, Taiwan, Rußland (äußerste Südostgebiete), auf Reisfeldern, in Gräben und kleinen Wasseransammlungen, vorzugsweise in Süßwasser. Die Exemplare der Erstbeschreibung stammen aus Reisfeldern in der Umgebung von Tokio, Japan.

Größe und Färbung: Männchen und Weibchen sind von fast gleicher Färbung und etwa 4,5 cm bzw. 5,5 cm lang. Der fast durchsichtige Körper hat eine grünlichgraue bis schwach bläuliche Grundfärbung. Der Rücken ist grün bis olivfarben. Die Körperseiten schimmern bläulich. Der Bauch ist weiß bis gelblich, die Augen grün und besonders bei Jungfischen auffallend leuchtend. Die Flossen sind farblos bis schwach gelblich, teilweise leicht dunkel gefleckt. Die unpaaren Flossen zeigen gelegentlich einen gelben bis orangefarbenen Saum.

Die Geschlechtsunterschiede sind nur schwer feststellbar. Die Färbung des Männchens ist ein wenig kräftiger als beim Weibchen. Es ist außerdem etwas schlanker, die Rückenflosse leicht zugespitzt und mit einer kleinen dreieckigen Einkerbung versehen. Die Afterflosse ist etwas breiter, einzelne Flossenstrahlen geringfügig verlängert und die Kante leicht gefranst.

Von *O. latipes* gibt es eine Farbform, die aquaristisch mehr verbreitet ist und ein etwas attraktiveres Aussehen hat. Auf den Körperseiten befinden sich unregelmäßig verteilte, hell leuchtende Glanzschuppen auf goldfarbenem Grund.

Pflege und Zucht: siehe Gattungsbeschreibung. Die Ernährung der Fische bereitet keine Probleme, da die Art neben *Daphnien* und *Cyclops* zusätzlich *Tubifex*, *Enchyträen* und Springschwänze aufnimmt, die Jungfische fressen auch staubfeines Flockenfutter. Die Länge von 5 cm wird bei den Nachzuchten gewöhnlich nicht erreicht. Ein Salzzusatz von 5 Gramm pro 10 Liter Wasser ist nach allgemeinen Erfahrungen günstig.

Besonderheiten: Insgesamt handelt es sich um einen anpassungsfähigen Zierfisch, der auch vielfach als Versuchstier für genetische Untersuchungen in Laboratorien gehältert wird.

Die Art eignet sich auch sehr gut für eine Haltung im Freilandteich. Dort kommt es auch zur Vermehrung. Besonders die goldfarbene Form ist für den Gartenteich interessant, weil man die Fische, durch ihre Färbung bedingt, deutlich in kleinen Schwärmen herumschwimmen sieht. Selbst kleine Jungfische werden über dunklem Bodengrund sichtbar.

ORYZIAS MELASTIGMUS
(MC CLELLAND, 1839)
Schwarzfleckenkärpfling
Burmakärpfling
Javakärpfling

Lebensraum: Indien (Ostküste), Sri Lanka, Burma, Malaysia, Indonesien, vorrangig in küstennahen Gewässern mit Süß- und Brackwasser.

Größe und Färbung: Das bis 4 cm lange Männchen und Weibchen haben eine fast gleiche Färbung. Der im Vergleich zu *O. latipes* höher gebaute Körper ist meistens durchsichtig graugrün, oberseits olivbraun mit einem dunklen Rückenstrich. Die Körperseiten schillern bläulich bis violett. Einzelne Populationen können bräunlich bis rötlich gefärbt sein. Die Flossen sind gelblich, die Ränder der unpaaren Flossen und die Flossenstrahlenspitzen weiß bis hellblau. Der namengebende schwarze Fleck an der Rückenflossenbasis ist bei den Fischen nicht immer vorhanden. Auf den Körperseiten befinden sich gelegentlich kleine schwarze Flecken in unregelmäßiger Verteilung. Auf der Körpermitte zeigt sich zuweilen eine dunkle Längslinie, die sich vor der Schwanzflosse gabelt, und eine zweite dunkle Linie über der Afterflossenbasis. Die Augen leuchten hellblau. Das Männchen ist etwas schlanker als das Weibchen. Seine Afterflossenstrahlen sind fransenartig verlängert.

Pflege und Zucht: siehe Gattungsbeschreibung. Ein geeignetes Wasser für diese Art hat folgende Werte: pH-Wert 7,7 bis 8,3, dH 16 bis 30°, Haltungstemperatur 18 bis 25°C, Zuchttemperatur 27 bis 30°C. Nach etwa 14 Tagen schlüpfen die Jungfische, die sehr langsam wachsen. Ein geringer Salzzusatz von 10 Gramm pro 10 Liter Wasser ist zu empfehlen.

Besonderheiten: *O. melastigmus* wird in seinem Verbreitungsgebiet als Moskito-Vertilger geschätzt. Die Art wurde aquaristisch oftmals mit *O. javanicus* verwechselt.

ORYZIAS NIGRIMAS
KOTTELAT, 1990
Schwarzmännchen

Lebensraum: Asien: Insel Sulawesi (früher Celebes). Die Exemplare der Erstbeschreibung wurden an der Ostseite des Poso-Sees zwischen Tentena und Peura gefunden.

Größe und Färbung: Das Männchen wird etwa 4,5 cm, das Weibchen 5 cm lang. Die Färbung des sexuell inaktiven Männchens und des Weibchens ist graubraun bis braun ohne eine besondere Zeichnung. Der Bauch hat eine helle, weißliche Farbe. Die Augen sind blau. An der Kehle befindet sich ein leuchtend blauer Fleck. Das erwachsene Männchen zeigt blauweiße, stark verlängerte Strahlen an der Rücken- und Afterflosse.

O. nigrimas unterscheidet sich von allen anderen bisher bekannten *Oryzias*-Arten durch die blaugraue bis schwarze Balzfärbung des Männchens (wie das auch bei *Xenopoecilus sarasinorum* zu beobachten ist). Sie wird besonders am frühen Morgen und in den späten Nachmittagsstunden

oder auch unmittelbar nach Wasserwechsel sichtbar. Nach Naturbeobachtungen von KOTTELAT trat sie auch bei gedämpftem Licht auf, wie das bei einem Sturm über dem Poso-See der Fall war. Die intensive Schwarzfärbung erfaßt den gesamten Körper des Männchens mit Ausnahme der grauen Schwanzflosse.

Weibchen von _Oryzias nigrimas_

Pflege und Zucht: Die Haltung der Art ist nicht schwierig. SCHALLER empfiehlt eine Wassertemperatur von 28°C mit einer Nachtabsenkung von 3°C, frisches, neutrales, mittelhartes Wasser mit einer geringen Wasserbewegung und freie Aufenthalsräume für die Fische in den unteren Wasserschichten des Aquariums. Das Weibchen wird vom Männchen durch die schwarze Balzfärbung stimuliert. Die Weibchen tragen an ihrer Genitalöffnung eine mit Fäden befestigte Eitraube manchmal mehrere Tage durch das Aquarium, bis sie diese dann in den Pflanzen abstreifen. Gelegentlich können in den noch mit dem Weibchen verbundenen, etwa 1,5 Millimeter großen Eiern schon die Augen der Embryonen deutlich erkannt werden. Die Eitraube enthält bis zu 25 Eier. Die Jungfische schlüpfen bei 25°C nach etwa 12 Tagen und sind ohne Probleme aufzuziehen. Wichtig ist, das Erstfutter mittels Durchlüftung an die Wasseroberfläche zu bringen, da sich die Jungfische dort aufhalten.
Besonderheiten: Die Art wurde 1988 von KOTTELAT gefunden und unter Aquarianern verbreitet. W. FOERSCH konnte sie erstmals zur Nachzucht bringen.

FAMILIE ADRIANICHTHYIDAE
WEBER, 1913
Schaufelkärpflinge
Bauchflossenbrüter (nach SCHALLER)

Lebensraum: Asien: Das Vorkommen ist wahrscheinlich auf den Poso- und Lindu-See (Süßwasserseen) in Sulawesi (früher Celebes) beschränkt.
Systematik: Die Familie Adrianichthyidae gehört systematisch zur Unterordnung Cyprinodontoidei (Zahnkarpfenverwandte), speziell zu den Adrianichthyopodea, in einer Ebene mit den Familien Oryziatidae und Horaichthydiae (nach ROSEN, 1964). Es handelt sich um eine artenarme, aus zwei Gattungen (_Adrianichthys_ und _Xenopoecilus_) bestehende Familie. Die Fische haben einen gestreckten Körper und fallen durch ihr außergewöhnlich großes und ungewohnt geformtes Maul (Schnauze) auf. Es gibt kurzschnauzige Arten: _X. sarasinorum_ und _X. oophorus_ und langschnauzige Arten: _A. kruyti_ (Entenschnabelfisch) und _A. sp.._. Die Rücken- und Afterflosse stehen sich weit hinten auf dem seitlich zusammengedrückten Schwanzstiel gegenüber und sind relativ lang, besonders die Afterflosse. Relativ lang sind auch die Bauch- und Brustflossen.
Besonderheiten: Aquaristisch spielen die Arten der Familie bisher keine Rolle. Erst in jüngster Zeit ist mit _Xenopoecilus sarasinorum_ eine Art bekannt geworden, die durch ihre außergewöhnliche Vermehrung das Interesse der Aquarianer erregt hat. Die Forschungsarbeiten von KOTTELAT, SCHALLER u. a. haben hier wesentliche Anregungen gegeben. Diese Fische sind Bauchflossenbrüter. Die Weibchen tragen eine an einer „Nabelschnur" hängende Eitraube an der Genitalöffnung und schützen diese durch ihre übergroßen Bauchflossen. Diese Form der Vermehrung wurde zuerst an _Xenopoecilus oophorus_ aus dem Poso-See beobachtet.

GATTUNG *XENOPOECILUS*
REGAN, 1911
Schaufelkärpflinge

Lebensraum: Asien: Die Fische leben im Lindu- und Poso-See auf der Insel Sulawesi (früher Celebes).

Systematik: Die Leitart der Gattung ist *X. sarasinorum* (Popta, 1905) aus dem Lindu-See. Nach dem derzeitigen Kenntnisstand besteht die Gattung nur aus drei Arten. Die zweite ist *X. poptae* aus dem Poso-See und die dritte *X. oophorus*, die KOTTELAT 1988 ebenfalls im Poso-See gefangen und 1990 beschrieben hat. Die beiden letztgenannten Arten und auch *Adrianichthys kruyti* sind nach KOTTELAT Endemiten des Poso-Sees.

Pflege und Zucht: siehe *X. sarasinorum.*

Besonderheiten: *X. poptae* ist mit einer Länge von etwa 17 cm die größte Art der Familie. Nach KRUYT sollen die Fische in 12 bis 15 m Tiefe große Schwärme bilden und eine wirtschaftliche Bedeutung haben. Besonders in der Fortpflanzungszeit von November bis Januar werden sie gefischt.

XENOPOECILUS SARASINORUM
(POPTA, 1905

Lebensraum: Asien: Indonesien, Insel Sulwawesi (Celebes). Erster und einziger Fundort ist vermutlich der Lindu-See westlich des Zentrums der Insel. Die Fische leben dort im ufernahen Flachwasser.

Größe und Färbung: Männchen und Weibchen haben eine Länge von 7 bis 8 cm, eine silbrige bis goldfarbene Grundfarbe und große goldfarben leuchtende Augen. Der Körper ist besonders im hinteren Teil seitlich stark abgeflacht, das Rückenprofil fast gerade und der Kopf groß und breit. Die Rückenflosse steht über der hinteren Hälfte der Afterflosse. Sie ist vergleichsweise klein, wirkt aber beim Männchen durch die verlängerten Flossenstrahlen wesentlich größer. Ihre mittleren Strahlen sind die längsten. Die Strahlen der Afterflosse werden von vorn nach hinten kürzer. Beim Männchen zeigt sich eine deutliche Einbuchtung und stark verlängerte Flossenstrahlen. Die Rücken- und After-

Männchen von *Xenopoecilus sarasinorum*

flosse reichen bei erwachsenen Männchen in angelegtem Zustand über die Schwanzflossenbasis hinaus. Die Brustflossen laufen spitz aus und haben eine angeschrägte Basis. Die Bauchflossen sind in der Körpermitte angesetzt. Alle Flossen können etwas schwärzlich sein, besonders beim Männchen. In Balzstimmung ist das Männchen, mit Ausnahme der Schwanzflosse, nahezu vollständig schwarz gefärbt und hat dadurch ein attraktives Aussehen. Die Bauchflossen des Weibchens sind übergroß und haben eine Bedeutung bei der „Brutpflege".

Pflege und Zucht: Die Art ist ein Schwarmfisch und benötigt große Aquarien mit kräftiger Durchlüftung. Das schwarz gefärbte, paarungsbereite Männchen balzt das Weibchen an und „umtanzt" es, manchmal direkt auf dem Kopf stehend, auf Kreisbahnen. Zwischen mehreren balzenden Männchen gibt es untereinander keine Bißverletzungen. Das laichreife Weibchen duldet die Annäherung des Männchens. Parallelschwimmend schmiegt sich das Männchen an das Weibchen. Die Geschlechtsöffnungen beider Tiere kommen sich sehr nahe. Das Männchen umgreift mit Rücken- und Afterflosse das Weibchen und befruchtet die heraustretenden Eier. Diese verteilen sich beiderseits der Geschlechtsöffnung und hängen an den „Nabelschnüren". Die Laichtraube liegt in einer Art Bauchvertiefung, die sich erst mit dem Ablaichen bildet. Die großen Bauchflossen können die Laichtraube im Notfall vollständig umhüllen. Sie darf keinesfalls manuell vom Weibchen getrennt werden. In einem solchen Fall sterben die Embryonen ab oder sie werden mißgebildet. Daraus wäre zu schlußfolgern, daß die Embryonen über eine Art „Nabelschnur" vom Muttertier versorgt werden. In den etwa 15 bis 20 Eiern kann die Entwicklung der Embryonen deutlich verfolgt werden. Am 14. Tag nach der Eiabgabe sind sie fertig entwickelt und schlüpfen aus. Es ist günstig, das Weibchen in einen Ablaichkasten zu setzen, wie man das von den Lebendgebärenden Zahnkarpfen kennt, damit die Jungfische durch den Bodenspalt fallen und in den Freiraum des Aquariums gelangen können. Die Verbindungsfäden mit einigen leeren Eihüllen werden vom Weibchen manchmal noch einige Stunden herumgetragen. Die Aufzucht der Jungfische bringt keine Probleme. Sie fressen auch feines Flockenfutter.

Besonderheiten: Die wissenschaftliche Bearbeitung der Gattung *Xenopoecilus* ist noch im Gange. Interessant ist, daß Kreuzungen zwischen *Oryzias nigrimas* und *Xenopoecilus sarasinorum* möglich sind. Die Weibchen aus den Kreuzungen tragen zwar Laichtrauben, diese sterben aber nach einigen Tagen ab.

Weibchen von *Xenopoecilus sarasinorum* mit Laichtraube

SPEZIALLITERATUR (AUSWAHL)

Baensch, H. A., und R. Riehl. (1982). Aquarien Atlas, Band 1, 2, 3. Mergus Verlag, Melle

Bech, R. (1976). Eierlegende Zahnkarpfen. AT-Ratgeber Reihe, Urania Verlag, Leipzig

Bech, R. (1984, 1990). Eierlegende Zahnkarpfen. Neumann-Verlag, Leipzig, Radebeul

Breitfeld, K. (1992). Starthilfe für Killifischfreunde. Supplementheft Nr. 2 der Deutschen Killifisch Gemeinschaft

DKG-Journal. Herausgeber Deutsche Killifisch Gemeinschaft, ab 1969

Frey, V. (1992). Lexikon der Aquaristik, Band 1. Neumann Verlag GmbH, Radebeul

Hellner, S. (1989). Killifische-Eierlegende Zahnkarpfen. Gräfe und Unzer GmbH, München

Huber, J. H. (1992). Review of Rivulus. Ecobiogeography - Relationships. Muséum National d´Histoire Naturelle, Paris

Journal of the American Killifish Association, ab 1967

Knaack, K. (1970). Killifische im Aquarium. Franckh´sche Verlagshandlung, W. Keller & Co, Stuttgart

Radda, A. C., und E. Pürzl. (1981). Killifische aus aller Welt, Band 1: Feldführer der Cyprinodontiformes der Länder der Regenwaldlücke Westafrikas (Togo, Benin, SW-Nigeria). Verlag Otto Hofmann, Wien

Radda, A. C., und E. Pürzl. (1982). Killifische aus aller Welt, Band 2: Feldführer der Cyprinodontiformes der Länder der Bucht von Biafra (SO-Nigeria, West-Kamerun). Verlag Otto Hofmann, Wien

Radda, A. C., und E. Pürzl. (1983). Killifische aus aller Welt, Band 3: Feldführer der Cyprinodontiformes der Küstenländer Zentralafrikas I, Ostkamerun. Verlag Otto Hofmann, Wien

Radda, A. C., und E. Pürzl. (1985). Killifische aus aller Welt, Band 4: Feldführer der Cyprinodontiformes der Küstenländer Zentralafrikas II, Gabun. Verlag Otto Hofmann, Wien

Radda; A. C., und E. Pürzl. (1987). Colour Atlas of Cyprinodonts of the Rain Forests of Tropical Africa. O. Hofmann-Verlag, Wien

Radda, A. C. und Wildekamp, R. H. (1986). Killifische aus aller Welt, Band 9. Synopsis der nearktischen Cyprinodontiformes. Verlag Otto Hofmann, Wien

Radda, A.. C., und Wildekamp, R. H. (1977). Katalog der Cyprinodontidae (Atheriniformes, Osteichthyes) von Kamerun.. Verlag Jos. Zehnder & Co., St. Gallen

Scheel, J. J. (1990). Atlas of KILLIFISHES of the Old World. T.F.H.Publications, Inc.

Seegers, L. (1980). Killifische. Verlag Eugen Ulmer, Stuttgart

Seegers, L. (1983). Prachtgrundkärpflinge. Supplementheft Nr. 1 der Deutschen Killifisch Gemeinschaft e. V.

Sterba, G. (1987). Süßwasserfische der Welt. Urania Verlag, Leipzig, Jena, Berlin

Wildekamp, R. (1982). Prachtkärpflinge. Kernen Verlag, Essen

Wildekamp, R. H. (1993). A WORLD OF KILLIES, atlas of the oviparous cyprinodontiform fishes of the world, Volume I. American Killifish Association

Der Prachtgrundkärpfling *Notbobranchius melanospilus* **beim Laichen .** (alle Aufnahmen Foersch)

Fotonachweis:

Dr. Vollrad Etzel, Cuxhaven:
Nachsatz, Seite 18 r, 30 u, 32, 33, 35, 54, 59 u, 74, 103 u, 128 l, 129, 136 m, 136 u, 141 l, 151 u, 164 u, 165 r, 167, 175 u

Dr. Walter Foersch †, München:
Seite 13 l, 15 o, 15 u, 16 ol, 16 ul, 17 o, 19, 24 l, 27 r, 28 o, 28 u, 36 r, 37, 38, 39, 41, 45 r, 46, 47, 52, 55, 57 u, 58 u, 59 o, 61 o, 61 u, 63, 64, 66 l, 66 r, 67 70, 72 l, 72 r, 76, 79 r, 82, 84, 88 l, 91, 92 u, 94, 95 r, 99 r, 100 o, 100 u, 101 l, 101 r, 104, 107 l, 107 r, 111, 113 u, 118, 119 l, 119 r, 120 l, 120 r, 121, 122, 123 l, 123 r, 126 l, 126 r, 127, 128 r, 133, 139, 141 o, 149, 151 r, 159, 161, 163, 164 m, 165 l, 171 l, 173 r, 176, 177 l, 178, 179 l, 181 u, 182, 183, 184, 185, 188, 194

Wilfried Stenglein, Adelsdorf:
Seite 12 l, 16 or, 16 ur, 17 u, 18 l, 23 l, 23 r, 24 r, 25, 27 l, 30 o, 31, 71, 79 l, 81, 83, 85, 86, 87 r, 89, 92 o, 95 l, 97 o, 98, 103 ol, 108, 110 o, 110 u, 112, 113 o, 114, 124, 125, 132 l, 132 r, 134 l, 134 r, 138, 140, 141 r, 143, 145 l, 150 l, 151 l, 162 l, 164 o, 168, 169 l, 170, 171 r, 172, 173 l, 174, 175 l, 180, 187, 189 l

Archiv Breitfeld:
Seite 12 r, 13 u, 36 l, 40, 45 l, 51, 56, 57 o, 60 u, 60 o, 65, 80, 109, 135, 136 o, 146 r, 148, 152, 153, 154, 155 l, 155 r, 157, 162 r, 169 r, 175 r, 181 o

Georg Blank, Lappersdorf: Seite 103 or

Holger Birkhahn, Cuxhaven: Seite 34

Klaus Breitfeld, Markkleeberg: Seite 49,50

Hans Buchberger, Mühldorf: Seite 160, 189 r, 190, 191, 192

Werner Eigelshofen, Sprockhövel: Seite 9, 87 l, 96, 97 u

Wolfgang Grell, Neustadt: Vorsatz, Seite 13 o, 22, 26 l, 26 r, 68, 75, 84, 88 r, 90, 93

Gottfried Marchitz, Wien: Seite 177 r, 179 r

Dr. Wilfried Naumann, Markkleeburg: Seite 58 o

Eduard Pürzl, Wien: Seite 130

Hans-Joachim Richter, Biesen: Titel, Rückseite, Seite 73, 99 l, 117, 146

Gerhard Rosch, Wilhelmshaven: Seite 131

Rudolf Hans Wildekamp, Gemert: Seite 150 r

Verbreitungskarten, Fischzeichnungen: **Klaus Breitfeld**

Der Autor:

Klaus Breitfeld, Jahrgang 1939, ist bei der Sächsischen Akademie der Wissenschaften als wissenschaftlicher Mitarbeiter tätig. Er studierte an der Technischen Universität Dresden Geographie und Kartographie.

Schon als Schüler interessierte er sich für das Leben im Wasser, besonders für die Fische im Aquarium. In einer Jugendgruppe des Leipziger Aquarienvereins „Nymphaea" wurde er zusammen mit Joachim Kormann von dem Markkleeberger Aquarianer Henry Günther auf die Killifische aufmerksam gemacht. Bis heute beschäftigte er sich praktisch und populärwissenschaftlich mit dieser interessanten Zierfischfamilie. Seine Spezialgebiete waren früher die südamerikanischen und afrikanischen Bodenlaicher. Heute sind das alle Killis aus Nord- und Mittelamerika, die er im Sommer auch in Freilandteichen hält und dort zur Nachzucht bringt.

Klaus Breitfeld hatte über viele Jahre hinweg intensiven Briefwechsel und regen Erfahrungsaustausch mit solchen international bekannten Killifischexperten wie Dr. Reinhold Bech, Dr. Walter Foersch, Johannes Franz und Erhard Roloff. Er verfaßte zahlreiche Publikationen über Eierlegende Zahnkarpfen, besonders in der Zeitschrift „Aquarien Terrarien" mit ihrem damaligen Redakteur Helmut Stallknecht. Ein Höhepunkt seiner Publikationstätigkeit bestand, gemeinsam mit Helmut Sander aus Görlitz, in der Bearbeitung der Adrianichthyidae, Horaichthyidae, Cyprinodontidae und Oryziatidae in Sterba's „Süßwasserfische der Welt".

Klaus Breitfeld war 15 Jahre Vorsitzender des Aquarienvereins „Aqua-West Leipzig" und 10 Jahre Vorsitzender des Bezirksfachausschusses Aquaristik/Terraristik Leipzig. Seit 1992 ist er Vorstandsmitglied der Deutschen Killifisch Gemeinschaft (DKG).